Teaching in the Knowledge Society

Education in the Age of Insecurity

知識社会の学校と教師

不安定な時代における教育

アンディ・ハーグリーブス 著

Andy Hargreaves

木村 優　篠原 岳司　秋田 喜代美　監訳

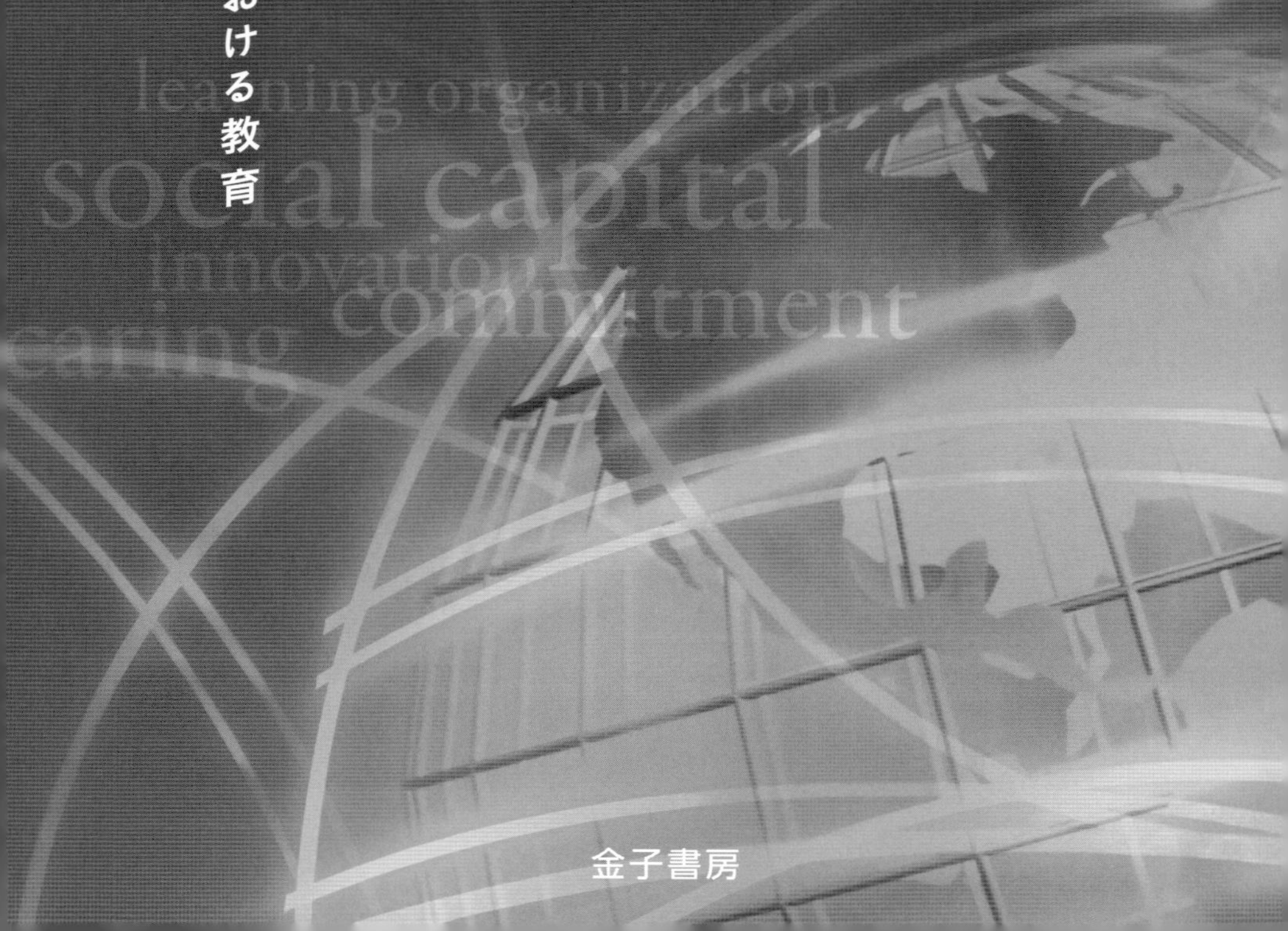

金子書房

Teaching in the Knowledge Society

Education in the Age of Insecurity

by Andy Hargreaves

originally published in the United States of America
by Teachers College Press

謝辞

本書の執筆にあたって多くの努力を必要とした。2001年秋、イタリアはベッラージョにあるロックフェラー財団のヴィッラ・セルベッローニに執筆のため長期滞在できなかったら、本書はおそらく出版までこぎ着けることはできなかっただろう。財団は学術的な没頭と人道的な貢献を同時にもたらしてくれる知的オアシスをコモ湖畔につくり上げている。私たちのために財団がもたらしてくれた貴重な機会に多大なる感謝を表したい。

本書の多くは、高校の改善と改革に関する二つの大規模研究プロジェクトの調査結果に基づいている。「チェンジ・オーバー・タイム?」プロジェクトではアメリカのスペンサー財団による助成を受け、カナダとアメリカの八つの中等学校で研究を行った。オンタリオ州で5年間、六つの中等学校で行った学校改善プロジェクトは、オンタリオ州教育訓練省と各学校があるピール学区教育委員会からのパートナーシップ基金より支援を受けた。通常であれば、専門職であっても抗い難い改革の現実があったわけだが、共同研究者たちの助けもあって、教師たち、校長たち、そして学区の教育行政職がこの研究プロジェクトに自発的に参加してくれた。このことに、私は大いに感謝している。

これらの研究プロジェクトに基づく本書は、私がこれまでにあらゆる面で影響を受けてきた様々な専門領域の同僚や親しい研究者たちとの協働によって生み出されている。また、トロント大学教育改革国際センターにいるキャロル・ベイノン、ディーン・フィンク、コリー・ギルズ、ソニア・ジェームス・ウィルソン、スーザン・ラスキー、ショーン・モア、ミシェル・シュミット、ポール・ショーや、客員教授としてプロジェクトの一部に参加したイギリスのノーサンブリア大学のコリン・ビオットにも協力を得た。ロチェスター大学の共同研究者であるイヴァ・グッドソンとその研究員のマイケル・ベイカーとマーサ・フートもプロジェクトの中で同僚たちを支え、ともに働いてくれた。本書において最も代表的な事例研究を行った者たちは、第3章、第4章、第5章の共同執筆者としても名を連ねている。私が本書で例示したイギリスにおける公教育改革と私事化・民営化問題、イヴァ・グッドソンの論文『The Personality of Change』に多くの示唆を受けている。

多くの研究仲間とのやりとりを重ねることで、私は膨大な規模で進む教育改革の可能性と限界について考えるようになった。その仲間とは、トロント大学教育改革国際センターのアマンダ・ダトナウ、ローナ・アール、マイケル・フラン、私がかつて在職したノッティンガム大学のアルマ・ハリスとデイヴィッド・ホプキンス、そして南アフリカのヴィットウォーターズラント大学にいるブラーム・フライシュたちのことである。ブラームからは、発展途上国で取り組まれてきた大改革の経験とアイデアについて学んだ他、本書に重要な理論的影響をもたらしたリチャード・セネットの『それでも新資本主義についていくか――アメリカ型経営と個人の衝突』（斎藤秀正訳　ダイヤモンド社　１９９９年）[i]を買うよう薦めてくれた。このメンバーは本書で述べた考えの全てに賛同しないだろうが、たとえ彼ら／彼女らの研究が本書を補強するないし反発するものであっても、間違いなく私自身に影響を与えてくれている。

本書において重要な思考の螺旋構造は、学校と教師の専門的な学びと専門性開発の本質、そしてそれらに与えるインパクトに結びつく。これらの研究領域においては、トロント大学のスティーブ・アンダーソンとショーン・モアから示唆と支援を得ており、私は大いに感謝している。また、プロジェクトに加わってくれたクリストファー・デイとノッティンガム大学の研究者たちは、長期的な教職専門性開発の効果をともに検証してくれた。このプロジェクトは、全米で最も影響力をもつ教育関連組織コンソーシアム「ラーニング・ファースト・アライアンス（ＬＦＡ）」と、イギリスの「教育技能省（ＤｆＥＳ）」の支援を受けた。特に、私の前任地であるノッティンガム大学・教育学部と国立スクール・リーダーシップ・カレッジ（ＮＣＳＬ）の同僚たちは、辛抱強く価値ある支援を続けてくれた。当時の同僚たちは、２００２年春の研究会において私が本書の鍵となる概念をいくつか繰り返し述べているのをよく聴いてくれた。

いくら文章を書き、体裁を整えたとしても、それだけでは本にならない。リオ・サントスは私の判読難解なうんざりさせる下書きを神業によって何度も出版に向けて前進させてくれた。カレン・シューターは最終稿の完成に向けて計り知れないほど支援してくれた。ボストン・カレッジに異動するにあたり、私はこの二人のことを常に思い返すに違いない。

最後に、いや実際には最後ではないが、妻のポーラインの献身に感謝し、本書を彼女に捧げたいと思う。彼女は教育者としての生きたモデルを示してくれるばかりか、常に私を支え、絶え間なく愛情を注ぎ、（パートナー相手では誰だって簡単ではないはずだが）常に私に最善を尽くすよう要求してくれる。彼女がいるからこそ、私自身が、そして私の研究も優れた価値を維持できている。

i　原著は、*Richard Sennett, The Corrosion of Character: the Personal Consequences of Work in the New Capitalism,* (W.W. Norton, 1998)。

第5章　知識社会の学校：危機にさらされた実例

第6章 教育の標準化を超えて：専門職の学び合うコミュニティか、それともパフォーマンス－トレーニングのセクトか？

第7章　知識社会の学校と教師の未来：改善策を再考し、困窮から脱出する

序論

私たちは知識経済と知識社会の中で暮らしている。知識経済とは、人々の創造性や独創性によって刺激され活性化していくものである。したがって、知識社会における学校は子どもたちに創造性や独創性を育まなければならない。もしもそれを怠れば、人々も国々も古い経済の中に取り残されてしまうことになるだろう。知識経済は他の資本主義形態と同様に、ジョセフ・シュンペーターが述べた「創造的破壊」をもたらすものである。知識経済は成長と繁栄を刺激する一方で、人々に利潤や私欲を無慈悲なまでに追求させるために社会秩序をねじ曲げ、断片化させてしまう。ゆえに学校は、他の公的機関とともに、知識経済がもたらす最も破壊的な影響を埋める力を培わなければならない。その力とはすなわち、他者への思いやり、コミュニティ、そして地球市民としての自覚[i]である。知識経済は私的な資本を優先的に供給し、知識社会はまた公的な資本を含む。だからこそ学校は、若者たちが私的および公的な資本をともに獲得できる場でなければならない。

もしも今日の学校における学びが、人々が柔軟に働き、将来の経済的安定のために投資し、経済の変化に対応するための新しい技術を備え、新たな地にも移住し、創造的かつ協働的な仕事を重要視するためにあるとしたら、学校は経済的繁栄に満ちた世界の人々にビジネスチャンスをもたらすことになるだろう。ところが、そうした学校は社会不安も増大させるという意味で不可逆的な特徴をもっている。市民同士のつながりは経済の流動性によって断片化され、次第に張りつめた関係へと陥っていく。人々は生産と消費に多くの時間を割くことになり、家族や地域のために使う時間を失っていく。そこには信頼の喪失があり、政治や企業、そして専門職の完全性に対する懐疑が育っていく。貧富の差の拡大はテロリズムの脅威、犯罪や不安の増大を助長する。

このような状況にもかかわらず、今日の学校制度は子どもたちに創造性や独創性を培うことを脇に置いたまま、カリキュラムの画一化と標準化を推し進めている。他者への思いやりを育み、コミュニティを培うという重大な使命があるにもかかわらず、学校や教師はテストの点数や到達目標、そして説明責任が自己目的化した成績表といったように、偏狭な制度の中で圧迫されている。さらに、数多くの教育システムがナショナリズムを誇張し、それに対する人々の自己陶酔を促進している。そこでは、子どもたちに地球市民としての自覚は培われず、アダム・スミスが「民主主義の情動の基礎」と呼んだ「共感」という基本情動も育まれない。[1]

世界の各地域で、より高度な教育のスタンダード[ii]が正当なものとして追求されている。しかしそれは、「標準化」という強制的な強迫観念へと姿を変えている。全般的に見て、私たちの学校は知識経済でよりよく働くための、そして健全な市民社会でよりよく生きるための教育を実施していない。あまりに多くの学校が合理的な創造や社会的な統合を促進する代わりに、魂を欠いた標準化に基礎を置いている。学校は管理とルーティーンの中で窮地に陥っている。

私たちは教育の歴史上、特徴的な節目に生きている。すなわち、教職の世界が激変し、教職の就労人口構

i　原文はcosmopolitan identityである。cosmopolitanはギリシャ語のkosmosとpolitesを語源とし、kosmosは「全世界」、politesは「市民」を意味する。したがって、cosmopolitanは「世界をよく知っている」「国際的な」という意味になり、人や街、環境、職業などを形容する。また、著者は、知識社会における地球規模の経済のグローバリゼーションの拡大下で市民が自ら認識し、培うべき素養の一つとしてcosmopolitan identityを挙げていることから、ここでのidentityは「自覚」ととらえられる。以上より、著者の問題意識に沿って本書ではcosmopolitan identityを「地球市民としての自覚」と意訳した。

ii　「基準」や「標準」などを意味するstandardは、近年、日本の教育研究や教育実践において「教員養成スタンダード」や「カリキュラム・スタンダード」といったようにカタカナ表記で示されることが多くなっていることから、本訳でも近年の表記動向に準じ、カタカナ表記とした。ただし、文脈に応じて「標準」や「基準」を採用し、例えばstandardizationについては「標準化」と表記した。

成が劇的に転換する時代に生きているのである。1960年代から1970年代の約10年間で教職に就いた多くの人々が退職し始め、その当時と同様に多くの若者が教職に就くことになる。教職に就こうとする人なら誰でも、そしてどのように仕事に取り組もうとも、彼ら／彼女らが今後30年間にわたって教職を担い、子どもたちの学力を保証することになる。

第一のシナリオとして、もしも私たちが、スキルをそれほど必要としない低コストのシステムとして公教育を見なし、教師の給与を安価に抑えながら重責と秩序は維持して、教師はテストのために教え、標準化されたカリキュラムと指導書さえ遵守すればいいという考えに黙って従ったならどうなることだろう。今後30年間で教職に就く者たちは知識社会に備える教師にはなれず、知識社会の課題を乗り越えていく教師にもなれず、教職そのものに没頭することもなくなるだろう。その代わりに、未来の教師たちは、政策立案者の無気力な野心、つまりは資金不足でも達成できる成果のために、彼らの操り人形やクローンとして働く存在となるだろう。

それに代わる第二のシナリオは、子どもたちが将来、知識社会の専門職業人として扱われ、成長できるよう、創造性と柔軟性を培う学びの経験を組織化することである。また、これらの能力を培うことのできる高度なスキルを有した教師を擁する優れた教育制度を潤沢な投資によってつくり上げることである。この第二のシナリオにおいて、教職は子どもたちの人生設計や世界の変革という社会的使命に資する職業として再定義される。その上で教師の仕事は、政策立案者の期待に沿うためにテストの結果を技術的に追求するような作業を超越していくことになるだろう。

そのために、今日の教師たちはまず準備段階として、専門性開発の過程（校内研修および自主研修）や自らの職業人生の中で、子どもたちが生活し働くことになる知識社会について理解する必要がある。知識社会を理解していなければ、教師たちは未来ある子どもたちの学びと成長を支え、知識社会への備えを用意することはできないだろう。アイルランドの古いことわざにあるように、「鱒を釣りたければ川の声を聴かねばならない」のである。

教師たちは、社会において最も尊敬される知識集団の中に自らをもう一度位置づけていく必要がある。それは、子どもたちを地球市民に育てるという使命のために、教師たちが教室という「城」を抜け出すことを意味する。全ての子どもが、知識経済がもたらす私的な資本の恩恵を受けて成功することを保証するために、教師たちはベストを尽くし、知識経済における企業利益では担保されえない公的な資本の獲得に全力を傾けられるよう、子どもたちを支えなければならない。そのことによって、何らかのコミュニティにかかわろうとする人格が形成され、地球市民としての自覚の中核にある性質、すなわち、他国や他文化の人々への共感とケアリングの倫理が培われた健全で活力ある市民社会がもたらされる。これらが知識社会に生きる教師が直面する挑戦的課題であり、本書が主題とするものである。したがって本書は、変化し続ける教師の仕事を扱うとともに、変化していく世界も扱っていく。

「知識社会」という語は、実は誤った名称である。本書では「知識社会」という語を用いるが、それはあらゆる社会で広く受け容れられ、使われているためである。けれども、より正確に言えば、知識社会というのは実のところ「学びの社会」のことをいう。第1章では、知識社会が学びを最大化し、独創性や発明の才を刺激し、変化をもたらしながら、変化に対応することで情報や知識を前進させることを論じる。知識経済における幸福や繁栄は、人々が発明を思いつく能力、自らの競争相手と対峙する能力、消費市場の要求や需要に順応する能力、経済変動や景気の停滞に応じて転職したり新しい技術を身につけたりする柔軟な能力に依存する。知識経済において、これらの能力は個人に限らず組織も有する。言い換えれば、個人的かつ集合的な知性に依存する能力なのである。知識社会の組織はこれらの能力を発達させるために、(1)組織のメンバーが自らの技術を伸ばし再訓練するための幅広い機会を提供すること、(2)学び合いとコミュニケーションを阻む学級間、学年間、教科間にある「壁」を打ち壊し、重層的で柔軟なチームで人々が働けるようにすること、(3)問題や過ちを非難するのではなく学びの契機としてとらえること、(4)人々を組織発展の「大きな絵」の中に含み込むこと、(5)外的な支援と前進的な学び合いを提供するネットワークや関係性、つまり「社会関係資本」を人々に育むこと、が必要とされる。

私が主張する知識社会に備える学校と教師とは、以下の能力を若者たちに育むことを含んでいる。その能力とは、(1)深く認知的な学び、創造性、独創性を育む能力、(2)研究をデザインし、ネットワークやチームの中で働くことで教師として生涯にわたる専門的な学びを追求する能力、(3)問題解決やリスク・テイキングにあたり、協働の過程で信頼を確立し、変化に対応する能力や組織としての持続的な向上に尽力する能力、の三つである。

第2章では、知識経済の進行によって犠牲となるもの、すなわち、ケアの能力を有しない公的な資本について述べる。知識経済の進行に伴い、人々は社会的利益よりも自らの関心を優先し、コミュニティに参画する代わりに消費の中で堕落するようになる。さらに、人々は集団生活に恒常的にかかわり続けるための忠誠心や忍耐といった長期にわたって持続する情動を発達させるよりは、束の間のチームワークが導く刹那的な活気を楽しむようになる。

知識経済は必然的に、利益に対して貪欲である。その貪欲さを抱えたまま、知識経済は国家から資源を搾り取り、公立学校も含む公共制度を浸食していく。私が「市場原理主義」と呼ぶ最も極端な形態では、知識経済は排除される国家や人々の中に怒りや失望を生みながら豊かさと貧困との間を進行していく。そして、排除によって疑心暗鬼にあふれた社会がつくり出される。例えば、窃盗といった犯罪が多発し始めることから、人々はコミュニティの入口を閉じ、その入口を半永久的にセキュリティ・カメラで監視し、部外者を絶対に中に入れない私立学校によって子どもたちを守ろうとする。また人々が、希望や人生の意味、あるいは生きる上での必然性をもたらしてくれるその他の資源を市場の代わりに見つけたら、知識経済は民族原理主義や宗教原理主義の種を撒き始める。市場の拒絶は、民主主義の道理と地球市民としての寛容さの拒絶を意味する。それは部外者の迫害であり、西洋の支配的な価値観に対抗し、自社会の女性たちを抑圧することなのである。不確実さ、犯罪、テロリズムなどは、家庭生活の質を改善するための資源を再分配する望みが薄くなる知識社会の結末であり、国際的でヒューマニズムを基礎とする民主主義の責任を無視していく知識社会の（完全に適合するわけではないが）結末である。グローバリゼーションの一側面で、不均衡な社会がつくり出されている。国際財政の専門家で博愛主義者でもあるジョージ・ソロスは以下のように述べている。

グローバリゼーションには負の側面もある。多くの人々、特に発展途上国の人々が社会的なセーフティ・ネットを提供しないグローバリゼーションによって危害を加えられている。また、その他の人々もグローバル市場によって周辺に追いやられている。グローバリゼーションはまた、私的な資本と公的な資本とで誤った資源配分を引き起こしているのだ。市場は富を生み出す最適な場であるが、富以外のニーズをケアするように設計されていない。利益のあくなき追求は環境破壊を引き起こしうるし、他の社会的価値との抗争を生み出しうる。[2]

ソロスは「挑戦」と言う。それは、グローバリゼーションを攻撃し、知識経済を破壊することではない。

グローバリゼーションの経済利益は実に大きすぎるのだ。だからこそ、私たちは様々な資源に対して今まで以上にかかわらなければならず、他の社会的ニーズにより広く注意を払わなければならない。そのためにも、公教育は将来の世代を育むために、知識経済の限界を超えて拡大する国際的責任という価値、気質、感覚を教える先頭に立つことが求められるのである。

また、知識経済を乗り越える教師の仕事として、若者たちの人格に価値と情動を育む必要があることを第2章で論じていく。知識経済の限界を乗り越えていくために、教師たちは子どもたちに対して、⑴認知的な学びと同じくらい情動的な学びを強調し、⑵一時的なチームワークだけでなく集団生活での関係づくりを促し、⑶民族やジェンダーの相違に寛容であり、他文化から学ぼうとする意思や本物の好奇心にあふれ、社会的に排除された集団に対して責任を負う、これら地球市民としての自覚を培う必要がある。またこれらのことは教師たちにとって、公的な専門職としての学びと同様に個人としての成長に関連している。つまり、教師たちは一時的なチームだけでなく長期間継続する集団の中で同僚と働くことによって、そして、異なる文脈や国の中で教える（それゆえに学ぶ）機会を得ることによって、知識経済を乗り越える専門職としての能力を培うことになる。学校組織にとっての挑戦とは、首尾一貫性を担保する文化的な力と、リスクと変化に含まれる混沌とした力とのバランスをとることである。ほぼ全ての教育界がスタンダード、テストの点数、達成目標に支配される中で、知識経済を乗り越える教師の仕事は、社会的使命の追求を課された神聖な職として教職の概念を回復させることにある。「違いをつくる」という古い言い回しがあるが、それはもはや教職の道徳的目的としては不十分である。それはいかなる「違い」なのか。いかなる世界での、いかなる理由による「違い」なのか。これらこそが、今日のハイステイクスでハイリスクな知識社会における争点となる。

第3章と第4章ではニューヨーク州とオンタリオ州の事例を議論することで、知識経済そのものや知識経済の限界を乗り越える公的生活のために鍵となるべき教育施策が、人々に対して何も準備をしていない実態を示す。ここでは、両州それぞれの高校で収集した質問紙とインタビュー調査のデータから、カリキュラム・スタンダードが魂を欠いた標準化へと退行している様子を描いていく。カリキュラム・スタンダードは、すでにその標準に達している高学力の学校には無縁なものである。一方、特別な支援を要する生徒、あるいは特定の職業に就こうとする生徒が多く在籍する学校では、カリキュラム・スタンダードは全くもって実現不可能なものである。これらの学校に通う生徒たちは、落第と引き換えに卒業をあきらめることになるが、教師たちは生徒たちの失敗の惨状やそこで生じる「恥」という情動を目の当たりにし、抱えきれないほどのフラストレーションを溜め、それが自らの胸を刺すことになる。カリキュラム・スタンダードはせいぜい中産階級の生徒たちにのみ適合し、残りの生徒たちには無慈悲に適用されるだけである。

中産階級の生徒たちにとっても、カリキュラム・スタンダードが生み出す教えと学びの在り方は決して望ましいものではない。目標管理によってカリキュラム・スタンダードを改善すること、あるいは、数学やリテラシーを過度に強調することによって、コミュニティの基礎である個人的および社会的発達は脇に追いやられてしまう。そして、地球市民としての自覚の中核に位置する国際教育への学際的な注目も排除されることになる。さらには、標準化を進める改革の中で、教師たちは高い技術と能力をもつ知的な労働者にはならず、標準化されたパフォーマンスの従順者であり、密かに監視される生産者として扱われ、そのような存在として成長していくことになる。教師たちは過度に目標管理される中で、自律性の浸食、創造性の喪失、柔軟さの規制、専門的な判断を実行する能力の抑制に対して不平を訴えるようになる。教師たちは自重しながら孤独な戦いを続け、その結果、同僚とともに離職していく。やがて教育専門職のコミュニティは崩壊し、教師たちが実践を省察するための時間は消え失せ、学びへの愛情も消失する。教師たちは政府への信頼を失い、辞表を出して退職する機会を探し求め、自分の子どもが教職に就かないように諭しさえする。このような教育の標準化を推し進める改革は、知識経済の活性化と市民社会の健全化にとって、トウモロコシ畑にとってのイナゴと同程度の価値しかない。

もちろん、例外もある。第5章では、知識社会において運営される活気に満ちた学校の一例を描いていく。その学校は創立当初から学習する組織を追求し、そして「専門職の学び合うコミュニティ（ＰＬＣ）」[iii]を構築して運営されていた。その学校は、全ての教職員が学び合うチームを奨励し、学校が発展する「大きな絵」の中に全ての教職員を組み込み、個人学習および組織学習を促進するためにテクノロジーを活用し、共有データに基づき意思決定を行い、卒業時に生徒たちが達成すべき結果を保護者と協議して定めていった。この学校は、学び合うコミュニティであると同時にケアリング・コミュニティでもあり、家族、関係性、世界中の他者に関心をもとうとする地球市民としての自覚を強く価値づける場となっている。学び合いケアし合うコミュニティによって、知識経済に備える教育、そして知識経済の限界を乗り越える教育が営まれている。しかし、標準化を推し進める改革がこのような知識社会の学校を脅かすことになる。標準化の影響によって、このような改革を目指す学校の教育方針は、変化も望めないかつての硬直した組織の方針へと引き戻され、それをリサイクルしてしまう。魂を欠いた標準化の改革によって、知識社会の学校がすでに脅かされている。

この学校は周囲から孤立して発展してきたわけではない。政府が進める標準化の流れに対抗し、また適合するために、いくつかの学校やその学区が北米地域の多くの助成金を得て、自らの目的を発展させ、専門職のコミュニティとしての力をつけてきた。順調に改革を進める学校について私たちが知る多くのことは、学校それ自体から、すなわち、教育の現場から導き出されているものである。しかし、助成金は全ての人々に行き渡るほど潤沢ではない。助成金は、申請条件が整った起業的でイノベーションを生み出せる学校と学区に繰り返し投じられるのが通例である。また、任意の助成金が消失すれば多くの構想も立ち消えることになる。そして政府は、学んだ成果を教育行政単位ないし国家規模での実施に結びつけようとするため、財源の格差を是正することには後ろ向きである。かくして、標準化における例外的事例は常に存在するけれども、全体の動向としては多くの学校が助成金の影響を受け続け、標準化政策に基づく資金が幅を利かせ続けることになる。州のスタンダードへの遵守もまた、こうしてますます強化されている。

もちろん、ここでの例外が重要であることに変わりはない。これらの例外的な学校が、知識社会の学校の可能性を追求する上で新事実を提起してくれる。しかし、そのような学校数は多くの調査研究がなされている割に少ない。研究資金は、成果が容易に期待できそうなイノベーションや起業家の構想に流れがちである。これらの研究について度重なって販売された出版物は、拡大するイノベーションが実際のところいかなるものなのかに対して、著者自身の、そして私たち自身の認識を歪ませている。通常の学校やシステムがいかに政策変化に対応するのかに関しても、研究はそれほど豊かではない。例外は私たちに多くのことを教えてくれるし、恒常的な希望の源泉にもなる。けれども、知識社会の学校に対して、そして知識社会の学校がシステムを超えて広げようとし、時間を超えて持続させようとする力に対して、教育の標準化の脅威はいまだに実在し続けている。

---

iii 原文はprofessional learning communityである。本書では、知識社会において教師たちが専門職としての学びを持続、追求する必要性と、そこでの学びが教師個人の自己研鑽に収斂するのではなく、学校コミュニティにおける開かれたチームやグループでの学び合いと集合的な知性の開発の重要性に力点が置かれる。そこで、「専門職」「学び合い」「学校コミュニティ」を包摂する訳として「専門職の学び合うコミュニティ」をあてた。なお、「専門職の学び合うコミュニティ」に関するいくつかの論点は第6章で詳細に議論される。

第6章と第7章では、この袋小路を切り抜ける道を探索する。第6章では、長年にわたる標準化を経験し、現在では標準化の克服に向けて切迫感を抱いている北米以外の諸国と地域の政策動向を論じていく。これらの国と地域は特に教師のリクルートに関して危機に直面しており、有能な人材を教職に惹きつける必要性、そして教職にとどめる必要性に迫られている。これらの国と地域は、新規採用者たちに対して、よりいっそう寛容となる必要性に直面しているのだが、発展が期待されるところもある。教師が優れた実践を行うには、自律性と柔軟性、そして専門職のコミュニティが所々に存在していることが必要である。これらの発展には、「成熟した専門職」というべきものが、成熟した教職の専門職規範とともに必要とされる。その専門職規範において、教師たちは問題を抱える子どもに接するのと同じように要求の厳しい大人にも気兼ねなく対応し、職務上の不一致を避けることなく受け容れ、享受し、対立は致命的な個人的裏切り行為ではなく専門職の学びにとって必要なことと見なされる。

その他の教育改革の動向はますます動揺している。貧困にあえぐ国と地域の学校と教師は、数学やリテラシーといった基礎領域において、細部にわたって管理的な介入にさらされ続けている。これらの学校では、私が「パフォーマンストレーニングのセクト（PTS）」[iv]と名づけた形態を採用しており、そこでは教師たちに対して徹底的な実践支援が提供されている。その支援内容はしかし、絶対に準拠すべきカリキュラムの「基礎」領域における極度に命令的な介入である。さらに本当の危機は、パフォーマンストレーニングのセクトが教師と生徒を低レベルの従属サイクルに押し込め、それによって貧困地域の教育が改善されたと見なされてしまう可能性である。軽率にも、私たちは専門性開発のアパルトヘイト（分離・分割）のシステムを築き上げてしまうかもしれない。そこでは、裕福で成功をおさめた者たちが専門職の学び合うコミュニティの特権に満足する一方、貧しさと不成功にあえぐ者たちは、パフォーマンストレーニングのセクトに従属を強いられるのである（財団の基金に支援を受ける場合を除く）。

第7章では、専門性開発と学校改善のアパルトヘイトに対する反論を提唱する。それは、消費財産業や接客業で働くための低レベルのサービスの方法ばかりを学ぶ者たちと、高技術の知識社会を創造する方法を学ぶ者たちとを分割する世界システムと学校システムに疑問を投げかけることである。私が論じたい本質的な課題は、専門職のコミュニティを最終的に誰もが利用可能にし、多くの国と地域の能力を弱体化させる教育と社会の貧困を終わらせるために、その学校の発生系譜の上に学校改善を再デザインすることである。学校改善は、貧困の終焉の代わりに追求されるものではない。学校改善の追求と貧困の終焉は互いに結びついている。これは、21世紀の教育改革における中心にあり、社会的かつ専門的な使命である。つまり、社会的な独創性によって取り組まれるべき壮大なプロジェクトなのである。

本書は臨床的な観点から見るといくぶん情動的なスタイルで書かれていることを断っておく。本書の基盤となる調査研究は完全に認証されたものであり、根拠となるデータも厳格に扱われている。共同研究者と私はデータを厳格に扱うために何度も理解と認識を転換しなければならなかった。しかし、教育学研究者はま

---

iv　原文はperformance training sectsである。本書では、標準化を推し進める改革が、パフォーマンス至上主義（教師の指導力向上や子どもの学力・成績向上などに特化、偏向して教育改革を推し進めていく考え方）とそれに基づく短期集中のトレーニング（教師対象の短期校外研修の増大や子ども対象の基礎基本の反復徹底、ドリル学習の増加といった繰り返しの訓練的実践）を学校と教師、そして子どもに適用し、そこで学校や教師、子どもや保護者や地域が「宗教セクト」のように派閥化、孤立化し、社会的で経済的な格差や民族的な差別によって排他的なイデオロギーが醸成されてしまう危険性が指摘される。以上の点から、本訳ではperformance trainingを学校と教師を取り巻く多様な事象を含意する用語として「パフォーマンス―トレーニング」とし、sectsはそれが含意する「宗教セクト」を参考としながら、教育専門書に適した用語として「宗教」を外して「セクト」と表記する。なお、「パフォーマンス―トレーニングのセクト」および「専門職の学び合うコミュニティ」はそれぞれ第6章で詳細が論じられており、本訳の判断は第6章の議論に基づく。

た究極的には公の知識人である。私たちの仕事は、子どもたちと教師たちそれぞれの生活を変える実践（活動）の領域に入ることである。それはある目的をもった道徳的な行為であり、ただテクニカルな努力だけに頼った行為ではない。ゆえに、私の道徳的スタンスは本書を通して明らかにされており、根拠となるデータによって示される諸論題は非当事者としてではなく当事者としての魂をもって議論されている。もし私たちが教育者として自らの仕事を社会的使命として扱えないようならば、教師たちにそれを促すには説得力をもたなくなるだろう。

最後に、知識社会が向かう方向性を示す理由から、知識社会の性質や学校と教師に示す挑戦的課題に関する徹底した分析を提供するにあたって、本書は時折、現在の学校の世界から最初の第1章と第2章の論題に立ち戻ることがある。なお、第2章の後には、知識社会が学校と教師の世界にいかなる影響をおよぼすのか、その一方で、標準化へと突き進む近年の教育改革の動向が教職の日常世界において教師に何を感じさせるのか、これらの論題を探究するために、本書の記述は学校と教師の世界を往還することになる。

日本語版に寄せての序文

本書の英語版が最初に出版されたのは２００３年のことである。当時は21世紀が始まった直後だったが、その後も知識経済に伴うイノベーションは急速に進んでいった。例えば、インターネットは急激に広まり、デスクトップ・コンピュータはノート型パソコンにあっという間に取って代わられた。また、iPadをはじめとする手のひらサイズの携帯情報端末がそれに続き登場している。手書きの手紙は過去のものとなりつつあり、大学の研究者のコミュニケーション・ツールであった電子メールが、先進経済国に暮らす人々のコミュニケーションの主要回路となった。それでも、ペンやインクがそうであったように、Facebook、Linkedin、Twitterがすぐに電子メールを時代遅れにしてしまうだろう。また、電子端末や周辺機器もより小さくなった。例えば、自動車にＧＰＳシステムを装備することで、ドライバーたちは地図を見なくなり道を尋ねなくなった。さらに、コンピュータは大勢の人々の手の中に存在するようになり、私たちはスマートフォンを使って友人に電話をかけ、近くのレストランを検索し、最新のニュースを見て、通勤途中に繰り返し仕事の情報を集めることができる。

オンライン・ショッピングも急激に普及した。初めはホテルの予約、本のように簡単に郵送可能な製品に対して利用されていたが、やがて、一昔前はインターネットで売られるとは考えもしなかった靴や家具、そして不動産のような製品にまで拡大していった。アマゾンは、読者が何を読みたいのかを解析しており、スーパーマーケットはバーコードを利用して私たちの購買パターンや好みを追跡している。このようなあらゆる即時的なコミュニケーションやインターネット上の活動により、在庫を抱える必要はますます減少していっている。日本が自動車産業に最初に導入したジャストインタイム生産方式[i]や流通システムは、その本来の在り方に見直しが迫られており、ビジネスはすでに地球規模で行われるようになっている。

このような新たな経済状況の中で、知識はこれまでとは異なる様式で用いられている。私たちは既存の知識を単に当てはめるのではなく、知識を考案し、応用し、広めて、より明確で洗練されたものとして捉えている。先進国は、製造業やサービス経済を乗り越えて知識経済に向けて移行し始めている。知識経済では、イノベーション、創造性、協働性、コミュニケーション、変化を含み込んだ能力、テクノロジーを利用する能力、そして専門的にも商業的にも地球規模でネットワークを有する施設等がますます価値をもつことになる。即時的でユビキタスなコミュニケーションの時代において、上記の能力は私たち自身や国家の経済的な繁栄に資する本質的なスキルであり、いつの日か「21世紀スキル」と呼ばれることになるだろう。

1990年代の経済危機への突入後、知識経済の「目覚め」を素早く見抜いた国々がある。フィンランドはソビエト共産主義体制の崩壊、つまりは紙やゴムといったフィンランド製品の独占市場の崩壊によって、1992年に失業率19％へと陥った。それでもフィンランドはそこから見事に立ち直った。その当時、国が講じた解決策が教育であった。その解決策とは、各自治体で暮らす子どもたちのために公助・共助の精神によってカリキュラムを計画すべく、信頼に足る有能な教師たちを育て、雇用することであった。同様に1990年代、シンガポールは「考える学校、学ぶ国家」の創造を決定し、電子産業がもたらした経済危機に対処していた。教育に対する新たなアプローチによって、シンガポールの学校にはさらなるイノベーショ

i　トヨタ自動車が企業方針として示す思想。「必要なものを、必要なときに、必要なだけ」という意味で、自動車部品の円滑な調達のために「緻密な生産計画を立て」、生産効率を向上させていく。詳しくは以下のトヨタ自動車のサイトを参照のこと。http://www.toyota.co.jp/jpn/company/vision/production_system/just.html

ii　ユビキタス（ubiquitous）とは「遍在する・いたる所にある」を意味し、IT産業の発展過程で「コンピュータ技術がいつでも、どこでも、誰でも利用可能な状況」を表す言葉として用いられるようになった。コンピュータを核としたインターフェースの飛躍的なイノベーションを象徴する。

ンがもたらされ、テストは減り、教師が授業をデザインする自由が拡大し、学校を超えた専門職の学び合う集団が出現するようになった。

日本では今日、学習指導要領の改訂に伴って知識社会を生きる教師と子どもたちに必要な能力が強調されるようになっている。それは例えば次のような記述である。

学校の教育活動を進めるに当たっては、各学校において、生徒に生きる力を育むことを目指し、創意工夫を生かした特色ある教育活動を展開する中で、基礎的・基本的な知識および技能を確実に習得させ、これらを活用して課題を解決するために必要な思考力、判断力、表現力その他の能力を育むとともに、主体的に学習に取り組む態度を養い、個性を生かす教育の充実に努めなければならない。[1]

しかし、実際のところ日本の教育は多くの点で、アングロサクソン系諸国の多くが採用した教育改革に追随する道を歩んできた。本書の第3章と第4章で述べたように、日本においてもイノベーションというよりは標準化が進行している。教師たちの自律性は尊重されるどころかより制限され始め、教師たちの意欲と満足度は上昇するどころか下降しつつある。多くのアングロサクソン系諸国は、スタンダード（標準）を維持拡大できることを有権者に向けて証明するために、教育への統制力を強め、より多くのテストを導入し、子どもたちの能力を測りやすいリテラシーや数学といった教科にますます傾倒している。これは、知識経済が現実に必要とするものと逆行する事態である。

この標準化の波は日本にも間近に迫っている。本書で紹介した多くの学校と同様に日本でも、社会的にも経済的にも恵まれない地域で教え学ぶ教師たちと子どもたちが厳しい評価を受け、成績の改善を示せと命令的な要求を受けている。教師たちは専門職としての自律性を失いつつあり、子どもたちは情動的にも意欲的にも学びから逃走し始めている。このような現状が多くの教師たちの意欲を減退させ、バーンアウトを引き起こしている。新学習指導要領が示す方向性をよそに、子どもたちは言語や数学などの基礎スキルだけを学び、創造性や独創性のための能力を培ってはいない。日本の子どもたちの学力は他の国々に比べて（例えば、ＰＩＳＡ調査の結果でも）未だ高水準にあるが、従来型の学力の向上が今も至上命題であり、引き続き教育行政施策として追求されている。[iii]

シンガポールや中国の一部の地域ではテストを減らし、カリキュラムを弾力化し、教師の専門性の質的向上に投資し、その上で高い学力も維持している。これら近隣の競争相手とは異なり、日本の中では民間の学習塾と同じようなやり方で子どもたちの従来型の学力の向上を図り、テスト対策に邁進するよう教師たちにますます圧力をかけている事例が存在する。他のアジア諸国はそうした学校という「箱」の外側での教育の可能性を探りながら、同時に学校という「箱」の内側で子どもたちの学力を向上させようと企図している。経済の停滞と学校制度の硬直化が連動する中で、日本がグローバル競争のはしごを降りつつある一方で、他のアジア諸国は教育システムを知識経済に適合させることで次第に成功しつつある。

日本の公財政教育支出の対ＧＤＰ比は３・６％でＯＥＣＤ（経済協力開発機構）加盟国平均（６・４％）

iii　ただし、学習指導要領の総則や中央教育審議会の各種答申でも示されているように、日本では従来型の学力から21世紀型の学力への転換を目指す教育改革が進みつつある。これは、「学習の転換」と呼ぶべき動向であり、例えば、学校における子どもたちの活動的で協働的な学びを保証するために「アクティブ・ラーニング」の導入や「体験活動」の推進が主張されている。また、子どもたちの創造性や問題解決能力の育成を重視する動きは、東京大学や京都大学が２０１６年度に導入予定の「推薦入試」からも読み取れる。これら日本の義務教育段階と高等教育段階が連動した「学習の転換」への挑戦は、知識社会の学校と教師に向けた一途の光である。

よりも1・8％低く、最低ランクに位置している。この割合は統計的に比較可能な国々の中で最も低く、最高ランクの国々の半分以下でもある。また、日本の家計負担による教育支出の割合は31・9％（ＯＥＣＤ加盟国平均16％）、高等教育に子どもを通わせる場合の家計負担は64・7％にものぼる（ＯＥＣＤ加盟国平均30％）。近隣の国々が悪くても年5％以上の経済成長を見せる一方で、日本経済は未だ好転したとは言い難く、経済成長率もそれほど思わしくない。日本の不況が長引いている背景には、教育システムと学校において、知識社会への対応に十分な注意を払えない現実がある。[2]

知識経済で成功を得るためには、知識とスキルの経済的な変容が求められるとともに、信念、習慣、価値観の文化的な変容が必要となる。本書の第2章では、知識社会における価値と美徳について述べており、そこで示すいくつかの論点は日本にとっても極めて重要となるだろう。

第一に、伝統的なヒエラルキー構造や権威といったものは経済の生産性や柔軟性の向上を遅らせる。そのため、企業の職場と同様に学校においても、教師たちや管理職の権威はもはや儒教思想に由来する歴史的な「尊敬の念」と一致して自動的に付与されるものではなくなるはずである。権威は地位によって割り当てられるのではなく獲得されなければならず、学級や同僚チームが高いパフォーマンスを目指してより高度な道理的思考をもつように動機づける能力を基盤とする。

第二に、特に中等教育段階で生徒間や同僚間の離散が進み、校内暴力といじめが増えている。そのような学校文化の中では、教えと学びの中にあるケアリング、情動、そしてかかわり合うことの意味や役割を明確にしておく必要がある。専門職であるからといって、他者が「私」の実践を見て何を考えているのかを理解せず、「私」や他者の豊かな情動的生活から距離を置いてはいけない。専門職とは、他者の困難に共感する能力をもち、誤りに対して率直であることを意味している。事実、これまでの教師の情動研究で明らかになったように、教師の仕事は子どもたちを動機づけ、子どもたちの思いに関与するためのデザインに基づいた情動的実践である。その反対としても、教師の仕事は無視や怠慢をも潜在的に含む情動的実践でもあるし、教えと学びに対する退屈感を子どもたちに生じさせてしまう可能性のある情動的実践でもある。[3]

専門職の学び合うコミュニティを豊かに構築するためには、割り当てられた仕事について会議を行うだけでなく、教師たちのかかわりとその間に現れる情動性が不可欠となる。情動は教師たちの実践の協働探究を活性化する条件でもある。日本の教師たちは、世界的に注目される「授業研究（レッスン・スタディ）」[iv]のように、同僚間の効果的な協働実践の長い歴史を有している。多くの国々が知識社会で直面している危機とは、協働が育っているのかどうかではなく、協働がそれらしくも別の「何か」になってしまっていることである。

いくつかのアジア諸国は、競争的な社会に求められる習慣や価値の転換を受け容れようとしている。それは、権威を破壊することなくコミュニケーションと協働性を高めたり、競争を強化する方法として協働実践を促進したり、知性という厳格さを排除することなく教育の情動面の重要性を認めていくことである。

知識社会の第三の側面は、日本という国家、そして日本で暮らす日本人に課せられた挑戦でもある。繁栄

iv　明治時代初期に導入されたヘルバルト式段階教授の授業の研究を起源として多種多様な様式で発展、拡大してきた日本の「授業研究」は、1990年代にジェームズ・スティグラーやキャサリン・ルイスらによって「レッスン・スタディ」として世界中に紹介された。以後、「レッスン・スタディ」は教師の専門性開発や学校の同僚性構築、子どもたちの学習過程の分析に寄与する校内研修の手法として世界各地に広まりつつある。2000年代後半には「世界授業研究学会」が発足し、日本の「授業研究」がこれまでよりさらに世界的に注目されるようになった。日本の学校でごく当たり前に行われている「授業研究」は、グローバル視点からとらえると極めて稀有な取り組みであり、教師の成長や子どもたちの学びを支え促すのに最も適した手法として高く評価されている。

しているいくつかの知識経済諸国は地球規模でつながりつつあり、概して移民や外国人とのかかわりから人々に地球市民としての自覚を育みつつある。日本のような少子高齢化社会において、増大する福祉システムに資金を回し、援助を行う方法の一つがより多くの移民を受け容れることだろう。移民とその子どもたちは国家にとっての将来的な納税者である。移民はまた、学校とその文化に対してエネルギーを吹き込むことになる。子どもたちは共感を抱くことを学び、異なる価値や信条と交流する必要がある。そこで教師たちは、子どもたちが異なる文化的背景に関心をもてるよう、より広範で効果的な教育方法を見つけ出すように奮闘しなければならない。多様性は創造性を養うのである。移民を包摂する教育を実現し、複数の言語能力の修得に関心をもち、文化的に多様な集団に素早く整然と対応できる教室をつくること、これら全てが教えと学びに創造性を吹き込み、日本人が現代のグローバル経済において互いに交流し合い、そこに効果的に参加できる地球市民としての自覚を育むのである。

ゆえに、効果的な知識社会になるためには、過去の成果に単にしがみついたり、その成果に拍車をかけたりする以上のことが求められていく。テクノロジーやコミュニケーションにほんの少しのスキルを加えるだけでは足りないのである。知識経済を先に進めうまく機能させるには、権威、アイデンティティ、そして自己とは異なる生活と言語を用いる他者とともに働く方法について、私たちはこれまでとは異なる考え方に挑戦しなければならない。このことは、私たちが例えばイギリス人としての「私」、シンガポール人としての「私」、オーストラリア人としての「私」、そして日本人としての「私」を再考し、再定義しようとすることでもある。

本書の第5章と第6章で扱うように、これら全ては専門職の学び合うコミュニティへと学校を体制化する取り組みの中に同時に現れてくる。専門職の学び合うコミュニティは、最悪の状態としては、政府の政策を実施しながら改善に向けた圧力がかかる中で素早く成果を出すための管理装置として利用されることがある。専門職の学び合うコミュニティが他の誰かの優先事項に焦点化する形式的な会議の型であれば、それは教師たちにとって退屈なものとなり、協働して子どもたちのイノベーションを生み出す力と創造性を培うことにはならない。対照的に、第5章で示すように、専門職の学び合うコミュニティが、教えるという仕事がどのように遂行されるのかを考える場となるとき、全ての教師が変革の「大きな絵」を把握し、協働して学び、協働実践の中で取り組まれる課題やミスを探究すべくデータを包み隠さず用い、変革に向けた計画を官僚的に押しつけられるのではなく専門職として推進していくことになる。

日本の教育は、専門職の学び合うコミュニティを強固に築くための基盤を具体例としてすでに有している。それは生き方そのものであり、知識社会全体の発展に寄与するコミュニティのための基盤である。例えば、日本の「授業研究」は教えと学びの改善を強化するものであり、学校における協働文化を培うものでもある。

一例を挙げよう。日本の福井県にある福井市至民中学校（以下、至民中学校）は特別有利な環境にあるわけではないが、専門職の学び合うコミュニティを力強く育む挑戦を続けている。至民中学校の教師たちは教科横断チームをもち、日々の授業実践のイノベーションを図る協働探究を進めている。また、保護者や地域の人々と密接に連携を取りながら子どもたちの心身を育み、ケアし、学級活動や異学年交流や各種特別活動を通じて子どもたちの「絆」を紡ぎ、保護者、地域、学校への「愛情」と「誇り」を育んでいる。

至民中学校ではさらに、管理職のリーダーシップと中堅教師たちのミドルリーダーシップの下で教師たちの豊かな同僚性が培われ、教師たちは洗練された学び合うコミュニティを協働でつくり上げている。教師たちが互いの授業を参観し合う公開授業、授業参観の記録やコメントを交流し合う授業研究会、互いの生徒指導方法を吟味する研修会、地域連携や自治的な生徒活動を推進する運営部会、研究会や部会から上がってくる学校の課題を吟味し、学校の発展の道筋を見出していく企画開発委員会、地域の小学校との連携、保護者懇談を組織的に推進する教師チームなど、多種多様なプロジェクトチームが学校組織の中で機能し、その全ての「場」で教師たちの専門性開発の機会が保証されている。この豊かな環境の中で、教師たちはそれぞれの教室で知識社会を乗り越える授業デザインや教授法を追い求めながら、子どもたちの心の中に温かな情動を育んでいる。

これらの挑戦は、たとえ生徒指導上の困難な問題が起こったとしても停滞することはない。管理職の的確で温かなリーダーシップに支えられながら、教師たちは互いにケアし合って子どもたちと真摯にかかわり、学校のシステムに問題を見出せば、すぐに協働で子どもたちの実状を分析し、学校のシステムをイノベーションしていく。至民中学校は、学校の「現実」に即応できる柔軟な「学習する組織」なのである。そして、教師たちは毎年一本、自らの挑戦を跡づける実践記録を綴り、その実践記録は教師自身の実践の省察と学びの糧となり、同僚の挑戦、学校文化の継承、そして至民中学校の実践の地域内外への発信と拡張に寄与している。この至民中学校の挑戦は決して特別な事例ではない。日本全国の多くの学校で同様の挑戦が繰り広げられている。

しかし、世界中のあらゆる地域において性質を異にする二つの試みの間で困難が生じている。一つは、ダイナミックで包摂的な知識社会に参画するスキルと気質を子どもたちに育む試みである。もう一つは、有権者に支持されやすく、就職難の社会に不安を抱いている保護者の競争本能を煽るテストを通じて基礎知識を育むことを狙った伝統的システムを維持する試みである。日本は伝統的な学力標準を維持しながらも、漸増的に成長し続けるシンガポールや中国といった近隣諸国と同じようにイノベーションを生み出す力と創造性を子どもたちに育み、そして教師は個人ではなく教育専門職の集団としての自律性を担保できるはずである。

そうでなければ、ますます内向きで不安に満ちあふれた社会の中で、日本だけが従来型の学力向上と受験競争を繰り返し、推進し続けることになりかねない。日本は、このままでは今日のグローバル経済をうまく泳ぎきることはできない。日本の教育者、リーダー、そして市民は、次世代がどのような人々に育つのか、その世代が暮らす国と地域のためにいったい何をするのか、これらを決定する重大な岐路に立たされている。

アンディ・ハーグリーブス（ボストン・カレッジ）
木村　優（福井大学教職大学院）

第1章

知識社会に備える学校と教師：独創性を育む

矛盾を抱える専門職

教職は矛盾を抱える専門職である。専門職と呼ばれる仕事の中で、もしくは専門職化を切望するあらゆる仕事の中で、教職だけが人々の技術と能力を創造し続けるよう期待されている。ここでいう人々の技術と能力とは、今日の知識社会において個人や組織が生き残り、成功するためのものである。教師たちは経済的繁栄の本質を追求するために、学び合うコミュニティの構築、知識社会の創造、イノベーション、柔軟性、変化に関与する能力の育成を他の誰よりも期待されているのである。またこのとき、知識社会がつくり出す膨大な諸問題を和らげ、それらに対抗することが教師たちに求められている。その膨大な諸問題とは、過熱する消費主義であり、コミュニティの消滅であり、貧富の差の拡大などである。教師は表面的に相反する二つの目的をどうにかして同時に達成しようとしなければならない。

話は変わるが、知識経済が求めている小さな国家はまず、公費支出や教育や福祉に被害を与えることになる。教師の給料や就業状況は公共サービスにおける被害リストの頂点にあり、最も費用がかかる項目として扱われるのである。

産業革命時には、労働者が資源として田舎から都市へと移住した。この集団移住による労働力がディケンズによって描写された工場群や「闇のサタンの工場」[i]を満たしていった。しかし、田舎から都市への人々の大移動は都市人口の過密問題をもたらした。公教育、公共図書館、巨大公園というように、公共の場や生活に関する重要な制度の創設が次々に求められた。産業革命による経済の爆発的成長に限界がなかったわけではない。人々に恩恵を与えうる学びや就学の機会、緑あふれる都市スペースが供給され、市民としての慈善的な責任行動によって都市の均衡は保たれていた。

知識革命は資源の向かう先を再び変え始めている。博打にも似た終わりなき世界投機市場の中で消費が後押しされ、株式市場への投資も刺激されている。資源は公共の財源から民間の収入へと向かって変化しているのである。この二度目の革命では、社会における保障や均衡を保とうとする兆候がほとんどない。公教育を含む多くの公共制度において、当然のように公費支出の枯渇や私的な選択を擁護する動きが見られている。まさに危機である。私たちは教師たちに対して、知識社会に向けた準備を子どもたちに保証するよう最大限の期待をしているが、政府機関の多くは教師の人件費を抑制し、さらなる効率性の追求へと駆り立てている。知識経済は、次世代の教師たちに被害を与えることで、子どもたちをも蝕んでいるのだ。

知識社会においては、教職を真の学び合う専門職にすることの難しさに気づくことになる。知識社会は学びと教えに関するより高度なスタンダードを求める一方で、教師たちを公的に攻撃することになる。例えば、教師たちの自律的判断が浸食され、就業状況が悪化し、標準化と過度の規制という伝染病が蔓延し、解雇と早期退職の大きな波と教員採用の危機が訪れ、教職における優れたリーダーたちの不足が誘発される。知識経済のために極めて重要だとされる優れた教育の専門職は、その多くが専門職としての価値を下げられ、仕事を辞めたがる者が増え、教職に就こうと考える者は減り、リーダーになる意欲のある者もほとんどいない職業と化しつつある。このような状況は矛盾という以上の危機であり、適切な調和を乱すものである。

i　賛美歌『エルサレム（聖歌）』（作詞：ウィリアム・ブレイク、作曲：チャールズ・ヒューバート・パリー）の一節に登場する。産業革命によりイングランド国内に乱立した工場群のことで、古き善き伝統を破壊し、信仰に則った人間の生活を汚すものとして「闇のサタン工場」と比喩した。『エルサレム』は、産業革命によって危機に瀕した人間の精神の闘争を鼓舞するとともに、ときの封建制に象徴される権力に対する人間の精神の解放を暗喩している。

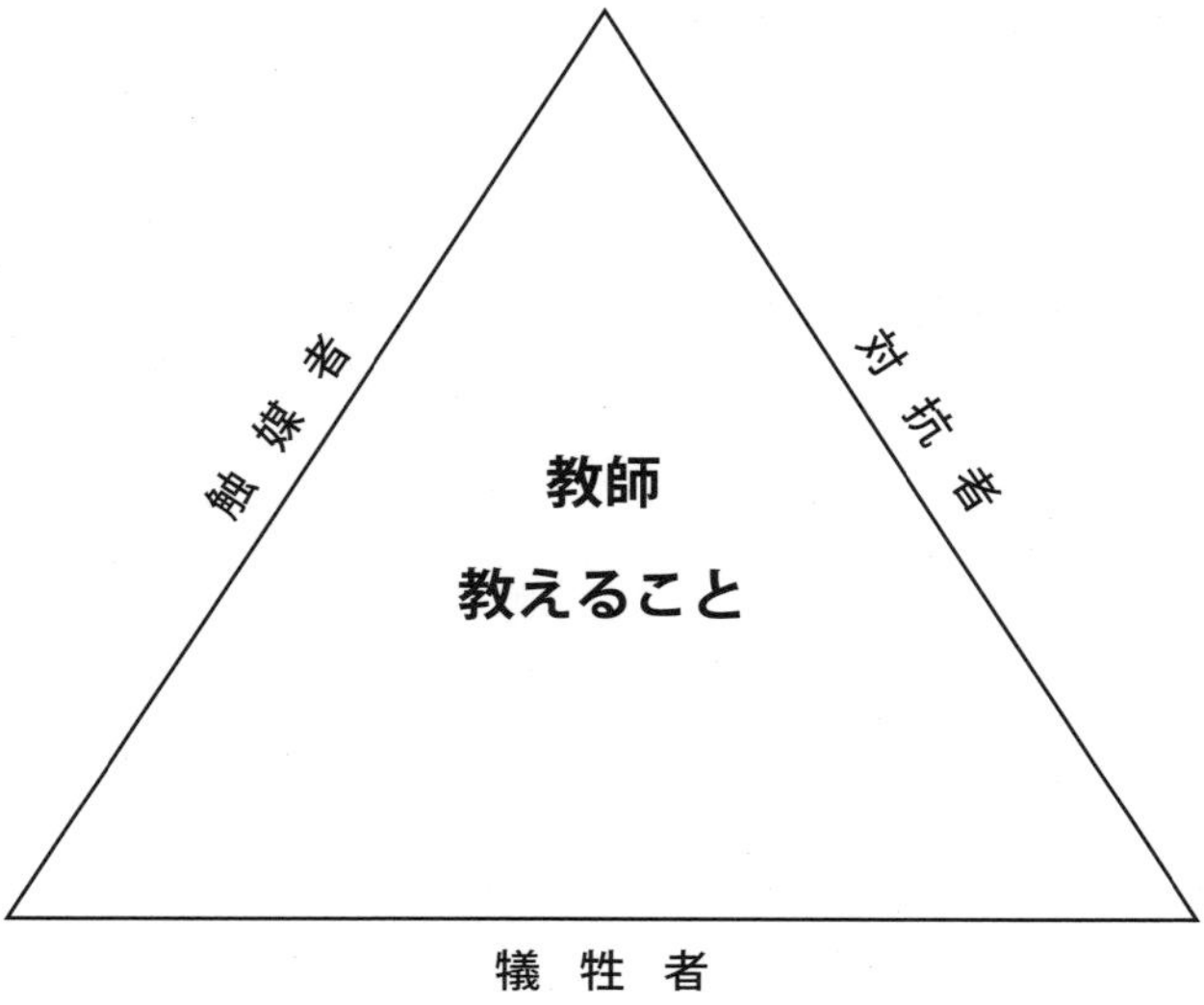

図1-1　知識社会のトライアングル

それゆえに、教師たちは今、以下に示す私的な利益と公的な責務とのトライアングルに自らが囚われていることに気づいてきている。

・知識社会がもたらすあらゆる機会と繁栄をつなぐ**触媒者**になること。
・知識社会が人々の包摂、安全性、公的な生活にもたらす脅威への**対抗者**となること。
・教育への期待の高まりが標準化という最小コストの帰結へと結びつく世界で、知識社会の**犠牲者**となること。

図1―1に示される三つの効力の相互作用と影響は、教職の本質、つまりは教師であることの証であり、まさに知識社会の専門職としての教職の生存能力を形づくっている。

知識社会以前

義務教育が出現し、世界的に拡大して以降、公教育には社会を保持することが繰り返し期待され、学校と教師には貧困から子どもたちを救うことが期待されてきた。その期待とは、戦争直後の国家を再建すること、経済的な生き残りのための基盤としてあらゆる状況に対応するリテラシーを開発すること、労働者を招き入れる適切な雇用がほとんどない時期であっても有能な労働者を育成すること、宗教的および民族的紛争によって分断される大人たちの世界の中でも子どもたちに寛容性を培うこと、全体主義によるあまたの傷を負う社会の中で民主的な心情を培うこと、先進国も発展途上国も経済活動で成功するよう援助すること、教育者が未来の世代に資する準備手段を再形成すること、ドラッグを排除し、暴力を終わらせ、現在の世代の贖罪を成し遂げることである。

いつの時代も公教育に対する期待は高い。しかし、その期待は常に同じ方法で表現されるとは限らない。第二次世界大戦後の30年では、世界の先進経済国における教育は、人的資源、科学技術の発展、そして成長への責務に対する投資として広く考えられていた。[1] エリック・ホブズボームが「歴史の黄金期」[2]と呼んだ活気に満ちていた世代層は、結果として教師をもっと増やすことを要求し、教育の力を楽観していた。さらに、彼らは昇給を実現する高い交渉力をもった若くて活気に満ちあふれた世代として、専門職としての誇りを抱くようになった。またその世代の教師たちは高度に資格化され、学士号が基礎となる専門職となり、より高い地位へと優遇され、仕事の柔軟性と自主裁量が尊重されもした。この「自律した専門職の時代」には、先進国でも発展途上国でも、多くの教師たちが人口膨張や経済繁栄、そして無害で穏和な情勢から恩恵を受けていた。[3]

このような楽観主義、経済の拡大と繁栄、そして専門職の自律性の高まりによって人々の公教育へのアクセスは増大したのだが、教師の教授法といった教育の基本的性質はほとんど変化することはなかった。イノベーションを生み出す試みはあまり長く続かず、教室での言葉づかいの変化は、いつも現実のそれを凌駕していた。[4] 専門職の自律性、イノベーションを生み出す試み、教育の拡張などあらゆるものの背後で、教育と学びの基礎となる「文法」に関しては、ほとんどの教師がかつて自分の受けたものと同じように教えることで貫き通されていた。それは例えば、教室の前方から講義をし、子どもたちに座学をさせ、一問一答による授業を行うことであり、標準的な紙と鉛筆による方法で他の教室の同年齢の子どもたちも含めて一斉に評価することなどである。[5]

発展途上国はそれぞれ異質な経済と文化の伝統を引き継ぎながらも、不釣り合いにも世界の富のわずかなシェアを保有するにすぎなかった。援助は基礎となる就学前および初等教育の設立と拡張へと向かい、経済の自立と成長に不可欠と見なされていた基礎的リテラシーの水準の構築につながっていた。しかし、それらの資源には限りがあり、例えば、学級の飽和状態は未だに続いている。テクノロジーはこの上なく基本的なもので、椅子には石が、黒板には砂が当てられていた。教師の資格や専門的な知識、技能、給与もまた貧しいものであった。[6] 中等教育段階になると、よりわずかなエリート層が宗主国の教育課程に習うことが多かった。子どもたちは講義形式で教えられ、自らの経験から引き離され、結果として自分たちの社会からも切り離されていた。[7] ここでの教職は「準専門職の時代」と言うべきものに限定されていた。つまり、ろくに給与も支払われず養成も受けていない教師が限られた範囲の教授方略のみを習得、活用することのできた時代である。[8] 限られた教授方略とは、当時の発展途上国が直面する状況にいかに協調し生き残れるかというストラテジーとさほど変わらない。[9] そのようなストラテジーは発展途上国の制限された状況と財政には適していたかもしれないが、教師と他の人々が有していた構想力の中にも、教育の唯一の方法として染みついていたのである。

１９７３年のオイルショックとケインズ主義経済学の崩壊は、西側の先進経済諸国において、教育に対する楽観主義の見方を終わらせることとなった。突然、教育は問題として扱われ、解決策ではなくなったのである。負債を抱えた経済状況の中で福祉国家は崩壊し始め、教育資源もまたその崩壊に続いていった。西側諸国は内向きに転換し、多くが「アジアの虎」の経済発展によって影が薄くなり自信を失っていった。同時に、子どもの人口は減少し、教師は市場における魅力や交渉力を失うなど人口動態は後退し、残された教育力の大半がその時代の特質を示し始めていた。

学術研究の領域では、社会変革の媒介としての教育の力に対する悲観論が生まれ、それがその時期のムードを特徴づけていた。クリストファー・ジェンクスの主張では、大規模統計データ[ii]に基づく限り、教育は社会的な不平等をほとんど是正できていないということであった。[10] バジル・バーンスタインの予言的な「教育は社会を安定させられない」という主張は多くの共感を生み始め、[11] 思い返せばトム・ポクウィッツの見解も、「社会の贖罪を媒介する学校に対して歴史は繰り返し根拠のない信頼を与え続けてきた」というものであった。[12]

ひとたび社会的な楽観主義がるつぼと化すと、教育はガス抜き、失望、そして恐怖の標的となっていた。アメリカでは、『危機に立つ国家』という劇的な報告書において、好戦的な言葉でもって次の内容を明白に示していた。すなわち、教育の成果や経済的な活躍という点で全世界におけるアメリカ人の優位性を高める

ii　いわゆる「ビッグデータ」のこと。

ことが、軍事力における優位性に取って代わるとしたら「アメリカ人は強く憤慨するだろう」ということである。[13] 同時期のイギリスでは、1980年代後期の次期保守党政権が「Education Isn't Wurking」というスペルを故意に誤ったスローガンを用い、それを票獲得の手段としていた。各国の政府は、教育をビジネス、労働、テクノロジーとより密接に関連づけ始めた。[14] あらゆる構造は再組織され、資源は固定化され、市場の選択と学校間競争の理念が急増し始めた。カリキュラムの統制はいっそうきつくなり、ある地域では国家の誇りを再び確立するための露骨な課題へとカリキュラムが結びつけられていった。[15] 改革はあちこちで姿を見せ、エスカレートする切迫感から「間に合わせのように」実行されていった。そして教師たちは政府やマスメディアからあらゆることを責められていた。また近年設立された、学校の成績を順位づけするリーグ・テーブル[iii]によって、(多くは最貧の地域に存立する)「最低」の学校群が子どもたちの成績不振によって恥をかくことになっている。[16] これらの発展は、教育活動と公教育の人気を低迷させ、保護者が子どもに行う教育投資を私的なものへと変換し、年配で人件費がかかり新たな「改革」の妨げとなる教師たちを早期退職に追い込む、手の込んだストラテジーとして批判されている。[17]

1990年代までには、多くのOECD諸国における教師の平均年齢は40歳台に落ち着いている。[18] 改革の圧力の下で、教師たちの士気低下、ストレス悪化、バーンアウト発症の全ての割合が高まっている。[19] これは、このような「改革」のサイクルが遅れていた日本のような国においても同様である。[20] 教師たちの多くは「改革」や迫り来るリストラの影響として自らの脱専門職化を実感し始めている。[21] 教師たちはより多くの仕事を経験するが、その仕事の中でより多くの規制を味わっている。また、行政の分権化に伴う官僚的な書類作業の負担によって、教師たちが自らの仕事の中核と考える子どもたちへの教育活動からさらに気持ちを逸らされている。[22] 公教育の葬式をあげるべく、火葬用のまきの山がくすぶり始めているのである。

西側諸国における学校「改革」の最も強力な口実の一つが、国際学力テストの比較の導入である。香港やシンガポール、韓国や台湾などアジアの「虎」が成し遂げた経済発展は、日出づる国「日本」とともに、これらの諸国の教育システムが経済成長に貢献しているという、西側諸国の政策立案者たちに対する過度な単純解釈をもたらした。数学と理科の国際学力テストの結果は公の不安を誘発し、多くの西側諸国に対して教育システムを「改革」するための判断材料を与えた。それから、このテスト結果は締めつけの厳しい監査システムと成果とを関連づけた給与、細部にまで規定されたカリキュラム「改革」を通して、教えることと学ぶことに対する標準化の規模拡大を生み出し、さらにマイクロマネジメント[iv]（不要なほどの細かい経営管理）を導き出している。こうした「改革」は、教師の教育学的な判断の自由度を著しく減少させている。それは、アメリカで広く用いられている「サクセス・フォー・オール」という言語教育プログラムやイギリスの小学校における「ナショナル・リテラシー・ストラテジー」によってなされている。しかし皮肉なことに、知識経済の出現は実のところ教えることと学ぶことに対して多くの柔軟性を求めている。それは、１９９０年代後半の予期せぬ経済停滞とアジア通貨危機が遅ればせながら気づかせてくれたことなのである。[23]

同時に、教育の規模縮小と再編は教育と社会の不平等を反転あるいは改善させる助けにはならない、と考えられている。デッキ・チェアを移動しても沈みゆくタイタニック号を救うことにはならないということで

iii　企業などの格付けに用いられる実績ランキング表のこと。近年、学校間の成績順位を表す指標として用いられるようになり、イングランドの教育省が公表する小学校リーグ・テーブルが有名である。学校選択と学校間格差の拡大を助長する可能性を含むことから、公教育の解体に結びつく制度として批判されている。

iv　マイクロマネジメントとは、管理者である上司が部下の業務に強い監督・干渉を行うことで、管理者は業務のあらゆる手順を監督し、意思決定の一切を部下に任せようとしない経営手法のことをいう。中には、達成不可能な目標を定めたり職場に居づらくさせたりなど社員を辞職させる戦略として用いられる場合もある。

ある。子どもの貧困率は、イギリスやアメリカをはじめとした多くの国家で拡大している。[24] 教育の再編手段は豊かな地域と貧しい地域の学校間教育格差を縮小させる兆しをほとんど見せてくれていない。[25] 特にサハラ以南のアフリカや南アフリカの一部では、絶対的な「極貧」という第四世界が出現し始めている。[26] 第四世界に見られる飢餓の連鎖や病害、その他の生態学的災害は、部族内大虐殺と同様に独立後の時代の悲劇的特徴である。それは具体的に、西側諸国によって裏側から手引されていた腐敗統治に基づく政治的独裁がアフリカの国々を分断し、貧困を重要問題として扱わず、経済支援団体が与えてくれる教育やその他の資源のほとんどを個人で押収していたという状態のことである。自律とイノベーションを生み出す試みが保証された専門職性を強化させたいという教師たちの望みは、先進国ではほとんど気づかれることはなかった。その他の諸国では、それはさらに叶わぬ夢であった。

知識社会からの恩恵

20世紀の最後の25年間で、教師たちの望みは言わば死にかけた産業主義と帝国主義の時代の心許ない教育における遺産となっている。しかし、新世紀が到来すると、古い産業主義の遺灰の中から出現した新たな経済と社会が形を成し始めていた。

1976年、アメリカの社会学者ダニエル・ベルは、この到来しつつある社会と時代を最初に予言し、新しくそれを「知識社会」と呼んだ。ベルの著作、『ポスト産業社会の到来』は、経済の転換がすでに始まっていたと述べていた。それは、多くの人々が生産業務に従事する産業経済から、労働人口がサービスやアイデア、通信にますます集中していくポスト産業経済への転換である。[27] ベルによると、新しく重視すべきポイントとは、社会が例えば科学や最先端技術、研究や開発などにおいて、生産する人々と制度に対する知識への依存をますます高めていくということである。ベルは「ポスト産業社会」を次のように説明する。

「ポスト産業社会」とは、二つの意味で知識社会のことを意味する。それは第一に、イノベーションを生み出す源が研究と開発によって次第に導き出されるという意味であり、第二に、国民総生産（GNP）の上昇比率や雇用のシェア拡大で測られる社会の重みが、徐々に知識領域の中に置かれるという意味である。[28]

ベルによると、教育の領域はこの傾向を示す一部として唯一急成長し、高等教育への進学率の急激な上昇を伴って、「２０００年までにアメリカは巨大な知識社会と化すだろう」とされている。[29]

ベルの予言はある部分では当たっていた。公教育、高等教育、成人教育へのアクセスがどの地域でも拡大し続けている。若者は学校により長くとどまり、高等教育進学者が増大して、その後にフルタイムの正規雇用のキャリアをスタートさせる。[30] しかし、これら全てが全体として、より大きくより拡大してより良い知識社会につながるのかについては議論の余地が残されている。長期にわたって学校に通うことが、より良く学んだ量とは限らないためだ。

今日、政治家や官僚、教育者や企業経営者たちの知識社会についての言説は、ベルが主張した意味を大幅に超えて拡大している。今日の知識社会とは、単にテクノロジーや教育などの特定の専門領域の拡大を意味するのではなく、ましてや労働と生産のための資源を意味しているわけでもない。知識社会はすでに経済生活の全てに浸透しており、企業や他の多くの組織を動かす有効な手法として特徴づけられている。ピーター・ドラッカーは、このようなより新しく、強力に拡大しつつある知識社会に関する考えを最もまくとらえて世に広めた人物である。彼が言うには、社会における基本的な経済資源はもはや資本や労働者ではなく、むしろ次のものに代わっている。

それは知識である。価値とは、「生産性」と「イノベーション」によって創造されるものであり、ともに労働に知識を活用していくということである。知識社会の先頭グループが、「知識労働者」になる。ゆえに、経済上の課題とは知識労働と知識労働者の生産力となっていく。[31]

東欧諸国と他の発展途上国の社会変革に関する専門シンクタンクのアドバイザーも務めていたマニュエル・カステルは、偉大なる三部作『ネットワーク社会』において、この新たな社会的、経済的秩序を描写すべく「情報社会」という語を用いている。[32] カステルにとって情報社会とは、グローバル化したエレクトロニック、コンピュータ、デジタルによる情報と娯楽の発展と拡大、流通に根をはった社会であり、それらによって突き動かされている社会とされる。カステルは次のように述べている。

産業社会における開発の方法の中で生産性を高める主たる資源は、新たなエネルギー源の導入と、生産と流通の過程を通してエネルギー使用を地方に分散させる能力にある。一方、新たな情報社会における開発の方法の中で生産性を高める資源は、知識創出と情報処理、そして記号的コミュニケーションのテクノロジーにある。情報社会における開発の方法に特徴的なことは、生産性の主たる資源である知識そのものの上に知識の活用があるということである。また、それは相互作用の好循環の中で生み出されるものである。[33]

このような絶えず変化し、自動的に創造されていく情報社会の中で、知識とは柔軟性があり、流動的であり、常に拡張し転換可能な資源とされている。知識経済の中では、私たちは大学などの外部の「熟達者」の知識を引き出して用いることをしない。知識、つまり創造性と独創性は私たちの行為全てに内在しており、ベルがかつて論じたような労働と生産を支えるものばかりではなく、労働と生産の核となる形そのものなのである。このことは、アイデアやコミュニケーション、販売やマーケティング、相談業務やコンサルタント業務、旅行業やイベント企画などの場において、より教育を受けた人々が働くようになったことからも言える。イアン・ランキンの人気推理小説の一つでも、年老いた主人公のリーバス警部は、容疑者への事情聴取のために訪れたエジンバラの高級アパートにおいて、住人が斬新な職業についているのを見渡しながら「ここでは誰でもまともな職をもてるのか」と皮肉っぽく述べている。[34]

知識社会では、生産方法が消費方法とつながっている。ジェレミー・リフキンの『エイジ・オブ・アクセス』では、車やコンピュータや電話といった私たちが買うあらゆるモノの分割払いの頭金が下落もしくは無くなると、車のリースやインターネット通信、そして電話の通話プランのようなサービスが私たちを束縛し、個人の家計をさらに食いつぶしていくと示唆されている。[35] サービスは経済で成功するための核なのである。

クリントン政権時代の元労働長官であるロバート・ライシュは、新しい経済の時代における利益性が、大量生産と大量販売の技術に基づく古い産業経済の尺度にいかに依拠していないのかをうまく描写している。[36] むしろ、消費者の選択が気まぐれな世界では、企業は新たな製品やサービスをライバルよりも速く開発することによって利益を上げて存続できているのである。それゆえ、競争的な企業は「持続的なイノベーション」[37]の文化とシステムの構築をあてにしている。そこでは、製品よりも速さと知性がはるかに重視される。[38]またこの文化においては、発明や創造ができて、目新しいものへの消費者の喜びを理解して、新たな可能性を探究できる「変わり者」にこそ値打ちがある。したがって、顧客のニーズを重視すること、顧客の将来的な嗜好を予見すること、消費者の味覚を最もくすぐりそうなものを発見すること、これらが可能な雇用主や専門家がここではまた高く評価される。

イノベーションを生み出す力と市場を見通せる力の全てを知識と呼ぶ。ライシュは、最も偉大で起業家精神にあふれた天才たち、例えばトーマス・エジソンや現代のスティーブン・スピルバーグやオプラ・ウィンフリー[v]などは、この両方をもっていると言う。[39]しかし、天才とは稀な存在である。それゆえ、成功する企業は、過去の時代の企業を特徴づけていた、いわゆるマーケティングと研究開発を仕切る古い組織区分を解体し、イノベーションを生み出す人材とマーケティング担当者をひとまとめにしている。

したがって、知識経済における最も優れた企業では、イノベーションを生み出す者とマーケティング担当者がチームで働き、互いのコミュニケーションの容易さに満足し、外部の知識に定期的にアクセスし、新たなアイデアを生み出して共同利用できる、学習する組織が運営されているのである。[40]学習する組織は、絶え間なく新たな知識を共有し、創造し、活用する能力を構築していく。ライシュの叙述によると、「持続的なイノベーションに向かう相互的な学びは、非公式であり、あらかじめ計画されたものではなく、偶然性の高いものでありやすい」[41]ということである。そのため、相互的で自発的な学びを生み出しやすい文化と集団を創出することが組織における挑戦となる。シリコンバレーの成功は、まさにこの原理から生じていた。つまり、新しく開発された産業パークにスタンフォード大学の研究者と技術イノベーター、ベンチャー投資家が集まり、そうして創出されたコミュニティが世界規模で経済と技術の変革にまさに歴史的な衝撃をもたらしたのである。[42] 近年、サンタフェ研究所が理論物理学者と経済学者と複雑系システムの研究者を集めるために、モトローラ社のような企業組織からの莫大な融資を利用している。この研究所の創設者たちの信念は、経済と社会のネットワークにおいて出現する複雑系のパターンを理解することが将来の経済的な成功の鍵を握る、ということである。[43]

このように、知識社会には三つの次元が存在する。第一に、ベルが描写したように、知識社会は拡大した科学、技術、教育の領域から成る。第二に、知識社会はサービスを基盤とする経済において知識と情報を処理し、流通させる複雑な方法を包含している。第三に、知識社会は基本的な変化を引き起こす。その変化とは、相互的で自発的な学びの機会を最大化するシステム、チーム、文化によって生産とサービスの持続的なイノベーションを強め、企業組織を機能させることである。

知識社会の第二と第三の次元は、あらゆる学びを加速させ容易にさせる情報とコミュニケーション産業のインフラが洗練しているかどうかにかかっている。この情報インフラは経済を牽引すること以上に極めて重要な要素である。カステルは、コンピュータを用いて知識社会あるいは情報社会へと転換していくことは、未発展の諸国にとって優先的な重要事項であると述べている。[44] 情報化された経済からほとんど排除されている、あるいは、情報技術において最も遅れている発展途上国は、経済的にもほとんど成功できていない。情報技術への投資とそのアクセスの拡大への失敗が、ソビエト共産主義が崩壊した主要な原因の一つであった。

v　オプラ・ウィンフリーはアフリカ系アメリカ人女性で、人気トーク番組の司会や俳優業を務める。世界で数少ないアフリカ系の億万長者であり、近年では人種差別撤廃に関する慈善活動を精力的に行ったり、アメリカ大統領選挙でバラク・オバマの支援を率先して行ったりするなど、世界的に著名な人物である。

情報社会に参加しない、あるいは参加できない国家や集団は次第に過小評価されていくのである。けれども、強力な知識経済の鍵を握るのは、人々の情報アクセス能力だけでなく情報処理能力にある。OECDは新たな知識経済の試みの背後で主要な原動力の一つとなってきた。マーティン・カーノイとカステルは、OECDの主要な政策方針書において知識と学びが中心的に考慮される情報の時代について次のように記述している。

情報の時代における仕事の際立った特徴とは知識の確実性であり、特に一つの職業や企業に固有のものではない「汎用性のある」一般的な知識の確実性である。最もよい職業とは、高水準の教育（高水準の一般的知識）を必要とし、より多くの知識を蓄積する機会をもたらす職業である。最も優れた企業とは、教えること、学ぶこと、情報の相互交流のための最良の環境を創造する企業である。企業が生産ラインや生産過程やマーケティング戦略などの全てを同一の労働力でまかなうことによって改善能力を生み出しているように、仕事の中で柔軟性を創造するものが知識と情報なのである。またその知識と情報は、労働者が自らも変わりながら新たな業務プロセスを学び、職業人生において数回は仕事を変えて、地理的にも場所を移動し、もし必要なら全く新しい職業について学ぶことのできる能力をも創造する。[45]

知識社会の発展

知識社会とは学びの社会のことである。経済的な成功や持続的なイノベーションの文化は、労働者たちが個別でも協働しても学び続ける能力によって支えられ、知識経済は機械の力ではなく脳の力で作動する。脳の力とはつまり、考え、学び、新たな手法を取り入れる力のことである。産業革命期の経済は機械的な労働者を必要としていたが、知識経済は知識労働者を必要とするわけである[46]。ドラッカーが表現するように、「知識労働者たちは、姿を現しつつある知識社会の特徴とリーダーシップ、そしてその外形をもたらすことだろう。知識労働者たちは知識社会における支配階級にはならないだろうが、すでに指導的な階級となっている」のである[47]。

ＯＥＣＤの報告書『学びの社会における知識マネジメント』では、加速する変化に伴ういくつかの課題にも知識マネジメントが関連づけられている。

私たちは、個人や企業、国・地域の成功や繁栄が他の何よりも学ぶ能力によってもたらされる「学びの経済」へと移行しつつある。加速する変化は、情報テクノロジーの急速な拡散や、グローバル市場の拡大、そして市場における規制緩和や安定性の縮小をもたらしていく[48]。

ＯＥＣＤがあらゆる場面で指摘するこれらの動向は、「知識をもった学生といえる者たちは、知識を装備しつつある者たちであり、学校によって知識を身につけるべきであるという核心的な問題を提起」している[49]。国際的な教育改革の専門家であるマイケル・フランは、『脳科学や認知科学の研究成果を含んだ『学びに関する知識領域を用いる知識創造の考え方』が、教師の教授行為と学校教育の核心となるに違いない」と結論づけている[50]。

主要な社会理論家たちや政治色の強い多くの政策アドバイザーたちは、高い質の公教育こそが知識労働者と知識社会をあらゆる場所で開発するための本質であると気づき始めている。カステルは次のように助言する。

教育は労働者にとって鍵となる資質である。つまり、情報化された資本主義における新たな生産者とは、企業や国と地域の経済に最も価値ある貢献をもたらす知識の生成者たちであり情報処理の担い手なのである。[51]

トニー・ブレアの筆頭ブレーンであったアンソニー・ギデンズもまた「教育の改革とスキルのトレーニング」が「特に貧困層で憂慮される点において」重要であると断言している。ギデンズは、貧困層もまた新たな経済の恩恵を受け、そしてその経済活動の中に包摂されるためにこう述べているわけである。またギデンズは次のように続ける。「教育への投資は今日の政府の責務であり、可能性の再分配のための鍵となる基盤である」と。[52] オーストラリアの改革コンサルタントであるブライアン・コールドウェルとジム・スピンクスは、教育改革によって自律的な学校経営を推進し、次に成果目標への到達と学びのスタンダードの改善に力を注ぐことで、各国の政策努力の焦点は、知識社会に備える学校を創造することに転換していく、と主張している。[53]

本書を書き終える頃、私はシンガポールの国立教育研究所ビルの竣工行事に際してスピーチをすることになっている。シンガポールは人口３００万人の小さく新しい国家であり、地図上ではわずかな点にすぎない。シンガポールは電子機器の大規模生産で成功をおさめてきた国であるが、１９９７年のアジア経済の通貨危機の余波によって、その電子機器部門は特に深刻な課題に直面していた。一方、シンガポールの隣国はずっと安価な労働者を国際経済市場、特に中国のケースであるが巨大な国内市場に供給可能な状況であった。

シンガポール政府は自国の繁栄に向けて、特定の経済活動のための知識やスキルについて国民を教育することではなく、変化に対する学びと問題解決能力を育成することで、未来の経済活動の機会や不景気の発生などに適応し、再教育しながら、素早く柔軟に対応可能になることが重要であると気づいた[54]。このことから、シンガポールの教育ヴィジョンは「考える学校、学ぶ国家」から成る社会を目指すことにある。ナショナル・カリキュラムは削減され、柔軟性と創造性が奨励され、多くの学校が建築上も学習する組織として再適応すべく新たに設立されている。教育研究にも約５０００万ドルもの額が投入された。私が訪れたことのあるその他の大学は、未来はテクノロジーに委ねられているとの政府の信条を象徴し、工学部と科学部の建物も改築されていた。３６０人を超える教員スタッフと７０００人の学生を抱えるシンガポール国立教育研究所の創設は、「国家の未来は人にある」という政府の理念を見事に象徴している。他のアジア諸国、例えば西側諸国が必死に真似ようと試みた標準化された競争モデルを抱える日本などもまた、所定のカリキュラム内容について量を削減しており、教師の柔軟性を高め、教室内の創造性をより高めるよう促している[vi]。

たとえ明確な根拠に反していても、市場原理主義においては自由市場が繁栄への最良の道をもたらすのだと揺るぎなく信じられている。この市場原理主義によって推進される国家の教育政策は、基礎的で標準化された成果を達成するためにシステムを縮小し、経済の完全自由化に向けてコスト削減にも取り組む。しかし、進歩的な知識経済においては、将来、経済を活性化させる国によって教育システムが構築されることが必要とされるのであり、単に経済の自由化を目指す国が必要とされるわけではない。フィリップ・ブラウンとヒュー・ローダーの議論によると、「急速な変革をもたらす知識経済では、人々が先を見越して問題を解決し、

vi　ただし、新学習指導要領では、いわゆる「ゆとり教育」への反省からカリキュラム内容の増加が行われている。

実際の言葉を用いて仕事をこなすことが必要とされるように、適正に仕事を遂行するためには外的な制御を頼ることができなくなる」という。[55] 教室内の成果においてもそれはもはや同じである。

評論家も政策立案者たちも極めて異なった主義や信条を抱えながら、ますます強力で改善された公教育システムが重要であることに賛同している。そのシステムとは、活力ある知識経済をもたらすものであり、貧困にあえぐ地域や国々が周縁化されないように知識経済に参加できるようにする目的を有している。第2章以降では、そのような知識経済におけるあらゆる輝きが見せかけのものであり、情報の時代というものが人類の経験と機会に利益をもたらすと同時に現実的な脅威をもたらすことを示していく。しかし、学校と教師は、知識と情報、コミュニケーションとイノベーションという高次のスキルが席巻する世界の中で、若者たちがより良い機会を得てその世界に十全的に関与し、包摂されるよう、その責任を放棄することはできない。あらゆる子どもたちが知識社会と知識経済に向けて適切な備えを得ていかなければならないのである。

けれども、既存の枠組みの中で大量の教育を実施することがその答えではない。生活指導よりも教えることと学ぶことに集中できる効果的な教室を増やすこと、より多くの時間をリテラシーやその他の基礎的な学びに費やすこと、ゆっくり学びたい者に合わせたサマースクールや土曜学校を拡充すること、一日の授業時間や一年の授業日を増加することなど、これら全ては子どもたちの学力を高めることに確かに役立つ。しかし、これらは単に既存の枠組みの中での成果である。子どもたちをこれまでと同じ教育にさらに駆り立てても、到達する中身は何も変わらない。

私は以前の著作において、ポスト近代とポスト産業主義社会における急速な変化と混乱に備えようとする学校が、工場や修道院が支配した近代や前近代の原理からいかに抜け出せずにいるのかを描いたことがある。[56] 学校は時計とチャイム、授業時間と教室に未だに支配されている。子どもたちは年齢に応じて集団にまとめられ、標準化されたカリキュラムに沿って暗記可能な知識を教えられ、それらは慣習としてテストで測られる。学校システムのこうした伝統的「モダニズム（近代思考）」は、その外側にいる子どもたちや家庭、あるいは地域の心配よりは、むしろ内側の自らの経験とルーティーンがもつ確実性に目を向ける専門職と官僚の行動によって存続しているのである。

今日の学校と学校教育のシステムは、カナダの政治学者トーマス・ホーマー・ディクソンが社会における「独創性の格差」と呼んだ、悲惨な実例となっている。[57] ホーマー・ディクソンは、地理学、環境科学、政治学、脳心理学[58]の近年の主張をまとめて、世界は即時的で効果的な応答を要求する切迫した予測不可能な多くの問題を生み出す中で、ますます複雑化し、相互依存化し、急速化している、と述べている。世界の株式市場における瞬間的で終わることのない取引や投機は、タイやアルゼンチンの通貨危機が即座にあらゆる地域の経済的信用を動揺させうることを意味している。ある地域では二酸化炭素ガスの影響で地球温暖化が進み、ある地域では熱帯雨林の消滅が起こり、ある地域では洪水や暴風に曝されている。あらゆる地域で蛙の個体数は消滅しつつあるが、私たちはそれがなぜ起こるのかを理解していない。世界はますます相互依存化している。それはつまり、問題部分においても同様ということである。コンピュータの時代では、ますます大量の情報とデータが利用可能となり、人々が問題に対処し応答する助けとなっている。しかし、この情報の供給過剰や「データスモッグ」[59]の現象が起こると、情報がかつてないほどの莫大な量と急激な速度でもって人々を襲うこととなり、情報そのものが問題の一部となりうるわけである。株式市場のトレーダーや広告業の重役でさえ若年化し始めており、若くて頭の回転の速い者の頭脳がデータ、アイデア、コミュニケーションに関する数多くの経路を操り、それによって職場をつくり上げている。社会の経済的な幸福に不可欠な組織で重要となる労働者とは、これまでよりも頭が切れて、仕事がより速い者かもしれない。しかし、またそうした労働者はそれほど博識ではなく、業務上の判断に影響をもちうる既存の経験や組織に蓄積された記録を利用することに、それほど長けていない可能性もある。

ホーマー・ディクソンによると、知識社会が必要とするものは優れた「独創性」であるという。彼が定義する「独創性」とは次のとおりである。

例えば水質汚染や農地の浸食といったような、実際上の技術的で社会的な問題の解決に適用しうるアイデアのことである。独創性はしばしば表現される「イノベーション」のような真の新たなアイデアばかりでなく、例えば小説のように、根本的ではないが現実世界の問題解決に有用となるというアイデアも含む。[60]

ホーマー・ディクソンは、アイデアとは「労働と資本といった経済的な生産性を生み出す一要因である」[61]と述べている。重要なことは、「正しい種類のアイデアが適切な流れ」[62]を得ていることであり、そうした流れを統治する要因を理解していることである。独創性は物理的な世界で取り扱う場合には技術的なものになりうるが、組織や制度やコミュニティで取り扱う場合には社会的なものになる。ホーマー・ディクソンの結論によると、今日の複雑化した世界では社会的な独創性のさらなる供給が特に必要とされる根本問題があるにもかかわらず、私たちが生み出すことのできる独創性はその圧倒的な需要にほど遠い段階にある、ということである。独創性に対する急速なニーズと不適合な供給との間の不足こそが、ホーマー・ディクソンが意味するところの「独創性の格差」によるものである。[63]カーノイとカステルも同様にOECDの方針報告書において、男女の仕事が新たなテクノロジーによって転換している一方で、この変革を支えることが求められる社会制度がはるかに遅れていると指摘している。[64]

高校教育で情報とコンピュータ・テクノロジーを統合（ないし不統合）する動きには、教育改革における独創性として著しい失敗例が見られる。ある段階では、学校におけるコンピュータ・テクノロジーの成長が目を見張るほどになっている。私の子どもたちが極めて革新的なイングランドの小学校に通っていた１９８０年代半ばまで、わずか五、六歳の子どもたちが週に一度か二度、校舎の反対側から台車に載せて運ばれてくる学校に一台しかないパソコンを用いて、友達と小さなグループで作文を作成したり書き直したりしていた。それが今では、イングランドや他の西側先進諸国のほとんど全ての学校が直接インターネットに接続している。学校における情報テクノロジーの使用に関する技術的な独創性の問題はもはや大きくはない。最大の問題は、社会的で組織的な独創性に関することである。

特に小学校では、コンピュータを通常教室に配置し、教師の教えと子どもの学びの過程に統合することで優れた独創性を発揮することもある。しかし高校では、コンピュータは通常教室から離れた別の教室に置かれていることが多い。これは、一つの教科に一人の教師と一つの教室という、伝統的な中等教育の形態が無傷で残されているためである。生徒たちのコンピュータ使用は一週間の中で特定の時間に制限され、コンピュータ室は特定の授業で全て予約が埋まっており、生徒たちは放課後の自由時間に個人的に使用許可を取るしかない。その他の授業時間では、伝統的な教えと学びがこれまでも続いてきたように進んでいく。使用されていないコンピュータは部屋の中で安全にロックされ、生徒たちに使用機会は与えられない。

工場や修道院、そして自己永続的な官僚制が有した規制とルーティーンは、高度なイノベーションを生み出して柔軟性が高くチームを基盤とした知識経済のための準備機会をわずかにしか子どもたちに与えていない。そうしたルーティーンが知識経済にとってリスクを抱えた敵であるにもかかわらず。

知識社会に備える学校と教師

それでは、教師たちが知識社会の触媒となり、またそれを生み出す鍵となる主体になることが、実際の問題としていかなる意味をもちうるのだろうか。こうした教師たちへの期待が専門職としての意味と役割にいかなる影響をもたらすのだろうか。

一般的には、教師たちは優れた知識社会の触媒としての特殊な専門職性を築くことが必要とされている。これは、古い意味での専門職性、つまり教師が有しているのが、最も好ましく思い、慣れ親しんだ方法で教えられるという意味での自律性であってはならない。教師が自分の好き勝手に何でも教えることができた中で「私が好きな授業なんてほとんどない」と述べたジュリー・アンドリュース[vii]の時代のカリキュラムを蘇らせる価値などないのである。むしろ、知識社会の触媒となる教師たちは、以下の点で新たな専門職性を構築する必要がある。

- 深い理解を伴う認知的な学びを促進すること。
- 自分が教わっていない方法で教えることを学ぶこと。
- 専門職としての持続的な学び合いに全力を傾けること。
- 同僚とチームで働き学び合うこと。
- 学び合いの過程で保護者を協力者とすること。
- 集合的な知性を発展させ描き出すこと。

・変化と危機に対応する能力を強化すること。
・以上の実践過程で信頼を育むこと。

ますます多くの政府やビジネス業界や教育者たちが、知識社会の学校と教師をスタンダードに基づく学びへと向かわせようとしている。その学びは、全ての子どもが認知的な学びによって高水準の成績を収めるようにするものであり、知を創造し、知を馴染みのない問題に適用させることや、他者と効果的にコミュニケーションをとるようにするものである。単に暗記してそのまま繰り返すものとして知を扱うわけではない。[65] そのため、学びの新たなアプローチが、教えに向けても新たなアプローチを必要としていく。この新たなアプローチとは、例えば、高次元で思考するスキルや自己の思考について思考するメタ認知を重視した授業であり、学びと理解に関する構造主義的アプローチ、脳科学に基づく学び、協働学習による教授方略、数多の知性と様々な「思考習慣」、幅広い評価手法の採用、そして子どもたちが自ら情報にアクセス可能な能力を得るためのコンピュータやその他の情報テクノロジーの利用を含んだ教育方法のことである。

　多くの教師たちにとって、今日の学習科学の進展に伴ってかつて自らが生徒として教わってきたものとは異なる教育方法を学ぶ必要が出てくることは衝撃として捉えられるだろう。[66] 教師たちは、自分の恩師や先輩教師の教え方を見て教育方法の初歩を学んでいたが、今日の知識社会に備える教育方法は以前よりも技術的に複雑となり、より広範になっている。常に変化し拡大する効果的な学びに関する研究と実験が行われてお

vii　イギリス出身の歌手、ハリウッド女優、演出家。４オクターブという稀な音域をもっており、１９５０年代のアメリカ・ブロードウェイで絶大の人気を博す。１９６５年には映画『メリー・ポピンズ』でアカデミー賞主演女優賞を獲得している。

り、今日の教育はそれらの基礎の上に立っている。したがって、今日の教師たちは、自らの専門職としての学びについて長期にわたり追求し、更新し続け、自己モニタリングし、そして慎重な吟味を行うことが求められている。これらのためには、直接的ないし間接的な専門職の学び合うネットワークに参加するなど、様々な学び方が考えられる。[67,68] 教育研究の成果を参照して批判的に検討し、自らの実践を常にそれらの研究に基づいたものとするのもよい。[69] さらには、自らの教育実践に関するアクション・リサーチや探究学習に着手することも含まれるし、専門職としての学びを給与面の報酬と結びつけることも考えられるだろう。[70]

教師たちはもはや、準専門職の時代の基礎的な前提に逃げ込むことはできない。つまり、教えることが管理上は難しくとも技術的には単純で、専門職の資格を一度でも得たら永遠に教えの基礎を身につけていると見なされ、その後は、授業における試行錯誤を通して、自らの実践を独自の手法で改善すべきだった、という前提には戻れないのである。もしも私がいつも通っている歯科医がこうした前提に立つ者だったらゾッとすることだろう。口の中に器具や詰め物がないときに私が度々、歯科医に尋ねてみることは、「これまで歯科医としてどのように改善してきましたか」という質問である。私が安心するのは、その歯科医が「口を大きく開けてください」と言いながら、自分の改善が主に試行錯誤を通してであり、患者の痛みの悲鳴によって試行錯誤がもたらされていなければ、自分はおそらく正しい道を進んでいる、と言わないときである。その代わりに、歯科医学に関する新たな研究や新たな治療技術、痛みの緩和に関するトレーニングの採用、優れた歯科医の実践観察、仲間との歯科治療についての話し合いによって自己を改善させていると報告してくれることに、私は安堵する。

もしその歯科医が自分自身の学びを追求していないのなら、彼の病院で計上される保険料は急上昇することになるだろう。彼は自分の患者に対して責任を負うのである。試行錯誤以上のことから学ばない教師は自分の生徒たちに対して責任を負うことになる。この理由のため、教授行為に関する専門職の学び合いは、組織的な正義と同様に個人における責務でもある。

教師として改善のために学ぶことは、歯科医の学びと同様かそれ以上に必要である。なぜなら、教師はより大きなコミュニティの中で仕事をしており、小さな個人的集団の中には属していないためである。ゲーリー・ホーバンによると、学校は他の職場と同様に洗練された専門職の学び合うシステムとなり、教師個々人の学びを組織的にも構造的にも励ましていくものでなければならず、それによって教師たちの学び合いが自発的な仕事の一部となる。[71] 複雑で変化の速い知識社会において、教師は他の労働者と同様に単独であっても、放課後に行われる細分化されたトレーニングであっても、教えるという仕事と学びを充分に行うことはできない。どの教師も独力では協働や改善の術を充分に理解しえないのである。教師たちが同僚チームや専門職の学び合うコミュニティにおいて教育実践に従事し、探究的に取り組み、問題解決に協働して取り組むことが全ての生命線なのである。[72] これらの時間を通して、教師たちは生徒たちの学びに効果をもたらすために協働してカリキュラム開発に着手でき、外部からの改革命令にも効果的かつ創造的に応答でき、協働的なアクション・リサーチに従事でき、そして生徒たちの成績データを協働で分析できるのである。[73]

知識経済および知識経済の組織は、単に「know-what（何を知っているのか）」、「know-why（なぜ知っているのか）」、「know-how（ノウハウ）」に出資することではなく、ＯＥＣＤが呼ぶところの「know-who（誰を知っているのか）」の能力を育むことによって機能し運営される。「know-who」の能力とは、他者から明確に示される知もしくは言葉を伴って表出されない知にアクセス可能な方法と気質を含んでいる。ＯＥＣＤの説明では、『know-who』には誰が何を知っているのか、そして誰が何をすべきかを知っているのかの情報を含む。ただし、『know-who』には異質な他者や専門家との協力やコミュニケーションという社会的な能力も含まれる」という。[74]

過去10年間で、多くの国々の教師たちは当然のことながらより熟達化し、同僚と協働する経験も重ねてきている。教師たちは教職という専門職の再構築を支えており、その結果、教室内の子どもたちと同様に教室外の大人たちと効果的に協働することが本質的となっている。しかし、教師たちが同僚とともに学び合うコミュニティを発展させようと大きく歩みを進めている一方で、保護者とはそれほど意味ある関係を築けていない。私たちが知識社会の中でより高水準に到達し、より深化した学び合いを実現するには、子どもたちの学びを支えるために欠かせない存在として保護者を扱うことが重要である。[75] 実用的なステップとしては、相互に活用可能なレポートカードを開発すること、生徒と学校のパフォーマンス・データを保護者と広く迅速に共有すること、生徒たちのリテラシー教育への保護者の参画を促進させる計画を立てること、生徒たちと保護者が一緒に取り組める共有化された宿題を設けること、カリキュラムと教えと学びに関する新たな進展について保護者が学びやすいワークショップの機会を提供することなどが含まれる。[76] 具体的な手順は多様であるに違いない。知識社会において重要なのは、保護者が学校における学び合う網の目の一部となることであり、教師たちがこのような広がりのある学び合う協力関係を受け容れ、自らの専門職性に含まれる意味を拡張させていくことである。

効果的なチームワークや問題解決、そして相互的な学びを開発しマネジメントするには、ダニエル・ゴールマンの「情動知性[77]」が高い次元で求められる。ゴールマンによると、一連の情動的な能力を身につけることで仕事のパフォーマンスと人間関係が決定的に改善するという。彼が主張する「情動知性」は、認知的な知性の価値を高めるものである。この概念は、スターのようなリーダーと単に平凡なリーダーとを区別する。次の五つの基本的な能力が、情動知性を構築する要素である。

・自分自身の情動を理解し表現できること。
・他者の情動を重視できること。
・自分自身の情動をモニターし制御でき、自制心を保てること。
・自分自身や他者を動機づける能力をもつこと。
・以上四つの能力を実際の活動の中で発揮するための社会的スキルを有すること。

情動知性に関するこれらの全ての要素によって、労働者や経営者は同僚との関係性を強化、改善し、逆境を跳ね返し、変化に伴う困難や落胆の中でも仕事に従事することが可能になる。さらには、より機能的なチームを組織し、効果的に問題を解決し、チームメートの多様な学習形態や文化的背景を尊重しながら、対立が発生してもそれを解決することが可能になる。情動知性は教室や職員室のような協働的な場において重要となる。ゴールマンが言うには、情動的な能力は人々の組織と関係性を改善するものなのである。知識社会において情動的な能力は、単に学びの文脈や環境としての意味ではなく、教室での学びの末端にまで本質的な意味をもつ。情動知性は、教師たちの間にある共有された専門職の学び合いやチームワークを支える情動的な土台をもたらす。このことは、教師たちとリーダーたちが自分自身と他者の情動知性を育むことについてマイケル・フランと私が力強く支持する理由である。[79]

フィリップ・ブラウンとヒュー・ローダーはこの議論を拡張し、知識経済が機能的で高度なスキルをもちうるには、その社会が「集合的な知性」を創造し蓄積する能力を有する必要があると主張する。

集合的な知性は、私たちが考える人間の能力を変化させるものである。つまり、少数よりも全体の方が有能であり、知は一つの回答しかないパズルを解くよりも複合的であり、人間がもつ想像力や情動的なかかわりの質が技術的熟達者となる能力と同様に重要である。これらを集合的な知性は示唆する。[80]

集合的な知性の育成と蓄積は、「グローバル経済における経済的安定に資する究極の資源となるだろう」[81]と、彼らは述べている。高度な技術を要する経済とそのための教育システムの鍵となるのは、知は少数でもなく単独でもなく固定的でもなく個別的なものでもないことを把握することである。集合的な知性とはむしろ、ユニバーサルで複合的で限界がなく共有されるものである。あらゆる人々の目的にかなう学習する組織を築いている学校は、集合的な知性の本質を育む能力を築いている。

知識社会とはまさに変化する社会である。そこでは、情報が急速に膨張し地球全体に持続的に広まっていく。また、通貨や資本は新たな投資機会を探す中で絶え間なく循環し、組織は持続的に再構築され、有権者がますます移り気になることで政府の政策は不安定に変動する。そして、多様な文化的背景をもつ移住者たちは生活するコミュニティを再構築し続けるのである。学校はこれら全ての変化から影響を受ける。知識の拡大とコミュニティの転換、そしてシーソーのように不安定な教育政策によって変化し続ける世界において、知識社会の教師はそれゆえに、新たな要求や問題に繰り返し直面する中で、様々なリスクを引き受ける能力、変化に対応する能力、探究に着手する能力を開発しなければならない。私たちはまた、教師たちの能力開発を支援していく必要がある。[82]

リスクを負わずして創造性はない。そのリスクとは、新たなアイデアにあたってみること、不慣れな実践を試すこと、その際の失敗や愚直に見えることに備えること、挫折を重く受け止めないこと、批判的なフィードバックに敏感になるのではなく応答すること、信念を共有する同僚だけでなく違いをもった同僚と仕事をし、助言を求めること、などである。もしも私たちがリスクを抱える子どもたちを励ますのであれば、教師たちもまたリスクを抱えなければならない。教えるという行為は、引っ込み思案の人や過剰に敏感な人の目的にかなう場に存在するわけではない。また、自律的な大人と一緒にいるよりも素直な子どもと一緒にいる方が快適に感じる人の目的にかなう場に存在するのでもない。教えるという行為は成人のための仕事であり、協働する方法を理解しようとする成人の規範を必要とする仕事である。

教師がリスクを引き受けるには、人々やいくつかの取り組みの過程においていくぶん特殊な信頼を必要とする。この専門職の信頼は他者からの受動的で盲目的な信用ではない。[83] それは、仕事の共有化や公開、そして互恵的な学びへの積極的な関与を含むものである。[84] このことは教師たちにとって、著名でもなく馴染みある友人でもない人を信頼することを意味する。また、予言や信憑性が過去に幾度となく認められなかった人をも教師は信頼することである。巨大で複雑で急変する組織では、チームティーチングの仲間のような小さな友人サークルとだけ仕事に従事し、そこで信頼を築いても、それは充分ではない。[85]

教師の同僚関係における情動に関する研究によって、教師たちが快情動を経験する最も強力な要因の一つが、同僚が自分の考えに同意し、同じ目的を共有し、互いの考え方を完全に認め合い、まるで婚姻関係のように感じることであった。一方、教師たちが最も忌み嫌うのは同僚との対立であり、それゆえに同僚間で不協和を生むような状況を避けるようになる。[86]

私は最近、アフリカのある動物保護区に連れて行かれた。インパラの群れに出くわしたとき、私たちは足を止めた。近くで血も凍るようなジャッカルの鳴き声が聞こえたので、私は「ジャッカルはなぜ吠えているのですか」と尋ねると、ガイドは「ジャッカルはチーターを呼んでいるのです。どこに獲物がいるのかを知らせるためにね」と答えた。チーターは自分の獲物を見つけるためにジャッカルを必要とし、ジャッカルは自分の獲物を得るためにチーターを必要としている。ジャッカルとチーターは生きるために互いを必要としている。この協働的な動物の行動は専門職の信頼の根本原理をよく示している。

教師が専門職として成長したいと望み、複雑な世界の中にある学校教育にインパクトをもたらそうとするならば、同じ考えをもった同僚だけでなく、心理的に距離が離れていて異なった考えをもった同僚を信頼し、価値づけることを学ぶ必要がある。この専門職の信頼は人々を不確実で不慣れな領域に送り込み、それは「喜んでリスクを引き受けたり、傷つきやすい状況に身を置いたりする」ことを意味する。[87] チームワーク、異質な他者からの学び、情報を公開し共有することなど、これら全てが知識社会の本質的な材料であり、傷つきやすさやリスクを含んでいる。そして、チームワークやパートナーシップの過程が究極的に自分も含めた全ての人の利益を生む。このことを進んで信頼するということなのである。

専門職の学び合いには多様な形態がありうる。例えば、同僚からの非公式な学びや、データや証拠にあたる公的な学びもある。デイヴィッド・ハーグリーブスは、教育実践が医療実践のように学術研究の知見に基づいてきていなかったと訴えている。[88] 彼が言うには、教師自らによる実験的な判断と比較して、学術研究の知見を不信の目で眺めてきたある種の教師文化に問題があるという。しかし、教育を対象とする研究のコミュニティにも誤りがある。というのは、研究成果が実践者に対して直接価値を見出せるものではなく、また、使いにくいものであったためである。けれども、証拠に基づいた実践や証拠に通じた実践の多くは、外的な調査研究に依存、従属して導かれる必要はない。デイヴィッド・ハーグリーブスによると、教師たちは教師研究の対象になるよりも自らで教師研究を遂行できる能力をもっている。強力なコミュニティのように、教師たちは誰の言いなりになるわけでもなく、自らの実践を報告する研究に批判的に関与する能力と自信をもちえている。知識社会では、経験と証拠を合わせて学校の効果的な改善を示していく必要がある。

それゆえに、知識社会の触媒としての教師たちは、自らの勤める学校を学習する組織へと転換させる必要がある。学習する組織では、学びのための能力と学びを支援し変化に建設的に応答する構造が子どもたちだけではなく大人たちの間にも広がっていく。[89]子どもたちにとって優れた学習する組織としての学校は、教師たちやリーダーたちにとっても効果的な学習する組織であるに違いない。[90]第5章では、学習する組織として慎重に築かれてきたある学校の詳細を見ていくことにする。

本章のまとめに入ろう。知識社会の学校と教師、知識社会に備える学校と教師とは、洗練された認知的な学び、拡大し変化し続ける研究知見に基づいた教育実践、持続的な専門職の学びと自己モニタリング、チームワーク、保護者との学びのパートナーシップ、集合的な知性の育成と利用、これらを考慮する。また、問題解決やリスクへの覚悟、専門職の信頼、変化への対処、持続的改善への関与に価値を置いた専門職性を培うことも考慮される。つまり、知識経済に備える学校と教師は次の要素を促進させ、成長させるものなのである。

- 創造性。
- 柔軟性。
- 問題解決。
- 独創性。
- 集合的な知性。
- 専門職の信頼。

・リスクへの覚悟。
・持続的改善。

これらを実践に組み込むことは難しいことかもしれない。けれども、これらの質は、議論を超越した専門職の美徳を構築しているように思える。このようになるための学びと教えを誰が望まないだろうか。課題となるのは、これらの構成要素の長所を判定することではなく、形あるものにする方法を解明することである。けれども、私たちがこれから明らかにするように、この課題はいささか危険でミスリードを含む仮説でもある。

第2章

知識社会を乗り越える学校と教師：不安定・不安感への対処

南海泡沫事件

1711年設立の南海会社は、推定1000万ポンドにのぼるイギリス国債を6％の利子で引き受ける代わりに、イギリス政府から南米と南太平洋貿易の独占権を得た。チャールズ・ダーウィンの航海やジェームズ・クックの探検旅行もまだだった当時、南太平洋はイギリスの人々にとって魅惑的なイメージの広がる遥か遠い世界であり、そこには計り知れない貿易の可能性が秘められているように思われていた。当時、世界的に確かな信頼を得ていたイギリス製品がスペインのもつ中南米の豊富な金《きん》に交換される、という南海会社の壮大な考えは、投資家たちを魅了し始めていた。

　これは言わば、鉄と布を金銀に変えることを約束する国際的な錬金術であった。イギリス国債が南海会社の株式と交換できるという話によって大衆の心も虜になった。大衆が株主へと名乗り出て、南海会社の株価は急激に高騰し、10年も経たないうちにその市場価値は10倍にも膨れ上がった。南海貿易に投機すればより多くの富が瞬時に手に入り、投資すれば誰もが富を得られるように思われていた。数多くの企業もこの狂気の投機に参加し、金の採掘を約束した企業もあれば、絹と煙草の貿易を申し出る企業もあった。奇抜な約束を口にする企業も少なくなかった。例えば、水銀を可鍛性《かたんせい》の良質な合金に変えて永久に動く車輪をつくるとか、何より信じがたいことに「途方もなく莫大な利益を約束するが、それが何かは非公開」[1]といった約束まであった。熱に浮かされて、不確かな実態や利益に対し広く投機が行われたこの時代は、後に「南海泡沫《バブル》事件」として知られることになる。

　貿易の実態は、現実には彼らの壮大な宣伝とは全く異なるものであった。スペイン王は中南米での貿易を年三艘のイギリス船のみに制限し、約束された富の泉はほんの滴ほどでしかなかった。つまり南海会社は実利益をあげられなかった。南海会社に続く多くの企業も同様であった。１７２０年になると、南海会社が利益を出す見込みはどう転んでもなく、投資が行きすぎていたことは誰の目にも明白となっていた。人々はただちに、できるだけ多くの株を必死に売り払った。

最終的に、たった9年でバブルは弾けた。１７２０年12月までに、南海会社の株価は元値に戻り、何千もの人々が経済的な損害を被った。風刺作家ジョナサン・スウィフトはこの様子を次のように詠んだ。

惑った破産者はうわごとを言う。
手早く割のいい賭けに全部乗っかって
南海の波に突っ込んだら
耳も頭も浸かっちゃって——気づけば借金の中だった。[2]

この歴史的な過剰投機のエピソードにはどこか不穏な響きがある。富を手早く得ようという動機、企業による途方もない宣伝文句、利益を得られず何も生み出せなかったビジネス、漠然とした期待と誇張された約束に基づく投資、そして、新しく来たる永遠の繁栄の時代には永久に利益が上がり続けるというゆるぎない信念、これらは、あらゆる投資バブルの特徴である。19世紀の鉄道狂時代、１９８０年代末の不動産ブーム、そして現在21世紀の情報知識革命、これらも皆、投資バブルである。

技術革命に楽観的な見方が付随するのは典型的なことである。ウィリアム・ウッドラフは、北イングランドのブラックバーン家で暮らした１９２０年代の子ども時代を記したベストセラー自叙伝で、伯父のエリックが町で一番早く電気を生活にとりいれたことを記している。家族や近隣に住む人々など、多くの人々が好奇心から彼の家を見に来た。灯りがつけられると、誰かが、スピーチを求めた。

> さらりと、陽気な顔でエリック伯父さんは語り出した。「ででで……電力」こそが、わしらの暮らし向きを変えるのだ。それがもたらす驚きは、おそらく言うまでもない。「ででで……電力」を使うことで、誰もが元気になるだろう。もうわしらは働かなくてもいい。電力がやってくれるのだから。電力の時代が来る。わしら皆が豊かになる。ストライキも工場封鎖も、餓えも貧困も過去のものになる。わしらが知恵を出し合えば発展することができるんだ。[3]

南海泡沫事件に関して早期に刊行された研究書である『驚異的な大衆の妄想と群衆の狂気』は、次のように結んでいる。

> 商業で豊かに繁栄した時代には、未だかつて無い幾つもの投資機会において過剰投資が生じる傾向があった。あるプロジェクトが成功すると、たいてい類似のものが生まれる。貿易国では人気ある先駆者は常にそうした成功をつかみ取り、同様の利益を求めた人々を救出困難な深い淵に陥れてしまう。[4]

知識と情報のバブル

どんな投資バブルも劇的な、ときには破滅的な結末を伴って崩壊する。知識社会の将来を語る際、過去の投資バブルの運命を心に留め、そこから学びとらなければ、私たちは、ジョージ・サンタヤーナーが警告したように悲劇的な歴史を繰り返すことになるだろう。

１９９０年代末、新しい知識社会の可能性には際限がないように感じられた。情報社会と知識経済は、楽観的でチャンスに満ちた新しい時代の象徴だった。情報技術とエンターテインメント・テクノロジーの広がりが、あらゆる指標の中に表れていた。１９９０年代初期には、例えば、カナダの若者のうち３人に１人は家庭でパソコンを使い[5]、20世紀末までに、その割合は２人に１人にまで増加した[6]。１９９０年代後半には、ネットスケープやマイクロソフトのインターネット・エクスプローラーの登場により、電子通信や情報収集に多くの人々がアクセスできるようになった。電子メールは、１９８０年代には大学の研究者間で学問的な交流を行う秘密裡なネットワークだったが、次第に、人々が自宅で家族や友人や世界中の人々と繋がることができるマス・コミュニケーション・システムに変貌した。

情報投資バブルは１９９０年代末までに熱気球のように膨れ上がっていた。インターネット・ビジネスには、一日も事業実体がなくとも何百万ドルの額が見込まれ取り引きされた。消費者の望みの最先端をつかんで現実につくり出し、競合他社を凌ぐように、発明品は互いに次々と乗り越えられ、テクノロジー・イノベーションとテクノロジー・サービスは驚異的に拡大し多様化した。

しかし、新しいテクノロジーに対するこの急激な消費は、本当に人々の生活やかかわりを豊かにしているのだろうか。ネイル・ポストマンは、情報テクノロジーは私たちに、貧相な情報、正しくない情報、過度に多い情報を一度に提供すると述べている。[7] それは決して、どちらの情報を選び取るべきか、どのように情報を評価すべきかについて、知的なヒントも道徳的なヒントも提供してくれないことを意味している。

クリフォード・ストールは、自らがインターネット中毒から更生した後に、コンピュータによって生身の人間と自発的に交流する能力を失ったと批判した。[8] イングランドでは、携帯電話が家族の交流を増加させた現実があるが、その交流はもはや家庭での継続的な会話やかかわりではなく、短く些細なエピソードのやりとりに代わってしまっている。イギリスのガールスカウトへの調査によると、10代の少女たちは家族や友人と顔を合わせて会話をする時間よりも、文字でメッセージを送る時間の方が長くなっているという。[9] 空港などの公衆の場で人々は携帯電話のヘッドセットをつけ、周囲の現実世界を忘れて、一人で声を出し話しながら歩いている。自分の言動を顧みることなど全くない。絶え間なく受信する電子メールと携帯メッセージは、自分が必要とされている感覚を与えてくれる。しかし、同時に素早い返答を求められてもいる。そのために私たちは、丁寧に語るよりも単純に反応しがちになってしまう。

知識社会によって、私たちは孤独でもなく、そしてコミュニティも存在しない世界へ向かっている。コンピュータやその他のテクノロジーの過剰使用と、子どもの肥満やその他の病気の増加率は関連している。[10] 徒歩や自転車で学校に通うことは、しだいに格好悪く時代遅れとなりつつある。

いわゆる知識社会は、若者たちを「仮想現実」[11] の文化にどっぷりと浸らせた。若者たちにとって、CD、携帯電話、コンピュータ、ビデオゲーム、マルチチャンネルTVといったものが支配的な現実になりつつある。デジタル化されたエンターテインメント・テクノロジーが広がるこの世界は、ブルース・スプリングスティーン[i] が歌う「57チャンネルもあっても見るべきものはない！」の歌詞の世界である。知識社会は様々な意味でエンターテインメント社会でもある。そこでは、儚いイメージ、刹那的な快楽、最小限の思考によって人々は「死ぬまで楽しむ」[12]ことができる。時間に飢えて人々のかかわりを萎縮させたこの世界では、感情は抜き取られ、消費可能な物に形を変えられる。[13]例えば広告は自動車を情熱や願望に結びつけ、携帯電話をインスピレーションと切望に結びつけた。

消費者中心の知識社会では、多くの人々の選択が逆に重要になる。グローバリゼーションによって先進国の経済政策はしだいに似通っていき、貧しい人々のために戦争を起こすことに対して異議を唱える声はほとんど聴かれなくなる。車の色や携帯電話のオプションやピザのトッピングといった些細な選択肢だけが用意された限定的な豊かさに、ほとんどの人々が取り残されている。[14]この意味で、拡大した知識の大部分は捉えどころのないガスのようなものである。そこでは、中身よりもスタイルが重視され、ほとんどが人生においてどうでもいい事柄のみを選択しており、「形あるものはみな溶けてなくなる」[15]のである。

このような不安や警告にもかかわらず、知識経済は世紀の転換期にも息をのむほど右肩上がりのカーブを描き続けた。20世紀最後の数年間、主にテクノロジー銘柄の株価は止むことなく上昇し、株式市場は常に目がくらむほどの高値を示していた。コンピュータの２０００年問題への不安をよそに、新たなミレニアムを迎える人々の会話は陽気で、破滅的な運命を感じる様子は決してなかった。世界中で新たなミレニアムの幕開けが順に訪れ、華々しく花火が打ち上げられたとき、クリントン大統領は21世紀の到来を楽観的に語った。この当時、思い描かれていた未来は、経済成長を理由にまさに希望に満ちあふれていたのである。

i　米国のシンガーソングライターでロック歌手。青春群像や社会派の曲を数多く発表しアメリカ民衆の声を代弁する存在となる。代表曲に、ベトナム戦争帰還兵の苦悩を題材にした「ボーン・イン・ザ・ＵＳＡ」などがある。

しかし、1960年代にピーター・ポール&マリー[ii]が歌ったように、「あまりに何もないと人はすぐに不安に感じるもの」である。事実、新世紀が始まり数ヶ月が経つと、知識経済バブルの崩壊が始まった。そこでは言説はいつも誇張され、さらに過去に比べて捻じ曲げられていた。概して知識経済の支持者やアナリストは、ラスト・ベルトに広がる「古い」工業の経済が、いかにきつく、汚く、活気がない仕事であるかを記述し、そして嘲っていた。一方、新しい情報経済は、軽やかで(重さを感じず)、清潔で、フレキシブルで、常に変化していく仕事であると言われていた。[16]

このような「対照的なレトリック」[17]は、古いものから新しいものへ、重いものから軽いものへ、汚いものから清潔なものへという、私たちがつくり出す変化を進歩だと信じさせるものである。ところが、古い工業経済においても、全員が汚れる仕事をしていたわけではなく、雇用主、マネージャー、事務員、速記者、多くの小売店主などは全く重い物をもち上げることはなかった。同様に、今日の知識経済の土台には、ハンバーガーを調理し、身体を張って警備にあたり、経済状況が未発展な中でも機械工場や搾取工場で耐えている何百万もの労働者の存在がある。知識経済において最も急速に拡大した仕事は、「重さを感じない」電子商取引ではなく、このような仕事であると主張する研究者もいる。[18] 西洋社会で特権的な「重さを感じない」仕事を支えるために、何百万もの無名の労働者たちが存在しているのだ。

知識経済バブルは、21世紀に入って数ヶ月で弾けた。旅行会社、本屋、あらゆる種類の電子商取引を行うインターネット・ビジネスが規模縮小するか破産した。情報社会の成功の象徴ともいえるエリクソン、ノキア、マルコーニといったエレクトロニクス・コミュニケーション分野の大企業が、損失見込み、損失の発生、解雇計画とその実施について宣言した。コミュニケーション分野でカナダ最大の多国籍企業であるノーテルは、数ヶ月の間に自社株の90%もの下落を目の当たりにした。2000年は、世界全体でコンピュータの売り上げが減少した最初の年だった。経済成長は年1％以下になると予測され世界は不景気寸前であり、再保障や金利引き下げが政策として発表されても、投資家たちは一つの時代の終焉を感じ取っていた。結局、株価は無情にも急落し、大投資家や有能な投機家のみならず一般の人々の貯蓄や年金や信用取引や有価証券にまで影響をおよぼした。アメリカのダウ平均株価は、2000年秋から2001年秋までに約20％も下落し、ハイテク企業の株価指標であるナスダック平均株価は70％も下降した。

マキャベリが『君主論』（1532年）で述べた次の警告に耳を傾ければよかったと、多くの人々が懇願するような気持ちでいただろう。「凪《なぎ》の日に、時化《しけ》のことなど想ってもみないのは、人間共通の弱点」なのだ。[19]他の時代と同様に、情報の時代がもたらした繁栄は無限ではなかった。それを信じ布教しようとした人々は、逆にいえば偽物であり愚者だったのである。

情報の時代から不安定の時代へ

2001年9月11日午前8時頃、熱心な投資アナリスト、成功している株の仲買人、銀行員、トレーダー、

ii　米国の3人組フォークグループ。公民権運動や様々な社会的正義の問題に数多く取り組む。代表曲に「風に吹かれて」「パフ」がある。

iii　米国中西部（シカゴとイリノイ州北東部）と大西洋岸中部（ニュージャージー州・ペンシルベニア州など）を結ぶ一帯に広がる製造業の盛んだった地域。ラストベルトは「錆の帯」を意味し、グローバリゼーションの進展で不況の波に襲われた米国の伝統的製造業を象徴する別称とされている。

ガードマン、秘書など、何千の人々がニューヨークの地下鉄に乗って、町の港からフェリーに乗って、あるいはタクシーに乗って、マンハッタン島南部へと向かっていた。彼らが向かうのは１１０階建てのツインタワー、ワールド・トレード・センター・ビルである。ここでは、計２２０階分の巨大なフロアで世界の金融市場取引の半数以上が行われていた。この朝もいつものように、グローバル・エコノミーはビジネスを始めようとしていた。

２００マイル東の海岸地帯、ボストンの地では、１００人強の乗客を乗せた民間旅客機がロサンゼルスに向けて離陸しようとしていた。乗客には、子連れの家族、帰省していた人々、学校の教師、ハイテク企業の上役、そして、主に操縦室のすぐ後ろ、客席前方のビジネスクラスに、確固たる意思をもった10人の獰猛なハイジャック犯がいた。離陸直後、カッターナイフと気迫による武装だけで、テロリストは2機の航空機の操縦権を奪った。彼らは同時進行で素早く、情け容赦なく機体を南へ向け、真っ直ぐにニューヨークの街に向かった。

午前8時45分、エレベータが忙しく上下に動き、オフィスに人が満ち、ブレックファスト・ミーティングが行われていた頃、１機目の旅客機がワールド・トレード・センター第一ビルの上層階に突入した。穏やかな民間旅客機が、命を奪う殺人マシーンになった。18分後には、すでにＣＮＮなどが全世界に現場の状況をリアルタイムで伝えていた。その中で、２機目の旅客機がもう一方のビルの中心部を直撃した。ビルが崩壊し爆発し、グローバル企業とアメリカの自尊心の象徴であったツインタワーが瓦礫となっていくさまをテレビのスクリーンは映し出し、世界中の何百万もの人々が、それをなす術も無く見つめていた。

テロ直後の状態を撮影した写真は世界の終末を思わせるものであった。ワールド・トレード・センター・ビルは、７階分の黒焦げの捻じ曲がった鉄骨だけが骸骨のように残り、荒廃した跡地で苦しんでいるようだった。しばらくするとそこはグラウンド・ゼロと呼ばれるようになった。この言葉は、日本で原子爆弾が落とされた爆心地を指した語である。アメリカ人はその恐ろしい言葉を、自国のおぞましい事件が起こった場所を表すために再び使った。

人が引き起こす惨事の大きさはとてつもない。ニューヨークの事件だけで何千人もの人が死傷した。その中に、トーマス・モア・ブレナンという青年がいた。後にボストンカレッジでの私のポストが、彼にちなんで名称を変えることになった。生き残った人々は多くの友人や同僚を亡くし、企業は全ての機能を破壊された。例えばニューヨークのある債券取引会社は、１０００人いるスタッフのうち７００人が死亡した。[20]

ビジネスは瞬時に麻痺した。ニューヨーク証券取引所は丸一週間取引を停止し、取引再開時にはダウ平均株価は14％下落した。空港が数日間閉鎖されたため、アメリカの空に旅客機が消え、人々はアジアから南アメリカや北極地方までのいたるところに取り残された。旅客機の予約は半分に落ち込み、主要な航空会社はすぐに20％以上の人員調整を宣言した。国営航空会社のすぐれた評判も地に落ちた。テロリストの陰に怯え、安全性の頼りなさに直面したことで、旅は不便で負担なものとなり、マイレージサービスポイントの価値も下落した。経済のグローバリゼーションは、９月11日の悲劇によって完全に停止したわけではないが、ビジネスのスピードは確実に遅くなり、信用は下がり、世界は不況期へと加速していた。

グローバリゼーションとテクノロジーは、アメリカをおぞましいテロ攻撃から守ることができなかった。攻撃があった日の午後、アナリストは連邦調査局（ＦＢＩ）と中央情報局（ＣＩＡ）がハイテクノロジーによる監視を過信し、伝統的な人間による諜報情報を軽視していたことを批判した。航空会社と空港は、セキュリティ管理を外部委託し、安い賃金で雇った素人に大衆の命を預かる仕事をさせていたと非難された。フレキシブルな経済の原則が、公衆の安全を破壊的にも台無しにし、旅客機の乗客と国民を死の危機に追いやったのである。

9月11日、アメリカ人たちは、海上の国境線も、彼らの監視技術も、卓越したアメリカ軍も国際テロから国を守るのに確実なものではなかったと気づいた。アメリカはもはや、グローバル市場、知識、情報の唯一の発信者というわけにはいかなかった。アメリカはもう一つのグローバリゼーションの標的となり、そのことが情報を信頼する楽観主義の時代から心配が蔓延する不安定の時代へと、わずか数分で世界を変化させることに繋がった。

組織変革の理論では、私たちは不確実で複雑でリスクが多い時代にいるというのが定説である。これらの定説は、グローバリゼーション、フレキシブルな経済、急速な変化といったことの不確実性を強調し、人々にその脅威を警告し、人々にチャンスをつかめと駆り立てている。ところが、不確実性とは異なり、不安定という概念は、グローバリゼーションによって当惑する人間の結末を曖昧に指摘するようなことはない。

ラリー・エリオットとダン・アトキンソンが表す「不安定の時代[21]」では、仕事や年金の不安が増加し、環境が悪化し、福祉によるセーフティーネットが壊れ、互助コミュニティや関係が衰え、犯罪や暴力の脅威が増えて心身の安全が脅かされていく。このことは、他者への信用や関係性への信頼、四六時中おびえて後方を確認する必要がない生活といった人々の基本的な能力に影響している。[22] つまりは、疑惑に満ちた社会をつくり出してしまうのである。ジョン・バイルは次のように主張する。


現代社会における不安定が拡大している……このことは、人々の可能性と社会的公正を莫大に破壊している。不安定は個人の生活に損害を与え、自尊心や自信を打ち壊し、過度の恐れ、心配、絶望、無力さを感じさせてきた。[23]

グローバリゼーションに伴って拡大した不安感は、ドアに鍵をかけ、ショッピング・モールに防犯カメラをつけ、町に壁を巡らせ、移民流入を拒否するといった、個人の安全や国家のセキュリティの問題のみにとどまらない。[24] グローバル経済における政府は「自由な選択を妨げる制約をどんどん取り除くことと引き換えに、（経済的、環境的、社会的、身体的な）多くの安定を犠牲にしようとする傾向があり」[25]、結果として支援や保護の仕事は政府ではなく市民の仕事となる。このために、全ての人々に不安感が伴い、受け容れがたいリスクが再配分されてきた。[26] 不確実性や複雑さとは異なって、不安定と不安感の広がりは避けられない事柄ではない。それは、知識社会における政治的判断の帰結だと言える。第3章で述べるように、この不安定は学校と教師の世界とその仕事自体の中でも拡大している。

原理主義か、地球市民としての自覚か

9月11日の恐るべき暴力を、純粋な悪意、憎悪、嫉みといったものではなく、その裏に何があったのかを理解することは重要である。ベンジャミン・バーバーは、著書『ジハード対マックワールド』で未来を案じ予言する。彼によると、私たちの未来は二つのグローバリゼーション間での対立に左右される。また、この両者は市民的自由に無関心であり、民主的な国家を衰えさせるという。[27] 彼が「マックワールド」と呼ぶ世界では「血を流すことなく利益にあずかれる経済」が求められる。そこでは、個人消費者としての人々の利益のみに焦点が当てられ、公共の利害を共有する市民としての関心は片隅に追いやられる。[28] 一方、対極にある

ジハードでは、「排除と憎悪に根ざした……流血の政治」が求められ、部族で全ての真実が決定される。[29] バーバー曰く、マックワールドにおいて権力や支配力をもつ人々は、次のような未来像を描いている。

未来とは、経済と技術とエコロジーの絶え間ない前進が生み出すせわしないポートレートである。それは統合と同質性を望み、にぎやかな音楽や高速コンピュータやファストフード――MTV、マッキントッシュ、マクドナルドなど――で人々を魅了し、国家を同質の世界に変えてしまう。マックワールドとは、通信、情報、娯楽、商業によって一体化させられた世界なのである。[30]

しかしバーバーは、マックワールドは実のところ、標準化された商品やサービスが、オプションをつけるか否かの選択肢を伴って迅速に提供されるだけのグローバル・テーマパークにすぎないと続ける。マックワールドでは、

全てが売り物であり、つねに誰か他の人間に責任があり、共通の善とか公共の利益などはない。そして、入場料を支払い、何かを見て消費するだけで満足できるならば、全ての人は平等なのだ。[31]

マックワールドは市場の理論と原理で動いており、それを超える道徳的規制はない。市場は誤りや悪ではなく、過剰に期待すべきものでもない。市場は、経済発展、イノベーション、消費者の選択を促進することに長けている。国際的な慈善家・資本家であるジョージ・ソロスは市場の経済価値を認めているが、それでも彼は、「市場には道徳がない」とも主張する。「市場は、人々に私利に従って行動することを許す。しかし

その利益に道徳があるかないかの判断は行われない」のである。良し悪しを考えないことによって、「市場は、人々が邪魔されずに自らの利益を追求することを可能にする」と彼は言う。しかし、このことに大きな経済利益があるにもかかわらず、「束縛されない私利の追求は、必ずや」公共の善という「共通の利益を脅かす」というのである。[32]

商業が道徳を保てるとしたら、それはその道徳性が利益をもたらすときか、利益を脅かさないときのみである。例えばバーバーは、自動車の生産が公共交通を発展させると考えてはならないと警告する。ビール会社は「飲酒の節度」を呼びかけるかもしれないが、「飲酒の自制」を主張することはない。製薬会社は、エイズで死んでいく何百万人のアフリカ人が薬によって一命をとりとめられるとしても、自発的に利幅を下げることはないだろう。企業は、自らの利益を守ることに罪の意識をもつ必要はないのである。なぜなら企業は、単に公共の利益を守るようにはできていないからだ。ジョン・ケネス・ギャルブライスをはじめ、多くのエコノミストが、公共の利益を守るのは民主的な政府、コミュニティ、そしてボランタリー・セクター諸団体の仕事であると指摘してきた。[33]

金融セクターが国際的政策機関の政策を作成し実行するようになって以来、発展途上国への公益と共通財の提供は減り、ビジネスに都合が良いように市場の拡大と障壁の解消が行われている。[34] 国際銀行が発展途上国の借金是認を渋ったため、発展途上国の国民の間には排除の気持ちが広がり、その排除は現実のものとなった。知識経済は、先進国と発展途上国との格差、それから、それぞれの国内での貧富の差を拡大する。[35] 繁栄した西側諸国によって知識経済の利便性から排除された人々は、餓えと貧しさの中で絶望、嫉み、敵意、怒り、憎悪といった情動を抱く。それは、離脱、対立、反抗、さらにはテロが育ち始める苗床である。フランス教育制度の監察官であるアラン・ミッシェルは、次のように語る。

標準化の危険性を孕むグローバリゼーションは、分裂をもたらし、国家への帰属感を低下させてきた。社会的・文化的関係よりも価値や市場が重視される自由主義の行きすぎは、ナショナリズム、リージョナリズム、教区制に反応し、それらと調和してきた。[36]

21世紀に入る頃、グローバリゼーションに排除されてきた人々は怒りを露にして分け前を要求し、自らの存在を主張し始めた。国際貿易とG7サミットに抗議し、シアトル、ジェノバ、ケベックの通りは抗議者で埋め尽くされ、無秩序の大混乱になった。難民はサハラ砂漠を歩き、不法入国のルートを捜し出すために北アフリカの海岸に沿って並んだ。イングランドでは、古くからテキスタイルが盛んな北西部の工業地域にある町で、白人の労働者階級の若者が人種暴動を扇動していた。その町は、「クール・ブリタニア」ともてはやされたイングランド南部の繁栄の陰で忘れ去られ希望を失っていたのである。

これは、すでに指摘したように、グローバリゼーションのパラドックスといえる。つまり、経済のグローバリゼーションと画一化のもとで、その利潤にあずかることができない多くの人々が生まれ、彼らは生きる意味とアイデンティティを得るために、文化、宗教、民族の内側のみを見つめるようになる。[37] こういった状況の極出こそがジハードである。

バーバーにとって、ジハードはグローバリゼーションの第二の推進力であり、マックワールドの対極にあるものだった。「ジハード」はイスラム教の言葉で、信仰のための宗教的な闘争を意味する。その最も強い政治的表明において、「ジハードは、形而上的に定義され、宗派のアイデンティティを守るための、流血を辞さぬ聖戦を意味する」[38] とバーバーは言う。ただし、ジハードはイスラム教から生まれてはいるが、イスラム教の本質でもなければ、常にイスラム教とともにあるわけでもない。そうではなくて、西洋の市場価値、現代化、道徳の低下の影響を文化的堕落であると考え、それに対抗しようとする人々に焦点を当てるものである。[39] ジハードは原理主義の力によって引き起こされる。そこでは、賛同者が信じる明白な真実が全てであり、交渉や議論の余地はない。ジハードの支持者は自らの原理主義を原理的な方法で守る。つまり、理性や議論ではなく、定まった言説や権威に頼るのである。[40] ジハードは他の信仰や生活形式に対して不寛容であり、自分たちの生活形式が脅かされると感じれば暴力と憎悪をむき出しにする。それが、今世に希望がない人々の慰みになっているのである。後世の人々のために自己を犠牲にすることで、彼らは自らの人生に希望と意味を見出す。ジハードは、知識経済の強敵になろうとして、他者のライフスタイルを攻撃し、自分たちの、特に女性たちの学びを破壊する。

マニュエル・カステルは、著書『ネットワーク社会の興隆』をおぞましい予言でしめくくっている。不安をかき立てる診断と陰鬱な警告をこめて。その診断とは次のようなものである。

> 情報の時代、支配的なグローバル・ネットワークに広くいきわたっているロジックは普及し浸透しやすいので、その支配から逃れる唯一の方法は、彼らのネットワークから外れ、価値や信念に関する全く別のシステムを土台にして意味を再創造することのように思われる。……宗教原理主義は技術を拒否するものではないが、神の法に則ってそれを処理する。あらゆる制度も目的も、交渉の余地なく神の法に服従しなくてはならないのである。[41]

これに続くのは、世界から排除されている人々が、どのようにして排除する人々を締め出そうとしているかについての警告である。

> ネットワーク社会のロジックに従って、全世界が人生の基本構造の中で編み合わされ、あるいはだんだんと編み合わされようとしており、人々や国々はそこから平和に離脱するというわけにはいかないだろう。そこから離脱することはつまり、人々の生活に深くダメージを与える悪質なシステムとは共存できないとの考えをもち、原理主義を支持し、生活において別の価値と原則をとるか、あるいはとるつもりだということを示している。前述したように、カブールの路上では、不適切なドレスを着ている女性はタリバンの勇ましい軍人に殴られる。これは、イスラムの人道的な教えに沿ってはいない。しかしながら、コーランや聖書やその他の宗教書を取りあげる原理主義者の排除運動が、失望の旗印や怒りの武器として解釈されたり用いられたりする。様々な原因による、様々な種類の原理主義は、一面的で支配的な情報が多いグローバルな資本主義に対する、もっとも大胆な不屈の挑戦であるだろう。彼らが大量破壊兵器をもつ可能性が、情報時代の楽観的な見通しに大きな影を投げかけている。[42]

アンソニー・ギデンズは、西洋の衰退に対応して、原理主義は民主的な判断や男女間の感情的な民主主義、そして「地球市民としての自覚」という原則を拒否するだろうと指摘する。9・11の前に、ギデンズは次のように予言していた。

> 21世紀における争点のひとつは、地球市民的な寛容と原理主義の対立であろう。……グローバル化した世界では、私たちは誰しも、生活様式を異にし、思考様式をも異にする人々と、頻繁に出会うことにな

る。地球市民は、こうした文化のふれあいと融合を好ましいこととして歓迎する。他方、原理主義者は、それを、秩序破壊的な由々しきこととして警戒する。宗教、人種的アイデンティティ、あるいはナショナリズムの名のもとに、原理主義者は、伝統を復興させ、それらを純化しようとする。そして彼らは、伝統を保守するためには、暴力に訴えることすらはばからない。[43]

ジハードの勢いは、宗教原理を超えて、宗教全てを超えて、いかに偏狭であったとしても、文化的あるいは国家的な意味と信頼を暴力的に結びつける形式になったことを明記しておかねばなるまい。多くの原理主義者は、マックワールドやマクドナルド化の影響による文化的・精神的な画一化にも、民主主義にも地球市民としての自覚にも猛烈な抵抗を示す。[44]そしてもはや、これらの抵抗は、西洋の支配する中心部から距離を置いて、安全な世界の片隅に閉じ込もってもいない。東ヨーロッパでは民族的排除が、アフリカでは人種対立が、中東では自爆テロが起こっている。グローバリゼーションは、大量破壊兵器ではなくカッターナイフの束を手にした狂信的に絶望した男たちの自己犠牲によって、アメリカ国防総省本庁舎への突撃とワールド・トレード・センター・ビルの崩壊という形でアメリカのもとに跳ね返ってきたのである。

ポイントになるのはグローバリゼーションへの賛否ではない。内政だけに力を入れたり、保護貿易を主張したり、外国の製品や文化を厭ったりすることは、望ましくないだけではなく、多大な移民や瞬時のコミュニケーションが時空間の境界を超えて存在するこの世界においてはもはや非現実的でさえある。問題となるのは、いかなるグローバリゼーションを支持するのかである。例えばアメリカは、世界貿易やＧ７への参加を通して強力な経済的グローバリゼーションを推し進めてきた。同時にアメリカは、２００１年３月の世界気候会議で京都議定書への批准を拒んだ。国際刑事裁判所の原則を遵守するつもりもないだろう。アメリカは、直接的に自国の利益を守ること以外では、国際的使命のために軍事力を使うことを極力差し控え、グローバル規模における環境や人権に責任をもち、それ自体を目的として関与することはほとんどない。カナダは環境についてはまだましで、京都議定書にも批准している。しかし、その理由は、同国が森林を多く保有しているために温室効果ガス排出量の削減目標をなんとか達成することができそうだからである。

グローバリゼーションは大きく道徳を欠いている。ソロスは次のように主張する。


9・11から学ばねばならない教訓は、世界的な問題にとって道徳が大きな役割を果たすということだ。私たちに立ちはだかる非対称的な脅迫は、そもそもグローバリゼーションの……非対称性から生じているのだ。私たちはグローバル市場を有しているが、グローバル社会はもっていない。グローバル社会は、道徳を考慮に入れなくては創造することができない。[45]

ソロスは、国際的な経済機構を廃止せよ、と主張しているわけではない。それよりも彼は、第二次世界大戦後に出された欧州の社会復興のためのマーシャル・プランのように、平等でグローバルな、かつ社会的で人道的な機構を創出することを提案している。ソロスは、アメリカが自国の利益のためではなく、自国以外の世界に関心をもつように説得する。ジョン・F・ケネディ大統領が言ったように、開発援助の増加は「共産主義を打ち負かすためではなく、選挙に勝つためではなく、それが正しいから[46]」必要なのである。これは、強力な地球市民としての自覚を育むべき宗教原理主義者に対する弁にとどまらない。原理主義者たちに脅かされている国家も、そうする必要があると言っているのである。

開かれた社会、安全で自由な世界において、個人であっても機構であっても政府であっても、経済と社会、双方の世界的責任を追い求めなければならない。イギリス首相トニー・ブレアは２００１年10月１日の党大会において、この高尚な意見に手を伸ばした。ブレアは、イギリスと国際コミュニティが国際的な不正に積極的に立ち向かえる潜在的な力がグローバリゼーションにはあると宣言した。その力によって、中東の和平プロセスにおいて「新しい命が息づき」、「世界の良心の傷」であったアフリカの対立が癒やされ、世界の飢餓と闘い、グローバルな気候変動に取り組むことができると述べたのである。[47] ９・11の出来事は、グローバリゼーションによって経済的および人間的な側面が増進されなかったことを明らかにしている。

テロや恐怖のグローバリゼーションに対して二つの応答が考えられる。第一の応答は、反テロリズムをグローバル化することである。軍隊を遠く広く送り込み、地球上の全ての隠れ家や片隅からテロリストを排除するのである。このように軍隊を遠くに派遣することは、支配的な国々における安全性とセキュリティを強化することと並行している。移民を排除する。例えば、国家への出入りを規制し、人々を強い恐怖感の砦の背後に隠し、社会を要塞で防護する。遊び場や駐車場やショッピング・モールに防犯カメラを設置して常に監視する。抗議する権利を行使した人々には、移動する自由や市民的自由を制限する。人々がどこに出歩こうとも、冷酷な尋問や押しつけがましい監査にさらす。この強い恐怖感はまるで疫病のように広がる。教育においては、学校の安全を誇張し、不満を抱く人々を排除し、取るに足りない暴力にはゼロ・トレランス[iv]で対処し、遊び場に安全マットを敷き、ふれあいのない教室にし、子どもがどこでもヘルメットをかぶってい

iv　１９９０年代に米国で広がった不寛容を是とする教育方針。子どもの反社会的行動への細部にわたる罰則や、悪行のエスカレートを未然に防ぐための罰則などが厳格に運用され、軽いものでは放課後の居残りや土曜日の登校、厳しいものでは転校や退学などの処分が行われる。ただし、この方式には批判も多く、子どもへの不寛容な罰によって結果的には社会からのドロップアウトを増やす危険性が指摘される他、悪事とは言えない些細な行動に対する過剰な罰則適用を頻発させるなどの問題が指摘されている。

る世界をつくり出すことである。安全性、セキュリティ、応報、復讐に配慮したこの全般的な反応は、テロリズム、暴力、不満などの「影響」に対処するものである。しかしこの対処は、その原因となる「状況」に対して取り組むものではない。

第二の応答は、軍事的な反応を少なく済ませようとすることである。すなわち、知識経済から最も利益を得ている人々が、社会の中にいる貧しい人々や発展途上国に対して、もっと均等に恩恵を分け与えることである。これは、グローバル化した知識社会を、排除よりも包摂を促進させるものと捉え、力で征服するのではなく地球市民を育むことによってそれを実現しようとすることである。そこでのグローバリゼーションは、市場における機会の問題ではなくて、世界中にいる不運な人々に対する道徳的責任の問題になる。9・11は黒い影を落としたが、多くの人々に対して消費者として振る舞うのではなく他者のために市民として何を求めるかを考えるきっかけを与えたとすれば、「銀色の裏地」、すなわち良い面をもっていたと言えよう。これからの課題は、どのように人生を生きるのか、そしてどのような人生に向けて若い人々を教育していくのかを考え直すことである。この第二の応答は、私たちの関心の焦点を、復讐からかかわりへ、交易からコミュニティへ、私的利益から公的生活へと修正させるものである。これは、知識社会を「乗り越える」学校と教師が取り組まなくてはならないことである。地球市民としての自覚と人道的責任とを、国内外で育てなくてはならない。

コミュニティと人格

新たな知識社会とは、繁栄と選択の世界を提供することに加え、多大なリスクと有害な副作用をもたらしている。知識社会はトロイの木馬である。贈り物のようで、実はトラブルを運んでくる。ロバート・ライシュはこれらの脅威を認め、「この繁栄する時代の最も深い憂いとは、家族の崩壊、コミュニティの分解、そして自らの誠実性を守る難しさである」[48]と述べる。彼は、ニュー・エコノミーによる報酬が、「より荒々しく、保障の弱い、経済格差の大きな、社会的に階層化された生活という代償とともにもたらされている」[49]と警告する。そして彼は問う。私たちはどうすれば、生計を立てることと、人生を豊かにすることとのバランスをうまくとれるのかと。[50]

学校は主として知識社会の最先端へと方向づけられているが、自動的に公共財をもたらしはしない。ジル・ブラックモアは次のように警告する。

知識社会の裏面は、曖昧さや変化や不確実性に対応する弾力性が要求される「ハイリスク社会」である。よって教育は、認知的な学びだけでなく、権利や責任の感覚、信頼感やアイデンティティや市民性の形成のような、社会的で内面的な能力の発達も取り扱う。[51]

今日のハイリスク社会は、大規模な環境破壊やテロリストによる破壊の危険を増している。[52]このようなリスクは、個人生活、家庭やコミュニティにも広がっている。両親は貧困から逃れるため過労になり、あるいは隣人や競争者に追いつくために必死になり、全くといっていいほど子どもたちと時間をともにしない。両親は次第に子どもを他の保護者に任せ、子どもにかかわる時間を減らし、親として果たすべき情動的な責務を減らしていく。[53] 関係性よりも学業成績が問われる高校システムにおいては、あまりに多くの青年が自分自身を学びから外れた、知識社会から疎外された存在だと感じている。北米で頻繁に起きている高校への銃撃は、銃砲規制の効力の無さよりもむしろ、高校が全ての生徒に所属感やコミュニティの感覚を与えきれていないことを示している。イギリスは、学力水準を引き上げる無慈悲な取り組みによって、15歳の読み書き能力に関する国際リーグ・テーブルでは上位を保っている。しかし、社会的な貧富の差が成績に反映される度合いで見ると、「成績」が最も低い国の一つである。あまりに多くの国々で、一部の優秀な子どもを育てる代償に、教育的かつ社会的な排除が生み出されている。[54]

アメリカの社会学者リチャード・セネットは、新しい知識社会における最大の脅威の一つは、人間の人格という本質部分に向けられていることだと主張する。彼の挑発的な著作『それでも新資本主義についていくか』において、セネットは次のように述べる。

> 人格はとりわけ、人の情動的な経験の長期的側面を焦点化している。すなわち人格とは、忠誠心や相互のかかわり合いによって、あるいは長期的な目的の追求によって、または将来目標のために満足を後回しにする慣習によって、表出するものである。[55]

人格は、愛や誠実さといったキース・オートレイが「長期的な情動」と呼ぶものを土台に形成される。[56] それは、心酔や一時的な喜びといった短期的な情動ではない。マイケル・イグナティエフが書くように、「親密な関係には永続性が必要」なのである。[57] セネット自身は心配しながら問う。

忍耐心を無くし、目先の時間に集中していく社会にあって、私たちの中にある永続的価値をどう見出せばよいのだろうか。短期的なものに全てを捧げる経済構造の中で、どうすれば長期的な目標を追求することができるのだろうか。絶えず分解され、頻繁に再構築される組織の中で、どうすれば人間相互の忠誠心やかかわり合いを維持できるのだろうか。これらが、新しい柔軟な資本主義によって提起される、私たちの人格にかかわる問題である。[58]

セネットはこの議論を、緻密な事例研究によって描き出している。1972年に『階級の隠れた傷』を書き、ボストンの労働者階級の生活を力強く分析する中で、セネットはインタビューを通じてエンリコというビル清掃員のことを知る。[59] エンリコは古い工業経済の典型のような人物である。彼はギリシャで教師をしていたが、アメリカでは骨の折れる仕事しかできないことに気づいていた。エンリコにとって仕事はつまらない雑用だったが、生活の見通しを立たせ、安心感をもたらすものであった。エンリコと妻は、持ち家を買えるまで何年も貯金をした。人生における自分の今後の進歩を、これまでの修理や復元の仕事一つひとつをもとに計算していた。そして、いつ退職するのか、退職するときにどれくらい蓄えがあるのかを理解していた。

その穏やかな暮らしはエンリコに一定の尊厳を与えたが、彼は36歳にして自らの夢をあきらめ、最も大きな望みを息子のリコに託し、彼の教育に投資していった。リコは知識経済の完全なる象徴のようだった。高価なブリーフケースや手の込んだアクセサリーやブランド物の服を身に着け、技術アドバイザーとして成功し裕福になったように見えたし、実際にそうであった。そして同じく大企業の経理勤めの女性と結婚した。

リコは、変化を受け容れ、リスクをとることに価値があると考えている。彼とその妻は、すでに仕事や住居を幾度か変えている。彼らは熱心に働いているが、インターネットで昔の仕事仲間とも交友を保っている。ここには、新しく柔軟な知識経済が要求する全てを求めた家族がいる。つまり、繁栄、成功、勤勉さ、独立、柔軟性、変化への開放性を求め、現にそれを有した家族がいるのだ。しかし「そこには何かが足りない」とセネットは言う。それが人格である。

リコと妻は成功し続け、ゲームで勝ち残るために、半狂乱といっていいほど働き続けねばならなかった。不安、先々に訪れるかもしれないリストラ、市場の恐慌などが常に敵として存在していた。そのため、仕事によって彼らの時間も情動的なエネルギーも消耗していた。コミュニティに費やす時間も、家族のための時間も彼らにはほとんどなかった。「私たちは19時に帰宅し、夕食をとり、1時間は子どもの宿題を見てやり、その後二人とも書類を整理したりする……」のだ。何ヶ月もてんてこ舞いの仕事が続いたりすると、「自分の子どもが誰なのかもわからない気がしてくる」とリコは不平を漏らす。[60]

リコは、息子と娘に、何か物事に真剣に取り組み、目標をもった生き方を示したいと望んでいる。

だがリコの最も深刻な悩みは、自分の職業生活の中身が、子どもに倫理を示す模範たりえないことだった。「仕事がよくできる」ということがイコール、人として良い人格をもつことにはならないのである。[61]

リコは、子どもたちに忠誠心や献身について教えようとするが、子どもたちは父の仕事や生活の中にそれらを見出すことができない。「献身ということについて子どもに話すとき、私が自分をどんなに愚かしいと思っているのか、あなたには想像できないでしょう」とリコは言う。「そんなもの、子どもにとっては抽象的な美徳であって、どこにもありっこないんだから」[62]と。同様に、チームワークを家庭で実践しようとすると、子どもたちと際限なく議論をすることになる。しかし、話すテーマは使い古されていて、親は決して「ノー」と言わない。親は「ノー」を言うのが怖いばかりに、家庭の問題をうんざりするほど説明して聴かせることになる。

現代の知識経済に生きるこの柔軟な家族と同様の境遇の人々にとって、次のことが問題となる。

短期的な振る舞いや会議に臨む心もち、さらには今日の職場を特徴づける忠誠心や献身の希薄さから、彼らはどうしたら家族関係を守れるのか。[63]

言い換えれば、クリストファー・ラッシュが「ナルシシズムの文化」と呼んだものから、どうすれば逃げおおせるのか、ということである。ナルシシズムの文化は、自己宣伝や変化や柔軟性といった仕事文化から生じており、賢明さよりも器用さを、着実さや公正さよりも素早さと鋭敏さを好み、親が若者にとっての道徳的模範になるより、子どもが親の生活様式を決めるモデルとなっている。

カナダの知識人であるマイケル・イグナティエフは、著書『ライツ・レヴォリューション』の中で、知識経済とそれが要求する投資は、生活と仕事の在り方を転倒させていると主張している。

このような変動によって、継続的に家族がケアし合うことは難しくなる。賃金や時間のプレッシャーによって家族生活から豊かな情動が失われると、子どもたちは、家族の外で社会を支えている価値を学ぶことが難しくなる。信頼すること、愛することを知らない子どもたちは、利己的で攻撃的な大人になる。

その結果、家族の崩壊が一般的なものとなり、他人に対して情け容赦なく、他人のことなど省みない社会秩序となってしまう。[65]

産業経済では、仕事が不安定になると人々は欠乏状態となるため、節約と貯蓄という強固な意志と長時間労働が必要とされる。しかし、知識経済では、裕福さこそが私たちに不安定をもたらすのである。イグナティエフが言うように、「裕福さによって貯蓄より消費に価値が置かれ、それによって社会におけるモラルのある経済活動の姿が変化する」[66]のだ。

現代の知識社会では、人々は将来の確実な備えと引き替えに、国際投資という個人ギャンブルを行っている。[67]私が子どもだった頃は、「保険屋」が毎週木曜の晩に家に来て、母と父から数シリングを集金していた。保険屋は私たちの葬式用資金を積み立てて、もしも定年まで生きていたら多少の上乗せ額が戻る保険契約を結ばせていた。近頃人気のある個人向けファイナンシャル・プランナーは、古いタイプの保険が「冒険的でない」と冷笑し、現在の株式市場への投資を唯一見込みある選択肢と考えている。

財政的な保障がないということは、コミュニティの崩壊と並行している。コミュニティが無くなる代わりに、私たちには商業コミュニティという仮想現実が提供される。それは、つくり笑顔がサービス産業のセールスポイントになり、会社の利益になるからというだけで「よい一日をすごす」ことが要求される場のことである。[68]経済的に豊かであるが時間的に貧しい人々は、他者に注意を払う代わりに自分自身に注意を払い、コーチやカウンセラーやセラピストやパーティ・プランナーやパーソナル・トレーナーとの疑似的な親密関係を購入する。[69]映画『クロコダイル・ダンディー』の中で、カリフォルニアの女性が自分のセラピストを親しげに呼んだときに、主役のクロコダイルを務めたポール・ホーガンが怒って「これまで一人も友達がいなかったの？」と粗野に言い返したことは不思議ではない。

知識社会において、組織への忠誠心は労働者と雇用主の双方に利益がある場合に限った一時的な契約へと変わってきている。[70] 雇用主は、若い人材のスキルを引き出すために多大な投資をしても、結局は若者たちが他のより良い職場に旅立つのを見送ることになる。リストラや外部委託はコスト削減に役立つが、文化を死滅させ仕事への献身を不確かにしてしまう。フィリップ・ブラウンとヒュー・ローダーは、イギリスと北米で知識社会が社会の進歩にどのような影響をおよぼしたのかを分析し、知識経済の組織は過度に柔軟であるために、人々のかかわりを断片化し、信頼とかかわりの網目を蝕み、組織集団としての記憶を伝達するインフォーマルな学びや理解を破壊していることを明らかにした。[71]

信頼と忠誠心もまたコミュニティの中で後退している。ロバート・パットナムが著作のタイトルに掲げたように、ほとんどの人々は『孤独なボウリング』に取り残されている。[72] その結果、人々が家庭やコミュニティや企業生活で共有していた長期的な感情経験や道徳的美徳という人格は浸食され、それが広がっていく。人格への浸食という現象は、自己管理を行う仕事チームや一般的なチームワークの中で特にはっきり見られている。チームは、道徳的な目的を共有して運営され、かかわり合いによって支えられているときには価値がある。しかしそのチームが、良いときも悪いときも常に永続するグループやコミュニティとは違う場合、それは「目の前にある特定の業務を達成するために組織化された人間集団であって、一つの村で共同生活を営むような集団ではない」[73] のである。親密な絆で結ばれた集団では、人々はお互いに試し合い、道徳観を見合い、他者の判断に疑問を挟み、違いを探ることを楽しむ。しかし短期間のタスクを共有するチームでは、「現代の職場につきものの、浅薄なうわべの世界に私たちを引き入れる」[74] とセネットは述べる。そこでは、「表面的な話題を共有することで、難しい問題、意見の割れる問題、個人的な問題を避け、そうすることで人々をまとめるという傾向」[75]が見られる。それぞれのタスクの要求に応じてチームが組まれ、解散する。そこには長期的なかかわり合いは存在しない。

回転ドアのような世界の中で、労働者は仕事から仕事に、会社から会社に移行する際、協調性の仮面を携えていく。……協調性の仮面を手早く着け損なう者は……ほとんどがむだ口もやめてしまう。[76]

知識経済においては、ダニエル・ゴールマンの情動知性でさえ毒入りの聖杯である。ステファン・ファインマンによれば、情動知性は、人々の情動を市場で流通する製品として「商品化する」ことになる。ファインマンは言う。「情動知性が大衆化すれば、情動は、企業世界の中で『固められ』封じ込められうる形式のものとして描かれよう」[77]と。ゴールマンは、(不安、悲しみ、楽観といった)情動を簡単に処理できるものとして議論しているが、心地よさの要因を生み出しそうにない(人種差別の土台となる)嫌悪や、(競争心の裏にある)嫉みといった不都合な情動は無視している。市場で流通可能で処理されうる情動のみが、知識経済で企業の関心を集めるのである。知識経済を乗り越え、健全なコミュニティと強い市民社会を創造するには、情動知性が提起するよりももっと深い情動理解を必要とする。

これらの理由から、強固な公教育システムは繁栄した知識経済にとって不可欠なだけでなく、コミュニティをつくり人格を育むことを通して、民主主義を守り強化するためにも極めて重要である。[78]この現代において、教師は知識経済の単なる推進者になってはいけない。今までにも増して、教師は知識社会に対して不可欠な対位旋律を奏でる存在となる。すなわち、知識社会と並行して存在し、知識社会によって脅威にもさらされている公の、地域の民主主義を打ち立て維持していく存在となる必要がある。

社会関係資本を培う

知識社会を乗り越える教育とは、教師が生徒の知識資本だけではなく、社会関係資本も培うことである。教師はネットワークをつくり、関係を結び、コミュニティやより広い社会の人材を活用し、教育に寄与する。フランシス・フクヤマは、社会関係資本を「協同への合意がある集団において、メンバー間に共有される一連のインフォーマルな価値や規範」とし、信頼の基礎をつくるものと定義する。[79] フクヤマは社会関係資本の概念をより広義に解釈したジェームズ・コールマンの研究を拠り所にして、[80] 社会関係資本を生み出す規範が、真実を話したり、責務を果たしたり、互恵的であったりすることをどれほど求めているのかを描いている。現代社会において、身近な家族を超えて信頼の範囲を拡大することは容易ではない。フクヤマにとって、社会関係資本は「健全な市民社会、すなわち、家族と国家の中間にあたる集団や仲間の領域を創造するために重要である」[81] のだ。またフクヤマは、「社会関係資本なしには、市民社会はありえず、……市民社会なしには、民主主義はありえない」と主張している。[82]

社会関係資本それ自体の多くが、インフォーマルな社会的な学びに依存している。子どもたちは、何度も転校したり、仕事やビジネスが衰退した都市近郊に住んだりしていると、社会関係資本を獲得し、それを培うことが困難になる。[83] 社会の中での隔離や分裂は社会関係資本を破壊し、若者の教育機会や学びの可能性を制限する。社会関係資本は学びを支え、養い、学びの出口や意味を用意する。もしも教師や学校やコミュニティが子どもたちに社会関係資本を培わなければ、子どもたちは逆方向もしくは歪んだ方向へと自分たちの生き方を見出すことになる。つまり、喫煙のたまり場、トイレ、その他片隅の暗がりに仲間と集まりサブ・カルチャーをつくり出す。そこでは、友情が失敗を強化し、社会的で教育的な排除が共有され、経済的な機会も拒まれる。社会関係資本は繁栄と民主主義の基礎である。それを発展させることは、教育的に必須である。

民主主義のための教育

英語を話す人が増加した世界において、ヒューマニズム、民主主義、公共生活などは、政府の掲げる教育改革の政策の大部分から姿を消している。その代わりに、アカデミックな成果、テストや試験の成績、国際学力比較、パフォーマンスの順位表、学力格差縮小などが、過度にそして排他的に注目されるようになった。子どもの学力の中身として何が価値あるのかという点にはほとんど目が向けられず、考えられもしなかった。学力が全てであり、民主主義は放置されていて自力で育てていくしかない状況であった。

結婚生活と同じように、民主主義は無関心や無視の中では維持できない。民主主義とは、毎日気にかけられ、ケアされ、守られ、批評されなくてはならないのである。民主主義の不在というのはどのようなことだろう。ポスト全体主義の国々、例えばスペイン、ポルトガル、南アフリカ、元共産主義国家だった東欧・中欧の国々、そして多くの南アメリカの国々は、このことを鮮明に記憶している。

チリやアルゼンチンなどで私が出会った老教師たちのほとんどが、かつての国家全体主義体制期に拷問を受けたり、国外追放を受けたり、数ヶ月あるいは数年にわたって「いなくなった」経験をもっていた。民主主義が存在しなかったこのような人々と国家が、その苦い記憶をもって、民主主義とヒューマニズムを強く育むという教育目標とミッションを明確化させてきた。

例えば南アフリカでは、世紀の転換期に民主的なカリキュラムを求める奮闘が起こっていた。そこでは、高度なスキルと完全雇用、そして労働力の流動性を促進させるために、社会的公正とパフォーマンス目標をともに高めていけるよう、統合的な要素を用いて結果重視のアプローチが進められていた。[84] 南アフリカの全国カリキュラムは堂々と次のことを強調する。

> 広く高いレベルの教育を全ての人に保障する。自信をもって独立し、読み書きができ、計算ができ、様々なスキルをもった生涯学習に従事する人を育てるよう努める。思いやりや、環境の尊重や、批判的で積極的な市民として社会に参画する能力を育む。このことがこのカリキュラムに基づき学ぶことによる特徴である。[85]

これらの目標の土台にある教師像は、他者のカリキュラムをただ実践する人ではない。それは、「社会的、政治的に批判的で、責任感があり、専門職としての能力があり、現代の発展に常に通じている」人である。教室で教えると同時に世界と結びついており、その二つを関連させて捉えている人、それこそが真に知的な教師である。

このような発展途上国で進む教育改革の傾向とは対抗的に、測定可能なスタンダードと目標、パフォーマンスの結果、説明責任を示すデータ、基礎的なスキルの強調、そして民営化の推進などを問題にするグローバルな政策が、次第に優先権を主張しつつある。[86] しかし、ポスト全体主義の国家は、たとえ週末に働くことになっても、未だにヒューマニズムと市民性の価値を手放そうとはしない。ポルトガルにおける２０００年

～2006年期の教育開発プログラムでも、就学時の訓練、エンプロイアビリティ[v]、「知識社会の発展を導き推進する」という目標が強調されるとともに、「イニシアチブと責任感と市民性をもつ文化を推進する」ことが主張されていた。[87]

国際舞台では、ユネスコなどが、教育における民主的な対話を保とうとしている。ユネスコの報告書『学ぶこと：秘められた宝』では、重要な学びの四本柱が掲げられた。[88] その中の「知ることを学ぶこと（learning to know）」と「為すことを学ぶこと（learning to do）」の二つが知識経済の主要な柱である。残る二つもまた重要である。「人間として生きることを学ぶこと（learning to be）」という柱は、共通の目標を達成するために、個人に強い責任感を育てることに焦点を当てる。[89] そして、経済のグローバリゼーションに直面しバラバラになった世界において、最も重要な柱は「ともに生きることを学ぶこと（learning to live together）」だろう。この柱は、次のように民主主義、コミュニティ、地球市民としての自覚を強調する。

他者とその歴史、伝統、価値観などに対する理解の増進と、それに基づいた相互依存の高まりへの認識、それから将来の危機や諸問題に対する共通の分析に支えられて、人々が協力し、不可避な摩擦を知性と平和的な手段で解決できるような新たな精神を創造する。[90]

グローバルな知識経済で支配力をもつG7の国々は、経済的に繁栄していない国々から、教育や道徳の優先性について学ぶことが多くある。若い世代に将来の準備をさせるという、人間の社会化に不可欠なエージェントとしての教師の役割を、決して低く見積もったり見逃したりすることはできない。[91] もしも民主主義とヒューマニズムが公教育改革の使命の中心に据えられなければ、これらは自由奔放な市場によって侵略されるだろう。

アダム・スミスは『国富論』において、経済的な私利の「見えざる手」は結果として公共財をもたらすと主張したことで知られている[92]。しかし、スミスは決して金銭や道徳に関する自由市場主義者ではなかった。『道徳感情論』の中に、次のような一節がある。「賢者や徳のある人は、どんなときも自らの個人的な利益を、社会の中で自分が置かれている立場に応じて、公共の利益のためにささげるべきである」[93]。スミスは言う。思いやりという情動的な能力こそが、公共善を追い求めることを可能にするのだと。

もしも私たちが知識社会のためだけに、知識社会から利益を得られる人々のためだけに教育をしたならば、成功しない人にはいかなる同情も共感もできず、将来への責任感を育てることもできないだろう。また、成功しない人の意見を聴き、彼らを民主的な手続きの中に包摂する手段ももてない。消費者の快適さを追求し私腹を肥やすと、より多くの被排除者たちが、成人であれば牢屋に、混乱を起こす子どもであれば特別支援学校に入れられるのである。私たちは世界から排除された人々を見ないよう目を閉じて、自国の利益が脅かされるときにだけ豊かでない国々に関心を示す。これは、排除されている人々にとって不公平で不公正な世界であり、その他の人々にとっては陰気で恐ろしい世界である。チャールズ・ハンディは次のように辛辣にコメントする。

この「心配性なエリート」が可哀相だとはなかなか思えない。豊かな人々は近隣のことに関与するので

v　経営学用語で、企業が従業員を雇用する際に、従業員が雇用されうるだけの能力を有すること。産業構造の変動や終身雇用制の崩壊によって、個人もまた環境の変化に素早く適応する力が求められている。また、その力を育むための自身のキャリア形成を戦略的に考え、エンプロイアビリティを高める努力が求められ始めている。

はなく、国に税金を払い、町から犯罪をなくし教育の質をあげるよう政府に要求する。そのための十分な予算を与えるわけでもないのに。一方で、自らの富は国際市場の安全な陰に隠し、自らは他の人々の問題から離れ、守られ、囲われた場所にいる。[94]

したがって、教師をはじめ人々は、知識社会に「備えるために」どのように教えるのかを考えるだけではなく、知識社会を「乗り越えて」どのように教えるのかを考えなくてはならない。そうすることで私たちは、利益を生み出すことに加えて、抗しがたい人間の価値や教育の目的、すなわち、人格、コミュニティ、民主主義、地球市民としての自覚にかかわる目的を取り扱うことができる。私たちは、金銭的な価値を志向するだけの公教育を超えて、教育が公共善の価値を高められる在り方を考えなくてはならない。

知識社会を乗り越える学校と教師

学校や教師たちは知識社会を乗り越える教育をどれほど行っているだろうか。その答えは、イングランドやアメリカにおける近年の教育改革のパターンに示されている。まず、ブレア政権第一期の教育改革への評価は高い。[95]スタンダードを引き上げ、成績上位層と下位層の差の縮小に働きかけ、学校がうまくいっていれば政府の介入を減らし、成功している学校や教師に褒賞を与え、専門性開発を促進するような一連のストラテジーを示し、スクールリーダーのためのナショナル・カレッジや教職専門職自治組織を設立した。これらは教師にとって持続的な成長の機会であり、専門的な学びと組織的な柔軟性に対する決定的な支援があることを示しており、[96] 特徴的な知識経済の新たな試みである。

しかし、これらの試みには決定的にあるものが欠けているとされる。それは価値である。政府方針では、運営上の問題が倫理的で情動的な問題を覆い隠していた。マイケル・フィールディングが言うように、イングランドの改革は、それまでの成果にもかかわらず、価値に居場所を与えず、人々が他者とのかかわりの中で他者をケアしながらどのように生きるべきなのか、自らの人生をどのように生きればいいのか、といった問題を取りあげていなかったのである。フィールディングは言う。改革では、

> 注意深くて真剣で、特化した生産性の高い経済活動ばかりを取り扱い、喜びや自発性、活気に満ちあふれた自己実現、そのような人生についての経験や言葉が現れる余地はない。[97]

改革の文化がそれでも必要としているのは、「大志ある人間の物語」である。それは、コミュニティの中の個人を、コミュニティを通じて教育する際に中心となる信念である。

アメリカでは、ジニー・オークスらが、リベラルな教育改革と民主的な教育改革の失敗（あるいは短期的な成功）について冷静なレビューに取り掛かっている。[98] 彼女の研究チームは、１９８０年代末から１９９０年代にかけて、幾つかの改革が早期に前進したことを明らかにした。特に、カーネギー財団[vi]の支援による大胆な中等教育学校の改革成果は目覚ましかった。[99] この取り組みでは、国家レベルおよび地域レベルに、関心

---

vi　鉄鋼王のアンドリュー・カーネギーが、事業引退後に多額の寄付によって設立した教育振興財団のこと。カーネギーはその他にも多大な慈善事業に身を投じ、国際平和基金、研究所、カーネギーメロン大学などへの多額の資金を提供した。

と注目を集める委員会をつくり（後に大統領になるビル・クリントンもこのメンバーの一員だった）、多様なリスクを抱えた若者たちを支える有効な施策など大きな変革を起していた。この変革には、スモール・スクール[vii]やミニ・スクール、混合能力学級（能力別学級編成の廃止）、アカデミックな知識を核にした学際的な教育、多様な専門家の関与、教師やリーダーの育成といったことが含まれていた。

オークスらは、積極的な事例研究に基づき、著しい成功とインパクトを示した事例には全ての子どもの学びを後押しする大きな改革のパワーがあったことを示している。しかし、少数の学校や教師を超えて成功が広がることはほとんどなく、それが持続するのはさらに困難だった。改革は様々な理由によって挫折していった。例えば、エリート層の保護者たちが自らの子どもを他の子どもと分離させて優位に立たせようと、優秀教育や才能教育のプログラムを維持するよう主張したことによって挫折に至っていた。また、貧しい保護者と子どもたちとの間にあったケアと尊重の関係性が、官僚的な「サービス」のためのより階層的な関係性へと替わってしまうこともあった。あるいは、学際的で総合的な教育が、成績不振の子どもたちを上級学年へと自動的に進級させる代わりに、その子どもたちの学びを矮小化させてしまうことも起きた。さらに改革を破綻させたのは、標準学力テストや特色のあるカリキュラムの導入といった州政府や地方学区からの競争的な改革要請によって、それまでのイノベーションを生み出す努力が直接的に否定されたときであった。勇気あるわずかな教育者たちは、このような反動に立ち向かい抵抗し続けることができたが、教室において社会的公正や価値の問題を直接的に取り扱うような積極的な変化は広がらず、永続もしなかった。

オークスらによると、これらの改革が挫折した原因は、変化の担い手たちやそこで依拠していた理論が、変革を技術的で中立的な圧力と支持の手段として見なしているだけで、そこには論争も価値も全く空っぽだったことである。変革の渦中において価値や論争を真っ向から取り扱うことに失敗していたのだ。例えば、人種や肌の色や不公正に立ち向かったり、マイノリティの貧困家庭の子どもが無能であるという妄信に立ち向かったり、改革を妨げようとするエリート層からの圧力に妥協する臆病な政治に抵抗したりすることも失敗だったという。オークスらの研究が明らかにしたのは、もしも変革によって学校を全ての子どもにとって良い場にし、公共の利益を育てようとするならば、価値や社会的公正やケアリングが、教師たちの専門性開発、家族が属するコミュニティの発展、そして大規模な政策課題の中心になければならないということである。[100]

したがって、知識社会を乗り越える学校と教師は、コミュニティ、民主主義、ヒューマニズム、地球市民としての自覚といった価値を育むために、勇気ある対位旋律を奏でる教育を行う必要がある。これらがなくては、私たちは誰一人として安心感を維持できないだろう。知識社会の対位旋律になることで、教師の役割は次のようなものになる。

- 社会的で情動的な学び、かかわり合い、人格形成を促進する。
- 他者と多様な関係を結ぶことを学び、対話の紐を永続的な絆とかかわりに変えていく。
- 地球市民としての自覚を育てる。
- 専門性と人間性の継続的な向上に努める。
- 協働的な集団の中で働き、学ぶ。
- 保護者や地域コミュニティとのかかわりをつくり、強固にする。

---

vii　公設民営学校や学校内学校などの仕組みを通じて、学校や学習環境の単位を小さくし、そこで自律的な運営を行う学校のことである。米国では、こうした学校で従来とは異なるイノベーションを生み出す教育実践や評価方法が試みられ、その成果が広く知られてきた。

・情動理解を形成する。
・継続性や安全性を守る。
・人々の中に基本的な信頼を打ち立てる。

今日の学校と教師は若者たちの中に、人格、コミュニティ、ヒューマニズム、民主主義を打ち立てることに専念しなければならない。若者たちが知識社会の魅惑や要求を乗り越え、自律的に考え、行動できるように支援しなければならない。

トム・サージョバンニは、学校が教育効果や高いパフォーマンスを追い求めるばかりではなく、「学校の個性」を発展させる重要性について述べている。個性ある学校は「独特の文化」をもつと彼は言う。

個性ある学校では、教職員たちは自分たちが何者であるのかを理解し、目的について共通理解を図り、自らの個性を目標達成のための有効な手段として行使できると信じている。学校がその個性を示すのは、構成員の目的や希望やニーズが学校の文化によって真摯に受け止められ、その構成員が共通の善にかかわろうとするときである。[101]

個性ある学校では、教師の仕事は認知的で知性的な実践だけではなく、社会的で情動的な実践でもあると認識されている。よい教師たちはケアリングを基調とした思いやりのある関係を子どもたちともち、子どもたちが情動的に学びに取り組むときに教えと学びが成功すると理解している。しかし、政治家、行政官、教育学者、そしてその他教職の姿を形づくる人々は、情動を無視しがちであり、その重要性を軽視し、当事者に任せきりにしてしまう。パフォーマンス－スタンダード、目標、能力別のリストが優先され、それらが排他的に誇張されることにより、教職を形づくる人々は、教育の情動的な次元を無視するのみならず、それを能動的に蝕んでいく。学ぶことは、隔離病棟で目標に向けて競い合う単なるレースになってしまった。教師の時間は技術的なタスクで埋めつくされ、子どもたちに創造性や想像力、そして関係性を育む時間が無くなっている。本来であれば、これらこそが教師たちの教育への情熱に火をつけるはずのものなのに。

しかし、教えることと学ぶことは「常に」社会的で情動的な実践なのである。生徒たちは楽しむこともあれば退屈に感じることもあり、打ち込むこともあれば排除されることもある。チャールズ・ダーウィンは、最も認知的な活動のように思われる省察でさえも、それ自体が一つの情動であると述べている。なぜなら、省察は静かに集中するという感情状態に拠って立つものだからである。[102]つまり、情動は（教室の雰囲気を効果があるよう整え、安全な学校をつくるというような）学びの文脈において重要なだけではなく、教えることと学ぶことそのものにとって、学びの過程としてかつ社会的で道徳的な目標や文脈として不可欠なのである。共感や同情は民主主義の情動の基礎である。知識社会を乗り越える学校と教師を実現するには、教師の仕事が有する社会的で情動的な次元を認識し、そこに立脚し、関心を向けなければならない。

教えることの情動が再び明白に強調されるのは、何よりも教師が子どもたちと情動的な絆を結ぶ重要性があるためである。つまり、子どもたち（とその保護者）が教師のことをよく知っていると感じられる永続的なかかわりを打ち立てることが重要なのだ。高校中退の最も多い理由は、「自分をわかってくれたり気にかけてくれたりする大人がいない」と子どもが感じているためで、[103]イングランドではカリキュラムを改良することで、子どもたちが中等教育への移行時に経験しがちな大きなパフォーマンスギャップを解決しようとしている。[104]しかし、中心問題はカリキュラムではない。キャサリン・リリーらの研究は、高校入学段階で成績が振るわない生徒たちは、異なる保護者や家族の下で暮らしたり、定期的に住居を変えたりするなど、非常に不安定な生活を送ってきたことを明らかにしている。これらの生徒たちは社会関係資本に恵まれなかったのである。そして、学校はこのような社会関係の分裂をいっそう大きくさせている。この事態は、生徒を複数教科の教師に出会わせて素行が悪いとの理由で教室や学校から繰り返し排除すること、都市部の学校の多くで臨時任用や代替で教師を確保することなどによって起きている。[105] 悲劇的なことに、最も社会関係の分裂に晒されてきた子どもが、中等学校において最もかかわりの分裂を経験し、社会関係資本の育成が妨げられてしまう。

青年期の不安に対して教育は何ができるのだろうか。それは、カリキュラムの中よりもむしろより強力なコミュニティの中に見出せる。そう考えると、若者たちに対する学力向上策は成績だけに焦点を当てることで、ことのほかリスクを抱えた人々のための保障ではなくなっていることがわかる。若者たちが生活の中で多くの影響に晒されているこの時代に、若者たちの関心をもっぱら学校での成績だけに向けようとしても無駄である。人々が学んで学力を身につけるには、学校に通うことでもたらされるあらゆるかかわりに対して、知的かつ情動的に関与することが求められる。[106]

私たちが調査したイノベーションを生み出し高い成功をおさめた7・8年生担当の教師たちは、情動的な絆を結ぶことをあらゆる活動の核に据えていた。教師たちは子どもたちを評価に巻き込み、保護者と教師の会議にも子どもたちを参加させ、子どもたちにそれぞれ個別にアドバイスや指導を与え、学級としての絆を強めるための活動時間を延ばし、同じ子どもたちを連続して担当できるように担当学年をもちあがっていた。[107]

しかし、私たちが実施した教師の情動研究によると、高校教師たちは、生徒たちの情動が外部から教室にもち込まれるものと捉え、わざわざ対応しなければならない否定的なものと認識していることが明らかにされた。高校教師は、生徒の情動を学びの一部と捉えず、情動と学びをともによい方向に発展させることは自分たちの仕事ではないと考えていた。それゆえに、高校の教室では、生徒たちのかかわり合いが打ち立てられる代わりに、緩く表面的なかかわりだけが形成されている。[108] さらに、測定可能な成績を求める容赦ない運動が行われ、各教科で標準化が推進されることにより、これらのかかわり合いと情動の減退傾向はますます助長させられている。

初等教育において、教師にとってケアリングは伝統的な優先事項となっていた。概して、人々の心に最も残る教師の特質がケアリングであった。例えば、アルベルト・カミュは『最初の人間』の中で次のように書いている。アルジェリアでの貧しい子ども時代、彼の先生は男性で、「授業を生き生きと楽しいものにすると同時に、その授業中は飛んでいるハエも許さないほど厳格に行動をコントロールしようとした[109]」と。

この種のケアリングはむしろ父権的なものであるが、これだけではもはや充分でないと言える。今日の学習者は多様化していて要求が多い。したがって、ケアリングにおいては、子どもに対する統制を弱め、子どもの多様な文化にもっと敏感に反応し、子どもの考えや認識や学習要件をより考慮に入れて、それぞれが帰属する家族やコミュニティの代わりになるだけではなく、さらにそれらを巻き込んで関係をもつ必要がある。カリキュラムは、このような調整が可能となるよう柔軟であって、子どもたちが民主的な市民になろうとするのであれば、学びの選択においても、学校の自治や使命の実現への寄与においても、子どもたちが民主主義を経験できるよう配慮する。[110] ケアは慈善や支配よりも大きいものであるため、人々（子どもと保護者）はケアされることで、行為主体性と尊厳と発言権をもてる関係を編み込んでいく。これは、知識経済を乗り越えて達成しようと努力する教師たちへの社会的かつ情動的な負託なのである。

ケアリングが始まるのは、まず知っている人々、そして直接会える人々に対してである。思いやりが始まるのも身近な人々に対してである。ところが、グローバル化した社会では、ケアリングは直接的に面と向かえる関係を超えて広がっていく。アーリー・ホックシールドは、複雑で相互に関連した現代において、私たちは皆、コミュニティ内の人々とも自分から遠く離れた大陸の人々とも、ケアリングあるいはアンケアリングの鎖で結ばれていると主張する。[111] この二つの鎖は、私たちが何を買うのか（そして、その商品はどのような労働条件の下で生産されているのか）、どんな人々や主張に対して金銭や時間を寄付するのか、どのような態度で異文化に対峙するのか、によって表現される。知識社会を乗り越える学校と教師は、国籍や民族にとらわれない世界的な視野をもった地球市民としての自覚を育てる。これは、目に見えない人々のことも決して心から外さず、そのような人々に対してもケアリングの鎖を繋いでいけるアイデンティティを表している。このためには多くの方法がある。環境教育や国際理解教育、地域への奉仕活動をカリキュラムに位置づけること、そして外国の子どもや教師との交流、豊かな地域と貧しい地域の学校間でのペアリングや教育資源の共有などである。

この倫理的な使命は、教師にとって専門職としての「学び」を持続的に行うのみならず、自らの人間性と専門性の「開発」に注意を払わせるものである。専門性の「開発」には、知識とスキルの学び以上の意味合いが含まれている。専門性と人間性の開発を通して、教師は人格を成熟させ、その他の徳目を自他ともに身につけ、学校を道徳のあるコミュニティに醸成していく。また専門性の「開発」によって測られるものは、証明書や成績表などといったまるでマイレージポイントを貯めるかのように管理された巧妙なポートフォリオには表われてこない。履修科目の単位を集めることは、「お金を払って観客になる」ことと変わらず、それはほとんどの場合、人々の心には届かない。専門性の「開発」とはむしろ、専門職としてのより優れた誠実さと、人間的な成長を得るための各人が取るべき道筋なのである。

人間性においても専門性においても「開発」されている教師は、教師としても人間としても自分自身を開花させている。そのような教師たちは、他者と一緒に仕事をするよう要求されたり、評価されたり、頼まれたりした際にも、自我の境界線やアイデンティティを侵略されているだとか、自分が圧倒的に傷つきやすい存在であるとは感じていない。また、成熟した教師は、子どもたちに対してと同じように、専門職として大人に対しても関係を結ぶことに充分なほどの自信と開放性を見せる。[112] 教師たちは、自分のありのままの姿で気軽にいられるのである。教師としての成熟度がこの段階に達するのかどうかは、個人の成長の問題であり、フォーマルな学びの問題ではない。ましてや、政府や地方自治体が提供するような現職教育の問題ではない。それは、賢い選択、様々な経験、優れたリーダーシップ、効果的なメンタリングの成果と言える。しかしこれら全ては、専門職としての教職が人口統計学的に激減しかけているために脅かされている。年配教師たちを職場に繋ぎとめ、仕事に向けて動機づけることで、定年後にもパートタイムやボランティアで若手教師を支援したいと思ってもらう努力が必要である。非難や敵意の中で教師を無理矢理に早期退職させたら、教師の専門性からその英知と記憶にかかわる最も重要な源が取り去られてしまう。専門性開発で優先されることとは、インフォーマルな学びと人間性の成長にかかわるこれら必須の過程に注意を払うことである。知識社会の学校では、専門性の学びと開発の「両方」が重要な問題なのだ。

したがって、知識社会を乗り越える教師とは、子どもたちのみならず他の大人たちに対しても、よりよい関係を新たに発展させることを意味している。[113] そこでは、トップダウンの改革によって推進される時期が来たらすぐに解散するような短期のチーム仕事よりも、多くのことを学ぶことができる。[114] 知識経済を乗り越えて教えるということは、教師たちに長期的な協働集団で活動することを求める。それはすなわち、意見の相違が生み出す当惑にも安心感をもって耐えうるような、互いに関与し合い、挑戦し合い、ケアし合う専門職のコミュニティを求めるのである。人間味のある知識社会は、短期的なチームと長期的なグループを必要とする。知識社会における学校と教師が意味することは、教師たちが同僚とともにチームとグループの両形式で働き、効果をあげられるような場における専門職性の構築なのである。

もしも教師たちが知識社会の行きすぎに対して強力な対抗軸を提供するならば、学校は弾力化した経済における活動的な学習する組織となるばかりか、公衆民主主義の中におけるケアリングと道徳に長けた組織となるに違いない。それは、教師たちが保護者や地域住民と結ぶ関係性の事実に他ならない。子どもの学びのための真のパートナーには、ワークショップや前章で述べたその他の学習形態を受容する以上のことが求められる。教師もまた保護者や地域住民から子どもたちについて学ぶことは多い。それは、子どもについて最もよく知っているのが保護者だからであり、明らかに恵まれていない地域でさえも子どもたちの長所や知恵など目に見えないものについても良く理解しているのが地域住民だからである。そのような保護者や地域住民たちから学ぶには、ケアリング、信頼、尊重といった互恵的なかかわりを打ち立てることが必要になる。そこでの保護者は、政府の福祉サービスや教師による介入の対象を超えた存在となるだろう。保護者たちは自分の子どものチャンスを拡大するために積極的に教育に参加する。これはおそらく、保護者を威圧し怯えさせてきたかつての学校という場から離れ、学校を保護者のための場へと移行させていくことを意味する。保護者と教師の会を催し、コミュニティ・センターや人目を引くスポーツクラブにおいて学校祭を催すことなどが、それを達成する一つの方法である。

子どもと大人との関係性を、成熟しケアの精神があり、敬意を含むものへと発展させるには、情動知性を習得できるスキルよりも多くのことが求められる。ここで有用なのは、ノーマン・デンズィンが「情動理解」と呼ぶもの、すなわち、自分が感じるように他者も感じるということを認識する能力である。[115] 的確な情動理解のためには、何よりもまず、人々との関係性を築くことが必要である。そうすることで私たちは、感情経験を示す字幕のようなものをどのように「読み」、「解釈し」、それに対しどのように反応すればいいのかが理解できる。これらの関係性がないと、今度は「情動誤解」が生じてしまう。教師は子どもたちや保護者やその他の人々が見せるわずかな手がかりを誤って捉えてしまい、結果として、彼ら／彼女らの情動を不適切に誤解したまま応答してしまう。本当は退屈しているのに楽しんでいると思い込んだり、熱中しているのに多動だと捉えたり、恥ずかしがっているのを怒っていると受け止めたりする。詰め込みすぎのカリキュラムと、子どもや保護者やその他の人々と教師との接触を分断する学校の構造が、情動理解を妨げる。情動知性が個人的な学習スキルの問題になり下がる一方で、情動理解とは、それを可能にする永続的な関係性と組織的条件にかかわる問題である。これらの条件なしでは、教師にとって子ども、保護者、同僚は本当の意味で理解されることはなく、ステレオタイプにたやすくあてはめられてしまう。

強固な関係性は変化によってしばしば成長したり、発展したりするが、それは本来的に安心の経験に根ざしている。教師たちは、変化、リスク、終わりのない改善の諸力とともにありながらも、知識社会に対抗する価値を提供するために、地域との基本的な信頼関係を保持できるよう役立たなければならない。それこそが、リスクを引き受け、コミュニティを形成する子どもと大人にとっての中核となる。リスクに立ち向かう足下の安心を築くには幾つもの方法がある。例えば、教師集団がもつ多種多様な卓越性を評価し、真の功績を称え、メンタリングやその他の方法で得た学校の集合的な記憶を大切にし、それらをフル活用し、教職員全てが学校に帰属感をもち、学校の今後の発展に向けた「大きな絵」を共通理解し、校長が交替しても一貫性が保てるようにリーダーシップの継承を真剣に考えることがあげられる。異国への旅は帰る場所があるから楽しめる。終わりのない変化は果てしない旅と同様に、まるで国外永久追放のようなものであり、それは帰る家がない心理の悲劇的な運命といえる。変化にかかわっていくことと、変化に溺れていくことは明らかに違う。重要なのは、校長や教師たちが正しい側にいることである。

変化が速く可変性の高い組織では、教師たちは同僚（あまりよく知らない者も含めて）とのチームワークの過程を確実に信頼する必要がある。しかし、職場では時と場合によって、リーダーや近しい同僚、支援してくれる保護者などの特定の人々を信頼しなければならない。この基本的信頼は、まず子ども時代に育まれ、親しい人や家族の関係を通して広がっていき、より可変性の高いその他の手段で信頼を成り立たせるためにも必須のものである。基本的な信頼がある人は、学校の同僚を不必要に疑ったり、妬んだり、裏切ったりすることが少ない。[116] 人道的な知識社会における専門職が優先すべきこととは、個人の人格を信頼する中で専門性への信頼が成立するコミュニティにおいて、継続性と変化とのバランスを取ることである。リーダーや同僚から人として支援を受ける教師たちは、懐疑心を抱くことはほとんどない。

私たちが住むこの世界は、不寛容で、個人主義が広がり、排除的で、不安でいびつな世界である。したがって、知識社会に対抗する教師になるということは、実績と人格を考慮し、認知的な学びと社会的で情動的な学びを考慮し、専門性の学びと人間性および専門性の開発を考慮し、チームワークと集団生活を考慮し、認知と思いやりを考慮し、リスクと変化が増加する傍で継続性と安心の保持を考慮することを意味する。言い換えれば、社会関係資本を培い、民主主義の担い手としての情動的な基礎を据え、地球市民としての自覚の核をつくることを意味する。知識経済を乗り越える学校と教師とは、単なる価値の運び手ではなく、価値によって動く専門職を再生することである。端的に言えば、知識経済を乗り越える学校と教師は、以下のものを養う。

・人格。
・コミュニティ。
・安心。
・包摂。
・誠実さ。
・地球市民としての自覚。
・思いやり。
・民主主義。
・人間性と専門性の成熟。

知識経済の学校と教師は、標準テストの成績や、他者が描いたカリキュラムをただ単に実践するよりも、より高度なスキルと判断を必要とする。それには、何年もかけて開発すべき人間性と知性の成熟を必要とする。知識社会の教職とは、職業選択において第二希望の逃げ場とされるのではなく、技術的な伝達にすぎない低レベルのシステムであることもなく、政治家が述べたように転職前の若手や熱血漢が支えている疲弊した職業であることもない。むしろ、知識社会の教職は、第一志望のキャリアとなり、知性ある人間を育み、長期的なかかわりをもち、社会的な使命をもつ、生涯の仕事となるべきものである。これらのうち何かが足りなければ、教職は知識社会の水平線の下に沈み、視界から消えてしまう。教職は決して不足を前提としてはならない。

第3章

知識社会に脅かされる学校と教師

ＰＡＲＴ１：独創性の破綻

知識社会が抱えるコスト

学校と教師は、知識社会への適応とその克服を両立させることができるのだろうか。例えば、「教育は経済のためか、あるいはシティズンシップやコミュニティのためか」というように、教育の議論はパラドックスの一方に固執しやすい。しかし、いずれかに立場が偏っていては子どもや若者のためになることはない。学校と教師が知識社会に備えるためだけに存在するならば、経済の繁栄のために子どもたちを教育し、そのための社会を形成しようとするだろう。しかし、それによって人間のかかわりは道具的で経済的なものに限定されてしまい、集団の相互作用は「回転ドアの世界」のように一時的なチームワークへと限定されてしまう。また、人々は自らの情熱や欲望を買い物や娯楽によって満たそうとし、他者と交流しようとする気持ちは遠のいてしまう。

一方、知識社会を乗り越えようとする学校と教師は、子どもや若者にケアリングの精神を育み、人格を形成し、地球市民としての自覚を構築しようと努める。もしも子どもや若者が知識経済に向けて備えることができなければ、コミュニティを存続し繁栄させる基礎的な能力を欠くことになる。その結果、彼ら／彼女らは知識経済の中からも排除されてしまうだろう。

教育において、経済的および社会的な目標を調和させることが困難であることは歴史的にも証明されている。それは、人々が生計を立てながら自分の人生を生きられるようにするためだけに教育を施すことであり、結果として政治勢力の絶え間ない交代を招き、政策的な動揺を引き起こしてしまう。現在の教師たちは、学校と教師が知識社会に備え、さらにそれを乗り越えていくために、経済的な使命と社会的な使命を結びつけることに力を注ぎ、この使命を専門職としての目的の頂点に掲げる必要がある。オックスフォード大学教授アルバート・ハルゼーは、次のように述べている。

グローバル資本主義において必然となる論理など存在せず、国家が経済的成長と社会的公正、繁栄と成長、および起業家精神と安心・安全の両方を追求できないという正当な理由も存在しない。[1]

しかし、教師たちはそのような教育にいくら志を高くもとうとも、為政者や大衆が負わす世俗的関心や愚かな意思決定によって自らががんじがらめになることに気づいている。多くの教師たちの仕事の現実は、専門家としての判断、学びの奨励、そして力強い専門職コミュニティの活性化ではなく、むしろマイクロマネジメントと標準化、そして法令遵守が蔓延する落胆するような世界の中にある。その世界では、教師への要求は高まる一方、教育資源は削られ、公的な信頼は著しく欠如している。為政者たちは教師たちの仕事を支えなければならないのに、多くは教師たちにとって頭痛の種であり続けている。

これは予期せぬ出来事でも不幸な偶然の一致でもない。これこそが、知識経済（または多くの政府が知識経済に応じてきたこと）による直接的な帰結である。また、往々にしてその犠牲となるのが、知識社会における変革の触媒であるべき学校と教師なのである。学校と教師は弱体化する福祉セーフティネットの犠牲となっている。さらに、生徒たちの家族が「不安定な共働きの重荷の中で搾り取られ[2]」、引き裂かれることで、その教育を担う学校と教師も犠牲となっている。また、学校と教師は公益への支出とそれに対する関与が減少することで犠牲となっている。国家の役割を後退させ、見るもの全てを私事化すること、その結果として生じる断片を結びつけるために抽象的な達成水準を適用すること、これらが市場原理主義の残酷な結末である。この結末は、成長する知識経済に適う能力を構築する上で、賢明な道筋とは言えない。

市場原理主義

20世紀後半、多くの国々の経済政策と公共政策は市場原理主義のイデオロギーに支配されていた。[3] 政府は、私的な利益を自由に追求しようする人々が累積効果を生み出すことで、公共の利益が最大化されると考えていた。また国家が人々の主体性やそのための能力を侵食することがあれば、人々は国家を邪魔者として捉え、「過保護」な存在だと考えてきた。逆に、公共セクターがそれに対抗的な民間セクターと競うことや、公的領域の内部において競争を進めることが、サービスの質を改善し水準を高める最善の手段と見なされてきた。また、選択と競争によっても改善されない部分については、政府による介入と強制によって最低水準を規制し保障するのが最適であると考えられていた。

この結果、公教育では（資源の減少や教師の労働環境の悪化による）コスト削減やダウンサイジングが行われ、チャータースクール[i]や学校選択制が普及していった。また、公共システムを軽視し、保護者の教育投資を私学に移行させるための税制上の優遇措置や組織的運動も進められていった。市場原理主義の影響で、パフォーマンススタンダードの結果に応じて到達度を測定し比較するようになり、教育検査も増やされていった。その他、公教育を混乱に陥れようとする者にはゼロ・トレランスや排除の政策を強要していった。換言すれば、市場原理主義者は、公的領域の縮小後も依然として高度に規制がおよぶ公的部門の中に準市場をつくり出すことで、柔軟で自由な市場経済を構築しようと試みたのである。[4]

教師たちは、知識社会の要請に対するこのような近視眼的見地の中で教えるという営みに従事しなければならなくなっている。それは、知識経済によって公共部門が欠損ないし逼迫にさらされているにもかかわらず、である。現在ではより多くの国家が知識経済の性質と重要性を把握するとともに、より公教育に寛容であることの効果についても理解している。こうした国々は、公教育に再投資を行い、学校の中でますます創造性と柔軟性を育み、知識経済の最前線にいる知識労働者としての教師を再び尊重し直すことによって、市場原理主義を乗り越えようとしている。しかし、第6章と第7章で検討するように、市場原理主義はこれらの国々においてさえも、政策的命令と統制のスタイルの中に、そして政治的意思によって強化される広範な試験システムの中に、頑固に維持されている。

市場原理主義の遺産の全てが悪いわけではない。選択は多くの教育官僚制に見られる利己的体質や自己満足に挑戦してきた。パフォーマンスの契約が暴き出したのは、自らの弱点を覆い隠し、問題を自らの内に留めようとしてきた従来の制度文化の機能不全であった。[5] しかし、ダウンサイジング、標準化、労働状況の悪化、教育専門職への軽視によって、創造的な知識経済および文明的な知識社会の発展は蝕まれてきた。市場原理主義の動向が世界に広く残されている以上、重要なことはその影響を文書化し、そこから何らかの教訓を得ることにある。それには、ある例が役に立つ。

i　民間の個人および団体が州や学区からの認可（チャーター）を得ることで、通常の公立学校運営を規定する法律や規則に基づきながらも弾力的な学校運営と実践を公費によって実現させる制度のこと。１９９１年にアメリカのミネソタ州で初めて法制化され、以後拡大の一途をたどり、２００４年には全米で約３０００校が開校、37の州と首都ワシントンD.C.で法制化されている。しかし、その性格上、チャータースクールの運営形態と教育内容は設置者によって様々であり、財政不足や無資格教員の採用、教育条件整備と質の保証にかかわる課題が指摘されることもしばしばである。

脱線した教育

2000年冬、私たち家族は親戚とともにクリスマスをすごすため、イングランド北部のコテージを借りた。息子は日本から到着し、ロンドンから北部に向かう列車に乗り換えなければならなかった。その旅行は通常4時間ほどのものだったが、不幸にも英国の鉄道網はこのときほぼ麻痺状態にあった。英国鉄道は500以上の速度規制を余儀なくされ、50％以上の列車が遅延していたのである。列車は田園地帯を徐行運転し、4時間の旅行が10時間のマラソンへと変貌していた。

この速度規制は、1997年、1999年、2000年と立て続けに起こった三つの重大な鉄道事故が直接的な原因とされている。事故では42人の死者を出し、国営鉄道システムへの歪んだイメージがメディアによってつくられることとなった。その後の不自由な規制は、さらなる安全を保証するための単に必要とされる注意事項を盛り込んだものとはならなかった。クリスチャン・ウルマーは、英国列車事故の調査分析書『折れたレール』の中で、速度規制と規制に先立つ事故の要因が大きく二つあったことを明らかにしている。すなわち、鉄道の民営化と、質保証の手段としてのパフォーマンス－スタンダードへの過剰な依存である。[6]

英国鉄道が民営化された際、路線を含めた鉄道インフラを管理するために「レールトラック・グループ」という民間企業が設立された。また、レールトラック・グループの管理下で別々の民間鉄道会社が地域毎に創設されていった。かつては路線と事業に即した統合的なシステムを成していた工学技術、維持管理、修理・修繕などの仕事は、その後のシステムではそれぞれが競争入札で契約されることとなった。この改革は、パフォーマンス－スタンダードと達成目標の設定によってサービスの安全と質の保証を目指し、事業の外部契約は公共サービスをより柔軟なシステムの中でコストダウンし続けるものであった。

ところが、民間の方針で公共サービスを運営しようとするこれらの努力が、悲惨な結果を招くこととなった。第一に、修繕と監視の水準において被害が出た。

レールトラック・グループとその契約業者は、同水準の利潤を保持するために、毎年３％のコスト削減をしなければならなかった。そのため、（対向列車のために）列車の前後で重要な監視を行う本来の４人～６人のチームに代えて、（現行の）作業集団はわずか２人となった。このことは、彼らが各路線の間隙や上りと下りの路線の間隙に思い切って踏み込めない状況にあることを意味していた。[7]

こうした間隙を生んだために、ハットフィールドでの直近の事故と同様に、退廃する多くの鉄道が充分に監視できない状態となった。利益が安全よりも優先されたのである。

第二に、パフォーマンス重視のシステムは、長く持続的な改善よりもその場しのぎの修繕に報酬を与えるものであった。修理工のパフォーマンスを査定して報酬を与える方法は、列車がより良く、より速く走るかによって決定される。鉄道の線路は、(1)金属レールそのもの、(2)レールをつなぎ合わせる枕木、(3)全体の構造を支える砕石、の三つの構成要素からなる。修理業者は、レールの取り替えによって列車の速度を最も速く改善できることにいち早く目をつけ、レールを支える枕木や砕石に注意を払わずにレールの修理だけを行った。パフォーマンス重視の文化は、安全と改善の長期的な持続可能性ではなく、その場しのぎのメンテナンスに報酬を与えたのである。産業であれ教育であれ、持続的な改善に注目しないシステムはどれも事故発生待ちと化してしまう。

第三に、民営化、ダウンサイジング、外部委託は、鉄道システムに熟知し、そこで働く従業員たちをよく知っている技術者たちの中間的な文化を一掃し、特定の列車や路線を知っていて互いのこともよく知る信号係と乗務員、駅員たちの現場文化も根絶した。つまり、集合的な記憶が消失したのである。[8] 仕事があれば国中をわたり歩く委託業者は、修理を必要とする問題状況に対して現場的な知識をほとんどもっていなかった。民間契約による柔軟な経済運営は、技術者の英知や知見という深く根づいた文化を根絶やしにしたのである。危険を伴う環境の中で経験的英知をもたない人間が、効果的な判断などできるわけがない。したがって、そうした人々は行為において過剰に用心深く偏執的にさえなりうる。そのようなわけで、賢明な専門家たちは2000年末に起きた際限なき鉄道規制と列車ダイヤの麻痺によって、規制を大きく緩和する必要性があることに気づいたのであった。

アメリカの空港警備の民営化と同様に、英国鉄道の民営化と断片化は人間の安全を危険にさらすこととなった。アメリカのアムトラック[ii]も似た方向に向かっていた。英国鉄道の民営化は、政府機関から個人に向けて受け容れ難い不安と危機を再分配し、持続可能な更新よりもその場しのぎの維持を優先させた。地方や全国の専門技術者の文化を喪失させたことは、基本能力や最低水準に関しても偏執的な反動をもたらしてしまった。こうして、これらの全てが第四の要因を生むこととなる。それは、システム全体にわたる改善に向けた学びと能力と意欲の喪失である。ある鉄道会社の運行と安全の責任者は次のように述べた。

(レールトラック・グループの)組織は大局的見地から課題をほとんど検討していないんだ。ささいな事故や一つだけの問題解決の手順ばかりに応答し、安全管理の手引きに沿って幅広くリスクを負うこともなく、それでは長期的な改善に有益であるとは思えない。学習する組織のようには到底見えないよ。[9]

危険な近道へといたるコスト削減、持続可能な改善ではなくその場しのぎを駆り立てるパフォーマンス－スタンダード、組織文化の中核から経験と知恵と判断をもつ人間の喪失、これらはよく耳にする言葉ではないだろうか。信頼性の低いシステムでは、スタンダードを優先し裁量的判断は脆弱となる。そのため、純利益と基礎能力と不寛容など、無能で思慮の浅い人を将来的な責任から守るあらゆるものが過度に強調されてしまう。イヴァ・グッドソンが指摘したように、これらは英国鉄道だけではなく、柔軟な民間経済の原理に曝されてきた他の公共団体にも見られる特徴である。[10] 公教育もまさにそれらの中にある。低コスト投資と増殖する選択を背景に最低限のスタンダードと短期のパフォーマンス目標に過度な集中が起き、それらが公教育を脱線させているのである。ダウンサイジング、柔順な労働力、平坦化された管理、包括的なパフォーマンス－スタンダードの形態で、政府組織が市場原理主義の理念に従ってさらなる自由経済への刺激を試みる。そうすると、知識経済の活性化に有益な教育と知識に投資が行われるのではなく、政府支出は公教育から経済の自由化のためにもち出されてしまう。

グローバル経済が渇望するのは、柔軟な資源、投資資本の自由で広範な流通、そして国庫から個人の財布への資源の移動である。国家の借金を支払い、個人投資の力を解放するために、市場原理主義に後押しされる政府は公的支出の削減を繰り返していく。公教育はその削減リストの中で最も高額であり、かつ脆弱な項目の一つである。多くの国々で、教育支出の水準は長年にわたって減少し続けている。コンサルタント、指

ii　アメリカの旅客鉄道を運営する企業で、正式名称は「全米鉄道旅客公社」である。"America" と "Track" を合わせた通称としてアムトラックが広く用いられている。完全民営企業ではなく、合衆国政府出資の株式会社である。

導主事、そして教職専門性開発の担当者たちと、それらが具現化させてきたあらゆる英知と経験の文化は、その他のことがアウトソーシングされるのに伴い削減されている。教師の給料も抑制されている。リーダーシップを発揮する教師への手当も縮小の対象であるが、仕事量は今も増加し続けている。教師たちは、安い給料のために働き通しの、そんな過酷な世界の中に閉じ込められているのである。[11]

とりわけ、アメリカの市街地やヨーロッパの公営住宅団地のある地域では、公教育への投資と支援は著しく低いレベルに落ち込んでいる（あるいは留まっている）。この実態こそ、火を見るより明らかであるがほとんど言及されることのない、これまで声高に叫ばれてきた学校の失敗の一つの原因である。例えば、1990年代のカリフォルニア州では学校よりも州刑務所に多くの予算を使ってきた。[12] アメリカやイギリス、その他各国においてますます深刻な課題となるのが、都市の学校で働くのに適した有資格の教師とスクールリーダーを見出すことである。[13] アメリカでは、アネンバーグ、ロックフェラー、マッカーサー、ゲイツ、カーネギーなどの企業や財団が教育に関心を寄せ、多額の資金を投資してきたことにより、教師やスクールリーダーたちの創造性と能力に資する改革に楽観的な見通しがもてることを証明してきた。ただし、これらわずかな出資にアクセスできるのは、補助金申請の伝統をもつ（補助金獲得のノウハウをもつ）数少ない学校と学区に限られる。また、これらの改革の成果を財政不足にある都市部で拡大させたくても、それは苛立たしいほどに手に負えない。それは、財団からの資金を使い果たした後も、これまで進めてきた改善を維持することの苛立ちと同様である。

高級官僚たちが極端な施策を決断してきた背景には、学校がより良い成績を収めるよう要求されるにもかかわらず有権者は学校に高い税金を払いたがらない現実と財政不足という政治の実態、無資格で低賃金の教師に頼らざるを得ない都市教育の資源不足の問題がある。その中心的な施策が、試験と教科書の標準化である。1980年代後半以降、中央政府によって策定されたカリキュラムが、細々した抑圧的な成果目標、一連の評価活動、そしてハイステイクスな説明責任とともに、世界中の教育改革における「新たな正統性」を定義してきた。それは、説明責任に対して熱心な有権者へ、標準化された解決策を低コストで提供するものであった。[14]

近年では教育実践の標準化が進み、教えることと学ぶことはリテラシーと数学のような極めて限定的な科目で優先され始めている。教師たちは、厳密に規定され、念入りに脚本化され、正確に時間を定められたフォーマットの中で、こられの優先科目を重点的に指導するよう要求されている。「科学的に証明された」[15]教授方略に従って徹底的な研修が実施されており、それが大多数の教師をシステムに依存させている。それはまた、校長による随伴指導を伴いながらである。[16] このような教育実践の標準化ストラテジーは、生徒の学習到達度を劇的に高め、富裕層と貧困層の到達度ギャップを縮小するとして、信憑性があると受けとめられている。[17] しかし、標準化の徹底的な実現と、あるいはそのための短期的な手段のために、予算を長期にわたって投入し続ける価値があるのかどうか疑わしい。[18] 所定のプログラム、厳しい研修、フォローアップ・コーチングを伴った強力な介入方略は、最貧困で混迷を極める学校とその地域に対し、手っ取り早い改善を生み出すかもしれない。しかしそれは、例えばカラオケで画面の歌詞をなぞればなんとなく歌えてしまうように、教師たちの依存的な文化を強めてしまうことにもなりかねない。これらのストラテジーは、貧困地域に充分な投資や資源が行きわたらない経済的な要因を問題とせずに、教育実践の標準化による効果を大々的に取り上げるリスクを抱えている。またそれは、教育労働者たちの低い能力や過度に依存的な文化を再生し、再利用するリスクも抱えている。[19]

学力格差の解消を追求する際、学力の種類が問題として扱われることは少ない。ところが、多くの研究によって証明されているように、比較的単純な基礎スキルとして定義された学力の差は、特に年少の子どもたちを熱心に勉強させ、課外でも反復練習をさせると、短期間に埋めることができる。しかし、長期にわたって定着する学力、そしてより洗練された「知識社会」の学力の差を短期間で埋めることは、特に年長の子どもたちに対しては不可能だとされている。学校教育の早い段階でマイクロマネジメントによる介入を行い、基礎的な読み書き計算の到達度を高めることなら、高校教育段階でその水準を高めるよりも容易とされている。[20]しかし、教育改革の担い手たちは、より高次の学力を育む洗練された学習形態の開発に向けて、何が必要かを認識し、それに取り組む必要がある。

大規模な教育改革の必要性が叫ばれ、追求すべき能力に力点が移る中で、かつて「効果的な実践のために重要なことは命令することなどできない」[21]と考えた変革理論家たちも、今ではその逆を信じているように思える。[22]しかし、実際に彼らが証明してきたのは、「それほど重要ではないことは命令できる」ということであった。すなわち、研修の担当者の実践を教師に模倣させたり、(圧力がなくなり焦点が変われば短期間で消え去るかもしれない)カラオケカリキュラムとも言うべき台本型パフォーマンスを量産させたりすることはできても、知識社会に備えるために深く複雑な教えと学びを長期的に追求するよう教師たちに命令することはできない、ということを逆説的に証明してしまっているのである。

リンダ・マクニールは、テキサス州で歓迎されていたスタンダード・テスト運動が、マイノリティの子どもたちの習熟をいかに台無しにしたのかを示している。不十分でありながらも一部で達成されていた教育成果をなぜこの運動が台無しにしていったのか。それは、それまでは創造的な教授法と統合型のカリキュラム改革によって教師がマイノリティの子どもたちの学びのスタイルや独特の文化的関心に応答できていたが、この運動がそれらを除去するものであったためである。[23]ネル・ノディングズはさらに踏み込んで次のように予測する。すなわち、標準化による強制的な学力測定が蔓延していくと、全ての子どもに向けてあらゆる水準で設定される学びのスタンダードが改善されないとき、公教育システム全体は失敗と断定され、競争入札に出されることになる。[24]

これらは、知識経済で求められる教育的で経済的な独創性を教師が若者（少なくとも全ての貧困層の若者）に育む上で何一つ役立たない。ましてや、知識経済を乗り越えて市民生活に貢献するために必要なかかわりと経験、そして社会関係資本を発達させることもない。ケアの代わりに抑圧が、専門職性の代わりに規定が、深く掘り下げる学びの代わりに表面的な成果が蔓延している。しかし、創造的で文明的な知識社会にこれら抑圧と規定と表面的な成果は不要といえる。

教師たちは、知識社会が生み出す競争的な圧力と期待の中で、地獄のトライアングルに囚われていく。教師たちは知識経済を順調に成長させる触媒でありながら、知識経済がもたらす社会的破壊に対して効果的に対抗する存在であり、そのような専門職としての頂きを目指して日々奮闘している。それにもかかわらず、教師たちは同じく知識経済のコストに対する市場原理主義者たちの反応によって常に足を引っ張られている。公教育のための制約的な支援、抑圧的官僚制がもたらすマイクロマネジメント、教師の個性を貶める非難と恥辱などの軽蔑的言説の中で、あまりに多くの教師たちが知識社会の触媒であり対抗者である代わりに、次の８点を強いられ、知識社会の被害者となっている。

・標準化された学習内容を記憶するよう子どもたちを指導する。
・言われたとおりに教えることを学ぶ。
・政府の優先事項のもとで現職研修を受ける。

・懸命に働き、孤立して一人で学ぶ。
・保護者を消費者や不平家として扱う。
・情動労働に従事する。
・厳しい規則遵守の下で押しつけの改革に対応する。
・誰も信用しない。

知識社会の被害者である教師たちは、教育活動において学びを深く掘り下げ、子どもたちの情動的な活動を促進するのではなく、標準学力テストに向けて子どもたちを指導することに明け暮れている。ソクラテスは「吟味を欠いた生《せい》など生きるに値しない」と言うが、教師にとって生きるに値しないのは過剰に吟味される生であり、そのことが問題なのである。多くの教師たちが指示どおりに教えるよう圧力をかけられており、様々な特色を活かして上手に教えることや、学びの基盤となる他者とのより良い関係を子どもたちが結べるようにすること、これらのために学ぶことができないでいる。教室実践に関する最も優れた研究も教師にとっては押しつけのものであり、教師が自身の教室の状況を専門職として省察し、応用する源泉にはなっていない。教えることと学ぶことは、エビデンスによって知性的に裏づけられずに、必要とされる結果に従って推進されるばかりである。教師たちは、専門職としての学びと発達を継続して経験するのではなく、政府や地方行政の優先事項に沿った（たいていは不十分な）現職研修を受講させられる。教師の仕事にはチームや集団内の同僚からの支えが必要で、ともに学び合う機会が重視されなければならない。しかし、教育資源が限られ、教育要求が高まり、優先事項が命じられることによって、教師たちは一人で働き、一人で学び、一人で変化に対応せざるを得ず、腐敗した個人主義の中で時間に追われる生活を強いられている。さらに、保護者との連携や関係づくりは子どもたちの学びを支えるために決定的に重要であるにもかかわらず、学校は保護者を消費者として扱い、連携や関係づくりをいわゆる市場取引の機会へと曲解、あるいは、学校を妨害する不満家として保護者を位置づける防衛的対応へと還元している。

教師たちは、厳しく無神経に押しつけられた変革のもとで、自らの情動的な世界を覆されたことにも気づいている。教師たちは、生徒にとってより意味ある存在となれるよう自らの情動知性を活用し、生徒たちが周囲の人々との情動理解を構築できるような関係づくりに時間を費やす代わりに、アーリー・ホックシールドが言う「情動労働」[25]（その職によって求められる「正しい」情動を感じて表現する努力）に従事しなければならなくなっている。情動労働は、その職業において期待され承認される情動と合致するよう、自らの情動を歪曲ないし覆い隠すときに生じる。労働者に求められる情動労働は職業によって異なる。葬儀屋は気遣いができなければならないし、借金取りはイライラしているように思われなければならない。看護師は、適度な距離をとって、患者をケアしなければならない。教職においては、楽観さ、情熱、そしてケアの気質が毎日のように要求される。情動労働は偉大なる職業的美徳であり愛の労働であるに違いない。もしもそれがないのなら看護と教職は何の価値もないだろう。しかし、ある状況下では、情動労働の効果は歪んでしまいかねない。例えば、人々が自らの情動労働を自分ではなく他者の目的のために活用しなければならない場合、あるいは仕事の状態が情動労働を達成不可能にする場合に、その効果の歪みが生じる。テストの点数をあげるために標準化された知識を教えたり、教室の実践や同僚関係の構築とは無関係な職務に忙殺されたりしていれば、情動労働はその当事者のストレスを高め、やる気を奪い、士気をくじいて消耗させる手段へと変貌する。もしもあなたが過重負担を抱え、生徒たちを適切にケアする時間がなく、政府からの批判に絶えずさらされ、同僚と協力して活動する機会がほとんどなく、孤独な状態で変革に取り組まねばならない場合、真

	知識社会に備える触媒者としての学校と教師	知識社会を乗り越える対抗者としての学校と教師	知識社会によって犠牲者となる学校と教師
学びの捉え方	深い認知に基づく営み	社会的で情動的な営み	標準化された職務遂行
専門性	学び	成長	研修
同僚性	チーム	グループ	個人
保護者に対する見方	学び手	パートナー	消費者・クレーマー
情動	知性	理解	労働
気風	変革とリスク	持続と安心	恐怖と不安
信頼の対象	実践過程	人々	誰もいない

図3-1　知識社会の学校と教師

に楽観的で熱意をもち続けることなど困難である。[26]

このような厳しい風土の中では、教師たちは、安心と信頼にあふれたかかわりを築けず確固たる足場のもとでもリスクを冒せず、連続的な改善に関与することもない。むしろ恐怖を覚えながら、気まぐれに訪れる次の改革を待ち、絶えざる評価と監査に直面し、学力テストの結果に絶えず心配し苦しむことになる。

また、教師たちは上司を信頼しないし、上司からも信頼されていないと感じるようになる。知識経済はリスクを糧に成長し、信頼に依拠するものだから、低い信頼と強い不安感は知識経済にとっての敵となる。図３－１は、知識社会の触媒者や対抗者となる学校と教師の姿を描くとともに、知識社会の犠牲者となる学校と教師の現実を示している。

標準化を推し進める政策

標準化を大規模に推し進める改革は、知識社会の教師たちにいかなる影響をおよぼしたのだろうか。これに対する回答は世界中で示されている。[27] 本章と次章では、知識社会に向けて標準化を推し進めた改革とその帰結に関して、二つの明確な事例（ニューヨーク州とカナダのオンタリオ州）に焦点を当てる。それぞれの舞台は、世紀の変わり目においてスタンダードを基礎とした改革を推し進める重大な運動を経験した。その政策は大規模であり、ハイステイクスで不可避的であるとともに、システム化された教師に対して圧倒的な影響をおよぼすものであった。

これら両方の事例では、より高度なスタンダードを真っ当に追求しようとする思いが、魂を欠いた標準化によって非生産的な強迫観念へと変質している。私たちが集めた証拠は、教師たちにとって知識経済に必要不可欠である柔軟性や創造性が奪われていることを示すだろう。教育のダウンサイジングと標準化は、教師の協働を蝕み、リーダーシップを枯渇させ、教師自身の専門職としての学びへの投資を減少させたため、知識を基礎とした組織に不可欠である集合的な知性を破壊している。一方で、標準化はトップにいる成績優良校には的外れで、そのエネルギーを枯渇させ、他方では、到達基準に届かない底辺にいる学校と生徒に対し、排除を推し進める。排除の高まりは、経済の繁栄が依拠する人々の才能や集合的な知性の蓄積をますます枯渇させる。無慈悲な標準化に直面し、疲弊して士気を失った教師たちは、辞職や早期退職を考えるようになる。つまり、標準化を推し進める改革は、知識を基盤とする専門職の雇用維持という労働力確保の問題を引き起こすのである。

本章と次章では、強迫観念によって教師に押しつけられる魂を欠いた教育の標準化が、知識経済における教育と経済の再生にとっていかに受容し難いものであるかを明らかにする。その上で、第5章では、知識社会の中でも傑出した取り組みをみせる学校に注目し、教育の標準化の嵐の中でもその特色あるカリキュラムをいかに開発し、いかに持続することができるのかを検討する。

私は、二つのプロジェクトの同僚たちとともに、ニューヨーク州の高校3校とカナダ・オンタリオ州の高校9校において、教師たちへの標準化された改革の影響力を調査してきた。そのプロジェクトの一つは、イヴァ・グッドソンと共同で行われ、スペンサー財団によって資金提供を受けた。そこで私たちは、八つの高校（ニューヨーク州3校、オンタリオ州5校）において、過去30年にもわたる教育改革への教師の経験を回顧し、その検討を行った。[28] また、1980年代末以降から2003年までに教育改革に取り組んだ教師だけが対象ではない。1970年代と1980年代に教職に就いていた200人を超える教師たちにもインタビューを行った。私たちのデータは、教師たちへの再三にわたるインタビューと、保護者やかつてのスクールリーダーたちへの追加インタビュー、学校の継続的な観察、そして学校や学区から得られた膨大な資料記録から構成されている。私たちは、これらのインタビュー・データを文字におこし、詳細に分析し、プロジェクトチームで開発した共通フォーマットとテーマで検討していった。その結果、各学校の事例研究を多角的に分析することができた。こうした事例研究によって、その後の教育改革に対し、実践の持続能力に作用する諸要因をクロスし、事例分析していった。

本章では、ニューヨーク州南部のブラッドフォード学区という都市学区における三つのプロジェクト校に注目する。対象校は、マグネットスクールであるバレット校、小規模オルタナティブスクール[iii]のデュラン校、そして生徒の貧困問題などに対処するシェルドン校である。本章の残りの引用箇所は、これらの学校の教師たちへのインタビュー記録からである。

ブラッドフォード学区はアメリカの他の都市と同様、過去20年にわたって劇的な人口移動を経験してきた。郊外へのホワイトフライト[iv]によって、主としてマイノリティで、特にアフリカ系アメリカ人を中心とする貧困層が都心部に残されてきた。学区統計によれば、１９８５年の学区生徒の40％が貧困の中に生きており、その割合は5年間で69％にまで上昇していた。１９８９年には、学区生徒の62％がアフリカ系アメリカ人、18％がヒスパニックとなっていた。

こうした人口動態に対応すべく、ブラッドフォード学区は１９８１年にマグネットスクールの創設に取りかかった。マグネットスクールとは、人種隔離状況を自発的に改善するために連邦政府の方針によって１９７０年代半ばにつくられた学校で、レーガン政権および初代ブッシュ政権下で市場競争と学校選択を促進させる目的が付加された。[29] この新しい試みはクリントン政権下でも継続し、人種隔離の撤廃と優秀な学業成績をともに強調するという異常な組み合わせを維持していった。

バレット校は、かつては校内暴力、低い出席率、高い貧困率、そして低い学業成績で有名な学校であった。それが、１００万ドルもの連邦補助金の投入によって選ばれし最良の学校となり、新設校の使命に魅力を感

iii　一般的な公立学校における定型的なカリキュラムとは異なって特殊な教育内容や教育方法を採用する学校、または新たな運営形態を採用する学校のこと。通常の公立学校を「代替する」という意味でオルタナティブと呼ぶ。アメリカでは単独校としての運営の他、通常の公立学校の内部に別組織としてつくられる「学校内学校」の形態も見られ、その在り方はきわめて多様である。

iv　ホワイトフライトとは、上流ないし中流の白人家庭が非白人の多い都市中心部（インナーシティ）から郊外や準郊外地区へと居住地を移していく人口動態現象のこと。

じる教師や管理職を動機づけ、安全な学習環境と高度な学術的経験を求める中産階級の家庭を魅了することとなった。バレット校は瞬く間に学区の花形校となり、数年のうちにアメリカのベスト150校にランクインし、ついには国のトップ10に入る学校となった。

しかし、マグネット（磁石）は、引きつけるだけでなく反発もする。他校はバレット校の隆盛によって損害を受けていた。シェルドン校はその一つである。シェルドン校は、1960年代初頭には高い学業成績で評判の大規模総合高校であった。ところが、人種差別撤廃の努力によって非白人生徒の割合は1966年の10％から1970年の25％に増え、校内の人種構成が多様化し始めたところに、1970年代初頭の人種暴動が起こり、伝統的な規律によってもその暴動を回避できない状態にあった。その結果、多くの白人家庭は郊外の学校や私立学校へと転出し始めることになるが、シェルドン校は、その後も約10年間にわたってまずまずの評判を保ち続けた。しかし、その評判もマグネットスクールによって学業的あるいは芸術的に最も力のある生徒たちが離れていくまでの間だった。シェルドン校の教師たちはこれを第二のホワイトフライトとして説明する。

一方、この変遷と同時に、近隣にあった暴力などの深刻な問題を抱える貧困地域のアフリカ系アメリカ人の高校が閉鎖してしまった。その結果、その学校の多くの生徒と多くの職員がシェルドン校へ転入することとなった。この転入をきっかけに、貧困地域の生徒たちがますますシェルドン校に引き寄せられるようになり、逆に高い学業成績をあげる生徒たちは離れていった。この一連の現象が都心部の連続的な社会経済的衰退と結びつき、1989年までにシェルドン校の生徒の50％が貧困層となり、10年後には貧困層の生徒の割合は70％に達する事態となった。現在のシェルドン校はもはや当たり前のように「特別支援教育マグネットスクール」という皮肉なレッテルを学区において貼られている。

１９８８年、ブラッドフォード学区ではマグネットスクールのための連邦補助金が減少してもなお、競争によってさらなる学校改善の努力を進めようと、第9学年から自由入学方式（通学区の自由化）と学校選択を導入した。この政策は全ての学校で公正さを実現するために、生徒たちの成績を四つのカテゴリーに分類し、学校選択に伴う学力分散を統制するものでもあった。１９９０年代になると特別支援教育における包摂化が進み、多様な生徒たちや教師たちが学区の普通学校に通うようになった。一方、これらのことがマグネットスクールであるバレット校の評判を落とさないよう、学区はバレット校に対して権威ある国際バカロレア[v]を導入させていった。

ブラッドフォード学区が採用したスタンダードを基礎とした改革（１９８０年代にアメリカで出現した運動）は突発的な行為というよりは教育への侵害の過程であった。１９８０年代後半、州は5教科（以前は３教科）でコンピテンシー・テストの実施を法定化した。これは１９９０年に6教科に拡大され、卒業要件の単位数は１９８６年の20・5単位から１９９１年入学生には23・5単位まで拡張された。学区は１９９０年代初頭にポートフォリオ評価と「真正の評価」を並行して試行していた（例えば、学区は英語教師にポートフォリオ評価を命じていた）が、その後１９９０年代後半になると、新テストを州の新たな教育スタンダードと結びつけ、より厳格にその運用を始めた。生徒は認定5科目の卒業試験に合格しなければ卒業できなくなった。

ブラッドフォード学区におけるスタンダードを基礎とした改革において、１９９８年に第9学年となる生

v　国際バカロレアとは、１９６８年にスイスに本部を置く財団によって設立された国際的な教育プログラムと修了証明のシステムである。初等教育課程、前期中等教育課程、後期中等教育課程があり、それぞれに履修基準が設けられ、課程修了時には修了試験を課すこととなっている。

徒たちの卒業要件はより具体的かつ厳格に規定され、彼ら／彼女らは卒業するために5科目中4科目を55点以上でパスしなければならなくなった。その一年後に第9学年となる生徒たちは、同スタンダードで5科目全てにパスしなければならなくなった。２０００年入学の生徒たちに課されるスタンダードはさらに厳格になり、5科目中3科目でそれぞれ65点をとらなければならなくなり、この点数は２００１年の入学者には全5教科にまで適用されていく。数学と科学の必修期間も2年間から3年間へと引き上げられている。これらの評価は、州の全ての学校と学区を試験の点数によってランクづけし、試験の点数に付随して公に「報告カード」を示すなど、極めてハイステイクスなものとなっている。

ブラッドフォード学区は、１９９７年の個別障害者教育法の改訂結果を受けて、卒業要件と結びついた学力テストの受験対象に特別支援教育の生徒たちを含めるよう要求するようになった。当初、特別支援教育の生徒たちは、5科目においてより基礎的な「コンピテンシー・テスト」を受けるよう求められ、その水準に見合った卒業証書を授与する予定であった。しかしながら、最終的に特別支援教育の生徒たちまでもが、主要科目五つ全てにパスしなければ卒業できなくなったのである。

これらの変革は全て、教師の労働条件の複雑な変遷と同時に起きている。１９８７年に学区と教職員組合は画期的な合意を行った。それは、教師たちが多くの改革に関与し責任を有する見返りとして、給与を40％も高めるものだった。しかし同時に学区組織は再編され、より大規模ユニットに行政職が配置されるようになった。また、ブラッドフォード学区の教師たちは21世紀以降の最初の5年間で退職予定者が30％になるまで高齢化していた。

標準化される実践

これらの変革が、知識社会に備え、知識社会を乗り越えるための教師たちの教育実践におよぼす影響は多大なものであった。その影響は特に、カリキュラムと授業、周縁化された子どもの排除、教師の仕事と人間関係に顕著に現れていた。

カリキュラムと授業

ブラッドフォード学区の教師たちにとって、スタンダードを基礎とする改革が最も明白に影響をおよぼしていたのがカリキュラムの自由と柔軟性についてである。これらの影響がとりわけ強く感じられたのは、オルタナティブスクールであるデュラン校においてである。なぜなら、当校では教師が自らの手で生徒のためにカリキュラムを作成し、生徒の学ぶ意欲を高めるよう調整を行っており、それがこの学校の誇りだったためである。カリキュラムに対する要求が強まり始めた１９８０年代中期以前においてさえ、

さらなる単位要件が生徒たちに突きつけられたことで、私たちはより厳格な教科プログラムを創造しなければならなくなったんだ。まだ柔軟性を保っているとはいえ、(かつて保持できていた) 子どもたちが成長し探究する多くの時間が省かれるところまできているよ。

１９９０年代後期までにコンピテンシー・テストとその要件が教師たちに強要してきたことは、生徒たち

に提供可能な科目選択の幅を狭め、カリキュラム選択の幅を狭め、学際的な教育機会を制限することであった。加えて、核となる試験科目とコース数が増加されたことで1年ないし2年の長期にわたる準備が求められ、異年齢集団の中で授業を行う可能性が縮減していった。

このように、必修化され強化されているカリキュラムをカバーすること、「PRのために見栄えのいいものは何でも」生み出すこと（バレット校）、生徒たちに試験対策を行わせることなどが強く要求された。こうした要求は、「カバーするカリキュラム量を強調しすぎると、本気で取り組むべき実践が全てうわべだけのものになってしまう。つまり質と量の問題なんだ」（シェルドン校）ということである。当然のことながら、デュラン校の教師たちはより「直接的な授業」を生徒に提供せねばならず、教師たちはデュラン校が「生徒たちが学ぶつもりのないこと」を強調せざるを得ない場所となっていることに非常に憤慨していた。こうして、知識経済において最も尊重されるべきあらゆる事柄（創造性、自発性、深い理解、批判的思考、集合的な知性の多様な形態の開発）が、教師の教えと生徒の学びから失われていった。

ある教師は、これまではもっと柔軟性があり、午後の授業では「生徒たちが興味をもつことを最も大事にしてきた」という。しかし現在では、授業が「州テスト向けのものとなり、より教師主導型になっている」と説明する。その教師はかつて、「私は子どもたちに確実に理解させることを基本にして教えます」と説明していたが、現在では「カリキュラムをわからせること」やテストのために準備させることが全てであり、「非常にストレスが溜まる」と述べている。別の教師はかつて、アメリカ先住民の歴史、倫理、ベトナムを取り上げる授業の中で、生徒たちに地球市民としての自覚を育む主たる方法として生徒主体の参加型授業を実践していたが、これらの授業は現在では「アメリカ史Ⅰ・Ⅱ、世界史Ⅰ・Ⅱに変換された」と述べている。

他にも、授業に関する次の教師の説明に見られるように、教育実践に対するハイステイクスなテストの影響は生々しい言葉で描写される。

ある授業では、人間はいかに学ぶのか、多重知能、それから協同学習に関するハワード・ガードナーの理論に基づいて文献が選ばれ、教師カリキュラム協会の方針に基づき授業が進められていたんだ。約一週間がすぎてから何人かの生徒がこう言った。「今年はずっとこのように授業をするのですか」って。そのとき、私はオーバーヘッドプロジェクターを使って生徒たちにノートを取らせていたんだけど、生徒たちの手を止めさせてこう言った。「残念だけど、現状ではたぶん続けなきゃならないだろう。テストを意識してきたけどそれだけじゃない。テストの見本やテストの内容、内容、内容……。学区で定められた教科書を使わないでみんなにテストを受けに行かせるわけにはいかないんだよ」と。するとたいてい生徒たちは「先生、この本を使ってよ」と言うんだ。その生徒たちは（州テストの）への備えはできている。彼らが手に取った本は教師カリキュラム協会の教材とは雲泥の差があるんだ。前者は読みのレベルがずっと困難で、後者は証明型、思考、批判を促す問いよりもむしろ内容の詰め込みで、多くの年号や語彙を確認させるテキストだった。私はさらに言った。「みんながテストを意識しなくちゃならないことと同じくらい私はちっとも幸せじゃない。でも、どのようにサーカスの輪をくぐるのかを君たちに教えていないとわかったままで私は人生を歩むことはできないんだよ」と。私は個人的にも、そして専門職としても、生徒たちの望む授業をすることができなかったんだ。

バレット校で多くの教師たちが不満を述べるのは、「試験にパスすることに焦点化すること」で生徒たちを「過度にテスト重視志向」にし、「テストのために教え」なければならなくなったことであった。ある管理職は、「1月の中間試験にパスさせるため、教師たちは9月から1月までの5ヶ月間、試験に必要な単元をカバーしきれるよう一定のペースで授業をしている」と説明した。また、バレット校の特別支援教育の教師が次のように述べるように、最も被害を受けていたのは学校で最も優秀な教師たちであった。

今後も多くの生徒が、この方法で学ぶことになると州政府は言っているようだ。でも私は、この方法では何かを失っているように思う。生徒への期待値を高めることは良いことで、それは教師にとっても間違いなく良いことだ。生徒たちはいつも高い期待を受けるようになって、どんどんと教材から学びを重ねているようだ。でも、それでは学ぶことの過程を楽しむことが教えられていないし、そのために教師も時間を使えていないと思う。生徒たちに本を読ませても、生徒たちは読んでいるものについて深く議論もできていないだろう。生徒たちが自分の興味ある対象を徹底的に調べて、考えて、関連する本をさらに取りあげて読む、こういった学びからもほど遠いものなんだ。こうした授業と生徒たちの学びは、彼らの成績を上げるために従わねばならないレトリックを教えることに教師たちが途方もない時間を費やすことになり、優れた教師たちの力を大いに損なうものなんだ。これでは、生徒たちの関心はどこにも焦点化されていかない。それでも教師たちは、生徒たちがテストを乗り切るために何をする必要があるのか、そのために教師は何を行わなければならないのか、こんなことを常に言われ続けているんだ。

多様性と分離

全ての教師がスタンダードを基礎とした改革を嫌うわけではない。バレット校の教師の大多数は、優れた成績を生徒たちに期待する自校の伝統を支持するがゆえ、スタンダードには賛成だと語っていた。「それが私たちに適した改革であるのかはわからない」と語るある教師は、スタンダードが生徒たちに高い期待を設定するために、できるだけ多くの生徒が試験を受けることを是認していた。また別の教師は、「教師の仕事は生徒たちがスタンダードに達しているのかを確かめることだ」という考えを述べ、別の英語教師はより幅広くスタンダードの文脈を指摘していた。

私はアメリカズ・チョイス[vi]の学校やNCEE(National Center on Education and the Economy)[vii]でいくつかの仕事を手掛けてきたんだ。これらの仕事では驚くほどスタンダードが基礎になっていて、それは現在の州やこの学区で私たちが期待する項目にも実に適合的だと考えている。だから、国家、州、地方学区の要件が示され、目標が統合されるのも理にかなっている、と私は思っているんだ。

高くランクづけされ、常に優れた成績を収めるマグネットスクールの教師たちの多くは、自らのスタンダードに安心感を抱き、それゆえにスタンダードを基礎とした改革にも居心地の良さを感じていた。また彼らは、改革の主たる目的と価値が他校で苦労している教師たちにとって、何らかの方向性を与えると感じていた。ある教師は、「新しい州テストは多くの人間を目覚めさせ、これまでにも行わなければならなかった仕事を教師たちに取り組ませたと思う」と述べた。これと似たように、別の教師たちは独善的な調子でこう語

vi　成績が停滞する学校に改善のための解決策を提供する学校改善プログラムの名称。
vii　スタンダード、授業システム、評価のデザインなどを主眼として最善の教育システムを調査研究する非営利民間団体。「アメリカズ・チョイス」の開発と普及にも携わった。

っていた。

私は、新しい総合試験は良いアイデアだと考えるね。なぜなら、そのテストによって学校内でも、そして州全体においても、高い学習スタンダードを維持できるから。今の学区では、同時期に全員が受験する中間試験を核として実施したがっているんだ。私たちはこれまで精一杯仕事をしてきて、他校ほど厳格に仕事をしない人たちのことも見てきた。だから私はこう思うんだ。あなたはスタンダードのハードルをたやすく下げられると考えていると。そして、あなたのいる集団が多様な能力をもつようになると、単純に成行き任せを始めることになるのではって。「ううむ、まあ、生徒たちがこのレベルでうまく学べないなら、レベルを引き下げ続けるしかないだろうね」というように。だから私は、スタンダードを高く保つことが望ましいと思う。

スタンダードを基礎としたカリキュラムの全体的な理念は、私がここに赴任してから18年の間に本当に表面化してきたと思う。また、たぶん良い先生たちはそれと同じ目標をこれまでも目指してきたんじゃないかな。でも、これはある層に対してテコ入れを行う方法なんだと思う。ある層というのは、全ての生徒を最終的に望ましい水準へと到達させる、必要とされるプログラムをつくる方法を知らない人たちのこと。だから私は、スタンダードにはとても満足しているよ。

バレット校内でこの対極にいるのは、特別支援教育や第二言語としての英語を教える教師たちである。彼らは、スタンダードを基礎とした改革が言語や学びにそもそもの困難を抱える生徒たちにもたらすインパクトに対して、極めて批判的な立場にいる。

この州の子どもみんながリージェンツ[viii]の生物の試験を受けなければならないのは、茶番であり悲劇よ。だって、高校の卒業証書をもらえない子どもたちが一定数いるんだから。高校の卒業証書の意味は、細胞の核が何かを知ることでもなく、核がどんな性質をもつのかを知ることでもないの。一部の子どもにとってそれは重要じゃないのよ。一方で、特別支援教育の子どもたちは制限酵素とは何か、罪や醜態とは何かを知る必要があると私は自分に言い聴かせているの。

州が定める総合的な卒業証書を全ての子どもに与えようとする話は非現実的だよ。卒業証書が全ての子どもに特定のレベルへの到達を求めれば求めるほど、ボトムラインにいる子どもたちのために全体の水準を下げるか、あるいは多くの子どもたちの失敗のためにスタンダードを設定することになる。全ての子どもが州の設定したこの特別なレベルに到達するわけではないんだ。特に、特別支援教育の対象となる子どもたちも、みんなと同じレベルに到達しなければならないのなら、その子どもたちは真の卒業証書を得る見込みは初めから無くなってしまうことになるよ。

第11学年の英語の総合試験には二つのセッションがあって、各セッションは3時間かかることになる。そして、多くの子どもがこのテストを完了するために時間を延長することになった。子どもたちは3時

viii　ニューヨーク州全体で高校生を対象に行われる標準テストの名称。生物学や代数学などをコア教科として設定する。好成績を収めた生徒は表彰される。

間の試験のために、おおよそ4時間30分も着席するわけ。また、その試験にパスするのはごく少数だから、この改革は子どもたちを試験に失敗させるために9時間も着席させるわけ。それが子どもたちに与える報酬で、コンピテンシー・テストの受験許可なんだ。

貧困やマイノリティの生徒の割合の高いシェルドン校の教師たちもこれらの意見に同意した（けれども、興味深いことに、白人と中産階級を「顧客」にしていたオルタナティブスクールであるデュラン校の教師たちはこれらに同意しなかった）。課題を抱える多くの生徒も順応できるようにスタンダードを自滅的に低めず、スタンダードは多くの生徒を失敗させる。またそれゆえにスタンダードを基礎とした改革は最終的には崩壊するというノディングズの批判にシェルドン校の教師たちは共感していた。[30]

この改革は、より高いレベルに水準を引き上げて、子どもたちみんながよりハイレベルで働けるようにする試みだと理解している。でも、自分のクラスの半分以上が成績不振だった場合、水準を引き上げることが子どもたちを本当に助けることになるとは思えない。だから、この最新の改革は、ある意味で近視眼的な学業プログラムを全員にやらせようとするものだ。誰もがそれを満たせるとは思えないんだ。

学区の教育長は、全ての子どもが学術プログラムを受講することを3年前に決定した。申し訳ないけど「ふざけるな」だよ。私が行う第5期と第6期の教室で何日か授業を見ればわかる。子どもたちが学術志向でないのは、私が宇宙飛行士でないこと以上に明白だよ。子どもたちは本来よりも3年から4年も読解レベルが遅れて入学してくる。書く能力も全くもって酷い状況なんだ。それでも、子どもたちを学術プログラムに入れろって言うのかい。

要約しよう。スタンダードを基礎とした改革はニューヨーク州の教師たちの間でも異なる反応を生み出している。中産階級の生徒を受けもつ学術志向を有する教師たちは、その改革を積極的に肯定し、あるいは、生徒たちがスタンダードをすでに満たしていると感じており、それに順応することが比較的たやすいと考えていることが明らかとなった。これらの教師たちは、いささか善意を装うかたちで、自分たちの学校よりも優秀でない学校のパフォーマンスをスタンダードの押しつけによって向上させることが必要だと考えている。それにもかかわらず、貧困やマイノリティの生徒の割合が高い学校の教師たち、あるいはより排除されやすい特別支援教育や第二言語として英語科目を教えている教師たちは、スタンダードを基礎とした改革が恵まれない子どもたちの魂に造作なく深い失敗を刻み込む方法だと失望している。これらの教師たちの反応は、この改革が一見すると共通で中立的なスタンダードを示しているように見えて、実は中産階級の生徒たちを好み、それ以外を排除し、さらに過小評価すること、またそれによって憂慮すべき有害で不誠実な帰結をもたらすことを指摘している。これらにより、人々のコミュニティを構築し、包摂的なかかわりを実現し、知識社会を乗り越える若者を育むことはもはや不可能である。ましてや、知識経済のために必要とされる集合的な知性や人々の才能の泉を開発し活用する方途でもありえない。

教師の仕事と関係性

スタンダードを基礎とした改革というマイクロマネジメントの手法は、教師の教育実践に、教師の受けもつ生徒たちに、そして教師自身の仕事と教師同士の関係性に悪影響をおよぼしてきた。ストレス、バーンアウト、喜びや意欲の喪失、また教職からの撤退を口にする者もいた。バレット校の２人の教師は次のような言い方をした。

人々が州の規制、教育委員会の試験、卒業のための州の規制、特殊教育の生徒のための州の規制などに追い立てられていると思うことがある。そして、外部から設定されたスタンダードを満たすことに目標のほとんどがあって、私たちが教室で行うことや、それを楽しもうと考えることに時間を使えなくなっているんだ。そうするとさらにストレスがかかって、これまでの実践と同じように楽しみを見出せなくなってくる。私は他の先生方がストレスを感じている姿を目の当たりにしているし、やれと言われる書類仕事のストレスも目に余るものがある。こうしたストレスによって、子どもたちに対して、授業に対して、そして日常的な仕事に対して献身する価値が損なわれることになるんだ。だって、対処すべき他の色々な事項で私たちは手一杯なんだから。私にはそれが実にネガティブなものに感じられる。

私がバーンアウトしているように見える？　そう、そのとおり。まさしく燃え尽きようとしているわ。だから、できるだけ早い時期に退職するつもり。私は、退職してボランティアとして子どもたちの個別指導をしようかなって思っているの。もしそれを始めるのなら、特別なニーズを抱えた子どもたちと活動する（ことになるだろう）し、辞めるまで間、目の前の子どもたちがこれ以上の問題を抱えないよう支援するつもりよ。退職後は当然のことだけど、日常をどのようにすごすのかを決定させないような州議会の議事堂はもういらないわ。

デュラン校では、何人かの教師たちが仕事と家庭を切り離すことでストレスに対処していた。ある教師は「私は、やる気が出なくて仕事にあまり時間を費やしていない。仕事をしていて『それが何になる？』という気持ちに陥ることがある」と語った。週末になると、「もう帰るわ。また月曜日に会いましょう」と別の教師は言い放つ。学区の退職制度を受け容れた別の教師は次のように述べている。

私はまだ教えることに胸を躍らせている。まだ学ぶことに胸を躍らせている。まだ子どもたちに胸を躍らせている。それでも、私はこの改革システムの中で教育に取り組むことはできない。なぜなら、改革によって私は憔悴しきっていたから、改革と戦うことにもう疲れてしまった。[31]

教師たちは自らの創造性や自発性が喪失させられ、精根尽き果てていた。また、自律性が剥奪されることで大いに傷ついていた。教師たちは「自分のねらいをはっきりと伝え」、授業について創造的な能力に価値があると口にするものの、「自律性の感覚、つまり高いスタンダードで自分のカリキュラムを創造する能力が、人工的な何かによってふさわしくない場所へ放り投げられねばならな」くなり、「やりきれなさ」を感じているのである。ある教師は「悪魔に魂を売り払っている」と言った。またその同僚教師は「専門職としての判断や自律性が奪われている」と嘆いた。この教師がこれまでに学び積み重ねてきたことの全てが、現在では価値がないと見なされているようだった。

私は、教えかたを学ぶこと、そして子どもたちがなぜ学ぶのか、いかに学ぶのか、子どもたちの学びを援助するために何ができるのかを学ぶことに何年もの時間を費やしてきた。そこで突然、「違う、そんなことに意味はない。全く意味がない。私たちが何を教えるのかを教えてあげよう」と州が言うんだ。本来なら、私が教え方を教えてあげたいくらいだよ。

スタンダードを基礎とした改革は教師たちと他者との（とりわけ同僚との）関係にも影響をおよぼしていた。この改革は教師たちの協働する力を蝕んでいったのである。デュラン校の理事長は、「1日60％～70％が州のテストに抗うことに費やされており、生徒や同僚たちとともにすごす時間が妨げられている」と不満を述べた。同僚同士で一緒にすごす時間や新しい職員を指導する時間がほとんどないようだった。教師たちの優先事項はテストスコアの目標達成に置き換えられ、同僚たちと質の高い学びを実現することから遠ざかっているのである。

ニューヨーク州の学校から得られた事実は次のことを示唆している。つまり教師たちは、スタンダードを基礎とした改革が知識社会に備え、知識社会を乗り越える人格やコミュニティの形成にも、そして子どもたちにも何ももたらさないと考えているのである。教師たちは高度なスキルを備えた高い能力をもった知識労働者としてではなく、標準化されたパフォーマンスに関して不満を言う者、綿密に監視された生産者として扱われ、養成されている。より特権的な環境にいる教師たちは、スタンダードを基礎とした改革に比較的容易に順応することができ、ときには肯定すべきことの源泉とみなすことさえある。また、貧困にあえぐ生徒たち、学習困難を抱える生徒たち、第二言語として英語を学ぶ生徒たちが、排他的な不名誉をもたらす公開イベントによって失敗という烙印を押されると、彼ら／彼女らを支えている教師たちは感じている。

他の多数の事例も同様に、ニューヨーク州ではスタンダードを基礎とした改革の実質が学校における教師や生徒の生活にいかなる影響をおよぼしてきたかについて多くのことを明らかにしている。とりわけ専門職として長い経験をもつ教師にとって、スタンダードを基礎とした改革は過酷を極めることになった。教師の自律性を侵食し、創造性を制約し、柔軟性を除去し、専門職としての判断力を抑制する過剰な目標管理によって、専門職業人としての生活が破壊されてしまうためである。第7章で検討するように、この動向によって教職専門性に対する幻滅が教師同士の間でも深く浸透し始めている。また今日は、教師の大多数が21世紀最初の10年で退職する人口激減の時代にある。そして、次世代の教師たちを待ち受けるのがテスト対策のためのマイクロマネジメントに基づくキャリアであるならば、誰もその後を継ごうとしなくなるだろう。しかし、高いスキルを備えた知識労働者としての教師なくして知識社会は存在しえない。この問題は、スタンダードを基礎とした改革の信奉者たちが最終的に対峙しなければならない不可避の経済的で人口統計学的な現実である。

スタンダードを基礎とした改革の実質は、標準化できない教科や、学校で見られるイノベーションを生み出す実践を抑制し根絶する恐れがある。例えば、音楽のような教科は、たとえ何十年も音楽科としての厳格なスタンダードを構築してきたとしても、標準化されたカリキュラム内では過小評価されることになってしまう。あるいは、もしこうした教科がスタンダードに含まれるとしても、皮肉なことに、文書に簡単に記録できるよう内容は削減され矮小化される。そのため、介入を強化する意味においてスタンダード自体を低めざるをえなくなる。[32] 一方、デュラン校のようなイノベーションを生み出すオルタナティブな学校ともなると、標準化に直面する中で自校の特色を持続させにくいことに気づいていく。この点に関しては、後の章でより顕著な事例を取り上げる。イノベーションと独創性は知識経済にとって必要不可欠な要素であるにもかかわらず、私たちの研究資料から判断すれば、ニューヨーク州におけるスタンダードを基礎とした改革は、それらを根絶するかもしれない。

最後に、不活性な知識、再現可能な知識、内容推進型の知識について標準化したシステムにおいて子どもたちを完全に包摂しようと主張したらいったいどうなることだろう。実のところ、標準化はいわゆる「包摂」の対象となる特別な生徒たちを排除してしまっている。それは、到達度のために不適切な基準に従わせることにより、卒業を否定することにより、そして落第や成績不振に世間の注目を浴びさせることにより、排除するのである。ジョニー・フォークとブライアン・ドレイトンは、マサチューセッツ州におけるハイステイクスなテストの影響力について研究し、同様に排除という現象を指摘してきた。[33] 標準化は、完全な包摂を主張することで実際には排除を高める。よって、知識社会に適した集合的な知性が開発されることもなく、また知識社会を乗り越えるための人格やコミュニティも形成されることは期待できない。

第4章

知識社会に脅かされる学校と教師
PART2：誠実さを失うこと

はじめに

知識社会に対する市場原理主義と標準化政策の影響を示してくれる第二の事例はカナダのオンタリオ州である。オンタリオ州では、抜本的な学校改革を政治要綱の一部に掲げた「進歩保守」という矛盾した名前の政党が1995年に政権を握り、他国や他地域よりは比較的遅く市場原理主義が進行した。州政府は富裕層に対する30％の減税を実施する一方で、教育を含めた公共サービスに対する予算削減を全面的に行った。新聞報道では、教育省・副大臣（政府で最年長の官僚）の給与の一部が、彼女の取り組む予算削減の対象と直につながっていることも明らかとなった。しかし、教育改革の実行には「意図的に危機をつくり出すこと」が必要という教育省・大臣の発言がカメラに撮られたことで、教育の質の改善に動機づけられた政府の主張が見せかけだけの不誠実であることが露見した。もっと言えば、同じビデオの中で大臣は「改善しなければ変われない」[1]と宣言し、政府自らの介入によって解決しうる危機を「でっち上げる」という市場原理主義者の意図を暗示した。[2]

これにより、オンタリオ州は未だかつてないほどの最も集中的で広範囲におよぶ改革の時代を迎えた。20世紀最後の5年間に国会を通過した教育改革にかかわる法律数は州の歴史上で最多だった。[3]学区への政府の助成金は厳しく削減され、学区が独自に運営資金や歳入を増やすための裁量も著しく制限されるなど、教育への資金供給は大幅に制限された。[4]これらの制限に他の予算節減対策も相まって、教師たちの労働状況や責任に劇的な変化が生じることとなった。例えば、教師たちの授業時間数が増加し、それに伴って授業の計画と準備に費やす時間が減少した。また、手当がつく管理職（各部門の長やその補佐）の人数は相当数減少し、カウンセリングや特別支援教育、図書教諭の人員も広範囲にわたって縮小した。これらの対策は、異例のペースと範囲でなされた一連のカリキュラムと評価の改革に伴って行われた。改革とはすなわち、公的な教育システム全域での標準化を伴ったカリキュラムのデザインと開発の教育省への中央集権化、高校カリキュラムの5年から4年への圧縮と新しい包摂型カリキュラムの急速な導入、高校プログラムの応用的で学術的な路線への振り分け（流し込み）[5]、9学年での数学試験に続き卒業要件として必要な10学年でのリテラシーテストの義務化、コンピュータ化された報告システムに伴う新しい成績表の導入、２００１年までに7学年から11学年の生徒全員に支援教員を配属する新しい支援教員プログラム、そして、学校での服装規制を施行する様々な規制、校内暴力に対するゼロ・トレランス方式、行政の認可を要しない教師による児童停学措置である。

これらの度重なる政策改革の結果、１９９８年に政府と中等学校教師連盟との間で交渉の末に合意が形成され、高齢化しつつある教職部門に対する抜本的な早期退職制度が提案された。改革の実施とその結果により士気をくじかれたことで早期退職を決断する教師が増加し、実際に、多くの教師や管理職が離職を選んだ。

私は同僚とともに、このような外側からの学校改革構想に対応してきた九つの高校と5年間にわたる共同研究を行ってきた。これらの高校のうち5校は、第3章で論じた「チェンジ・オーバー・タイム？」プロジェクトに参加している学校である。このうち2校は、ポール・ショーと共同運営してカナダ最大学区の協力のもと立ち上げた第二の研究プロジェクト「変化のためのネットワーク」にも他の4校とともに加わっている。このプロジェクトは、都心や郊外にある六つの高校が、改善に向けて努力しつつ、各校が掲げる改善目標と一致する方法で政府の中等学校改革（Secondary School Reform 以下ＳＳＲと表記）政策の実施支援のためにデザインされた。そして、プロジェクト最終年の5年目に、改革計画やその実施に対する教師たちの反応や感じ方を質問紙調査により把握した。[6]

この調査は、政府の改革が教師自身と学校に与えた影響について教師たちに尋ねる質問55項目（四件法）で構成され、[7]最後の自由記述欄に改革に対するコメントや重要と思われる見解を書き足せるようになっていた。調査は2001年5月中の全校職員会議の時間に実施され、調査対象教師は480人、返答率は60％であった。仕事時間が短くなるという度重なる抗議にもかかわらず、半数以上の教師たちに調査協力を賜り、その多くは自分たちの声を伝えようと自由記述欄にコメントや見解を厚く書いてくれた。[8]

本章ではこの調査結果を用いるとともに、その結果を協働で解釈するために依頼した教師グループによるデータへの回答も併せて用いる。また、学校へのSSRの影響やそれに対する返答を議論した学校管理職との毎月の会議で集めたデータも利用する。

私たちと共同研究を行ったオンタリオ州の九つの学校のうち、「チェンジ・オーバー・タイム？」プロジェクトに参加していたのは、カナダで最も革新的な中等学校の一つであるロード・バイロン校、学習する組織として自覚的に運営された高度な組織をもったブルー・マウンテン校（第5章）、技術教育と商業教育の伝統校であるイーストサイド校、文化的多様性の拡張問題に直面し始めた伝統的な進学高校であるタリスマン・パーク校、中産階級が多く文化的に均質な閉鎖的な村から文化的多様性が急速に拡張する都市部へと移行してきたスチュアート・ハイツ校の5校である。

タリスマン・パーク校とスチュアート・ハイツ校は以下の4校とともに「変化のためのネットワーク」プロジェクトにも加わっている。主に中産階級の家庭の生徒たちが通うノース・リッジ校は名高く伝統的な高校で、カリキュラムと評価について高度な専門知識を有する二人の新しい副校長が着任していた。英語を第二言語とする生徒たちが多く通うウェイバーン校は、オンタリオ州の中で9学年ではなく7学年から始まる数少ない高校の一つである。住宅地として最も人気のない都市周辺部にあるデール・パーク校は、同地域の二校の合併により近年設立された高校である。学区で数少ない職業学校の一つであるマウンテン・ビュー校は、あらゆる地域から通う文化的に多様な生徒（多くは特別な支援が必要な生徒）の教育に取り組む高校である。

独創性の破綻

これらの学校の教師たちは、市場原理主義における標準化改革の政策にいかに反応し、経済市場を解放するために公的部門から民間部門へと資金を移動させる縮小状態にいかに対応したのだろうか？ 彼ら／彼女らは市場原理主義の状況下で、知識経済に備え、知識経済を乗り越える創造的な教えのためにいかに闘ってきたのだろうか？

本章の分析ではまず、カリキュラムと評価の領域において改革が起こす変化の実態を考察し、次に、改革の実施過程と変化の傾向、そして、内容の変化に伴う教師たちの労働状況の変化を考察していく。

カリキュラムと評価

「変化のためのネットワーク」プロジェクトに参加する6校の教師たちは、カリキュラムの改革内容に一様に反対したわけではなかった[9]（表1）。教師たちの多くは、カリキュラムが提示する教育の質や生徒たちの学びにもたらす向上点を評価し、その要求を自身の実践に難なく取り込むことができると感じていた。各教科において、新しいカリキュラムの内容の多くは知識経済で必要とされるスタンダードや創造性を具体化し、実際に表現していた。私たちの調査でも、40%～60%の教師たちが新しいカリキュラムを理解している、自分たちの生徒にふさわしい、異なる文化的背景をもつ生徒たちがかかわり合える、教師がバラエティに富んだ課題を扱うことができるし教授方略の幅を減らすことはないだろう、と回答していた。また、60%の教師たちが以前の教科横断的な9年間カリキュラムに戻りたくない、と回答していた。自由記述欄には、「変化の多くは素晴らしいものだ」、「改革にも、生徒たちに対する明確さや一貫性にも、評価の原則の公平性にも、何の違和感もない」との記述があり、教師たちは改革に「よい点がたくさん」あり、新しいカリキュラムは「悪くない」と考えていた。さらに、一部の教師は「重要な改善」とも記述していた。[10]

一方、教室やカリキュラムの評価に関する変化の内容について慎重な態度を示す教師たちもいた（表2）。約3分の2の教師たちが新しい評価方法を理解したと回答したのに対し、評価方針を全面的に支持すると回答したのはわずか3分の1であった。また、より幅広い評価方略を用いるかどうか、新しい評価により生徒たちを評価するかどうかについての教師たちの意見はきれいに分かれた。しかし、新しい評価方法は無条件で支持された訳ではなく、例えば、約5分の4の教師たちは新しい評価方針の結果として、生徒たちとのコミュニケーションが向上したとか、評価に自信があると感じていなかった。それでも、教師たちの多くは教室における評価の改革を歓迎し、ある教師はそれを「すばらしい」とさえ表現した。

オンタリオ州だけでなく他州においても、カリキュラムや教室の評価に関する改革内容の多くは、これからの授業改善に向けた前途有望な出発点を提示するものだった。オンタリオ州では、最も優秀な教師たちがカリキュラムの標準や内容を執筆していた。その中で彼ら／彼女らの例示する教材は、教師が生徒たちから深く学ぶことを励ますように作成されており、さらに、教科毎で異なる特性と創造性に配慮されていた。そのため、以上のカリキュラムや教室の評価における改革内容は、創造的な知識経済を築くための潜在能力を秘めているといえる。

反対に、全州テストに対する教師たちの否定的な意見があったことも事実である。中でも、10学年のリテラシーテストに対する批判が最も多かった（表3）。このテストは、学校や学区をまたいで生徒たちを抽出するのではなく、人口調査に基づく州内全生徒を対象とした。また、一年毎の結果比較の信頼性を担保するために、テスト内容は非公開とされ、教師たちは自分たちの生徒が特定の問題でどう解答したのかを知ることができなかった。それでも校長の指示の下、教師たちは何週間もかけて、評価機関から公開される問題例を手がかりにしながら生徒たちのテスト準備を行ってきた。調査の結果、実に多くの教師たちが「このテストは教師の教えや生徒の学びを改善する価値をもたない」と回答していた。「テストが生徒の学力向上に役立った」と感じた教師は5人のうち1人で、10人のうち9人の教師が「テストは生徒の学習意欲を高めないし、教師としての自信を高めるものではない」と考えていた。また、このテストの方針を支持した教師は23％に留まり、テストの方針により自身の説明責任が増すと感じた教師はたった24％だった。3分の2以上の教師たちが「教室の評価方略がリテラシーテストと同じだ」と批判し、半数以上の教師たちがテストに必要なスキルをうまく自分の授業に統合できると感じていた。しかし、彼らの授業がテストと協調するものであっても、46％の教師たちが「新しいテストの方針は教室における自らの教授方略の幅を狭める」と感じていた。自由記述欄を見ると、生徒たちの成績に対するフィードバックが少ないと批判する教師、評価機関が息子のテスト用紙を紛失したことに憤る教師もいた。

以上の根拠に基づくと、抽出法ではなく人口調査に基づいて実施される全州テストは、知識社会における生徒たちの学びを教師たちが支援する助けとならないし、場合によってはひどく妨げるものであることがわかる。この全州テストは教師たちの教授方略の幅を狭め、多くの教師の創造性を妨げ、生徒たちの学びを支援する助けとならないのである。イギリスでは同様の経験を何年も経た後、今では生徒全員参加のテストを増やすのではなく減らしつつある。他の国や地域でも全州テストの規模の縮小を考えるほうが賢明だろう。

多様性とクラス分け

第3章で見たように、標準化されたカリキュラムと評価の改革は、例えば言語や学習に困難をもつような明らかに「標準的ではない」生徒たちに対して重大な問題をもたらすことが多い。オンタリオ州での調査はこのことを明確に示しており（表4）、50％の教師たちがアカデミック（上位の能力別編成クラス向けの）・カリキュラムは自分たちの生徒に適していると感じていた一方で、新しいカリキュラムが「応用」学級（下位の能力別編成学級）の生徒たちに適していると見なしたのは28％の教師たちに留まっていた。そして80％の教師たちは、州全体の基準点以下の生徒たちの学習ニーズを同定するのにテストは役立たない、と感じていた。数人の教師は、新しいカリキュラムは生徒たちの「大多数には難しすぎる」と心配していた。その中には、ますます多文化化しつつあるスチュワート・ハイツ校の教師が3人含まれており、彼らはカリキュラムの「非現実的な期待」に不満を述べていた。実際、カリキュラムの求める内容が生徒たちにとって現実的であると感じていたのは26％の教師たちにすぎなかった。

約5分の4の教師たちがひどく心配していたのは、彼ら／彼女らの受けもつ成績のふるわない生徒たちがリテラシーテストでの解答に不安を感じていることだった。標準点以下の生徒たちの学習ニーズを同定するのにテストが役立つと考えていたのは5分の1の教師たちだけだった。そして、標準化に向けた改革に対して最も騒々しく異議を唱えたのは、特別支援が必要で文化的に多様な生徒たちが集中しているマウンテン・

ビュー校だった（表5）。

マウンテン・ビュー校の教師たちのうち、新しいアカデミック・カリキュラムが自分たちの生徒に適していて、10学年のリテラシーテストが教師としての自信を高めると感じた者は誰一人いなかった。生徒たちの評価に関する新しい方針を支持し、新しい評価や成績報告や試験方略が生徒たちとのコミュニケーションを向上させ、教師が生徒たちに与えるフィードバックを改善し、生徒たちの学びを動機づけ、評価に関する教師たちの自信を高めると感じたのは10人に1人かそれ以下であった。マウンテン・ビュー校の大多数の教師（86％）は、彼ら/彼女らの受けもつ独特な生徒たちに新しい応用カリキュラムは不向きであると感じ、71％の教師がより柔軟で包括的な9学年制カリキュラムに戻ることを望んでいた。これに対し、他校での同様の解答は38％であった。他のいくつかの重要項目でも、マウンテン・ビュー校の教師たちは他校に比べて10ポイント以上高く、例えば、新しい評価方針を支持しない（81％対66％）、学力の低い生徒が10学年でのリテラシーテストに対して不安を抱いている（88％対76％）という結果だった。

また、特定の生徒に対して新しいカリキュラムが適していないと言及した自由記述30件のうち、半数以上の17件がマウンテン・ビュー校の教師たちによるものであった。

マウンテン・ビュー校の教師たちは、自分たちの生徒にカリキュラムが完全に不適であること、読解に深刻な困難を抱える生徒や生まれつき学習障害をもった生徒たち（うち2人は教師自身の子ども）に対して、カリキュラムの掲げる期待がひどく非現実的であると強く主張した。教師たちは、これらの生徒たちが失敗するように政府がしむけたと非難し、職業教育や特別支援教育を行う学校とそこで学ぶ生徒たちの存在を無視しており、すでに人生の中で多くの挫折に耐えてきた生徒たちの卒業する権利を否定したと非難した。また、生徒たちのやる気をくじき、「絶望」や「トラウマ」を植えつけさえもする改革の情動面への否定的影響に教師たちは絶望していた。以下に示すマウンテン・ビュー校の教師たちによる心を打つ記述からは、支援を最も必要とする生徒に対して柔軟性を欠いた心ない標準化されたリテラシーテストの適用への怒りが感じられる。

リテラシーテストは政治屋の利益のために政治的に要求されたものだ。子どものためなんかではない。一度きりのテストに失敗したからといって卒業が認められないなんてことがあるのか？　特別支援教育の子どもたちはこの要求のせいでひどい仕打ちを受けている。これは学習障害をもつ子どもの一人の親として、そして特別支援教育の子どもの一教師としての意見だ。

教育省や州政府は職業訓練校にいる生徒たちの存在を無視している。産業界は、熟練労働者を強く求めているにもかかわらずだ。

リテラシーテストなど有害無益。失読症の私の息子や、マウンテン・ビュー校の生徒たちはみな試験に落ちてしまった。学習障害をもった生徒たちは試験を免除されるべきだし、それでも卒業証書を受け取るべきだ。私の息子のような生徒が30単位を取得しても、リテラシーテストの結果によって卒業証書をもらえないという事実を、政府はどれだけ知っているのだろう？　憲法違反じゃないか！　インチキのリテラシーテストの結果がどうであれ、息子は卒業証書をもらう権利がある。

多すぎて評価できないっていう事態は現実的ではないし、発達に必要な本当の情報を生徒たちに与えるものじゃない。特別支援教育の生徒たちに当てはめてないでほしい。（政府は）特別支援教育の生徒たちが社会の貴重な一部であることを認めていない。

特別支援教育の生徒たちは、10学年試験の失敗によって「心に傷を負ってきた」し、学問の主流の中では彼らの障害が望みを奪うということ以外に何も学ばなかった。もし親なら訴訟を起こすだろう。

マウンテン・ビュー校のある教師は、10学年で行うリテラシーテストが生徒に与えたダメージについて意気消沈しながら以下のように話してくれた。

普通のアカデミックな学校なら、うまくやれる生徒もいるし、卒業証書を得ようと頑張る生徒もいる。うちの生徒たちは年齢の適切な度合いからすると3学年分くらい遅れていると言われている。このリテラシーテストに受からなければ卒業できないって言われている。実際のところは、18人の生徒たちが合格したので私たちは喜んでいる。けど、それは卒業するかもしれない、そう、「かもしれない」10学年140人中の18人なんだ。どうやって学校全体の意欲を維持すればいいんだ？　他になにも提案できないなら、どうやって生徒たちの意欲を高めればいいんだ？　私たちは、普通の学校の卒業証書に代わる何かを122人の生徒たちのために見つける必要があるのさ。例えば、リテラシーテストに合格できないことを示すのではなく、生徒たちが技術をもっていて、うまく働く、一生懸命働くことを証明するような職場の卒業証書のようなものだよ。彼ら／彼女らは前途有望であるべきちゃんとした子どもたちなんだ。10学年（でのテスト）は、生徒たちには絶対に不適切だ。生徒たちの意欲を高めるわけじゃなく、試験に受からないという不安を生み出すんだよ。だからこそやる気を失うんだ。いったい生徒たちはどう感じているのだろう？　生徒たちはリテラシーテストを通過できないせいで毎日非難され、ばかにされるだろう。そして、特別な支援を要する生徒や学習障害を抱える生徒、文化的に異なる生徒は、自分のことをそう呼ぶようになってしまうのではないか。

ニューヨーク州の特別支援教育やオルタナティブスクールの教師たちのように、他のマウンテン・ビュー校の教師たちは10学年でのリテラシーテストの免除、それから教師が生徒たちの多様なニーズに対応でき、生活の中で彼ら／彼女らが達成や成功を経験するのを支援可能にするローカルなカリキュラムを政府に請願した。しかし、魂を欠いた標準化を進める政治家たちは、不安定な知識経済に生きる自分の子どもたちの将来に心配や不安を抱いた。そして、欠陥のある標準化や失敗している学校に関して政治的に煽られるモラルパニックに簡単に左右される有力な中産階級を優遇する政策のために、社会で最も周辺に追いやられている人々（貧しい人々、マイノリティ、難民、重度の学習障害をもつ人々、英語以外を母語とする近年の移民）を言わば人質に取っている。一連の標準化テストが公教育における子どもたちと教師たちをねらうとき、最初に攻撃を受けやすい位置にいるのは最も貧しく、弱く、周辺化されている人々である。言い換えれば、人口調査に基づく標準化された全州テストは、創造性を制限するだけではなく、教育的で社会的な排除を生み出し、社会に蓄えられている集合的な知性を制限し、そして将来大人になったときの恨みの種をまくこととなる。

過酷な改革スケジュール

改革が成功し持続するためには、教師が改革を理解して実践に統合するための時間が必要である。それと同時に、一度に全てを変えようと散漫に試みるのではなく、管理可能な範囲の重要な優先事項に対して慎重に焦点を当てることが必要となる。このことは、今や教育改革に関する知識や知恵の基本事項である。またそれは、十分な資源、質の高い学習材、教師の適切な専門性開発によって支援されなければならない。[11] オンタリオ州政府は、これらの改革の実施に関して世界屈指の忠告を受けたにもかかわらず、[12] 改革の成功に必要なマネジメントの知恵のほとんど全てを欠いていた。この知恵の欠如とは、オンタリオ州政府が大急ぎで実施した改革計画のスピードにおいて、また改革が取り組んだ問題の範囲や、改革の実施に責任を負う教師に与えられる（見合った）支援の質や水準においてであった。

私たちが調査した中等学校教師のほぼ全員（91％）が、改革によって厳しい時間的制約を経験していると述べた。[13] 自由記述欄の中で教師たちは、改革は「多くの変化をとても早く」、「多くのことを素早く」、「限られた量をすぐに」行うもので、「膨大すぎてどうしようもない」ものだと繰り返し抗議していた。

教師は長年にわたって時間に悩まされてきた。ほとんどの教師は一日の労働時間が足りないと言うだろう。教えるという仕事は大変な努力が必要で、終わることは決してないし、するべきこと以上のことが常にある。[14] さらに、あらゆる改革は、人々が現在抱えている責任や仕事に対する忍耐や粘り強さを要求する。忍耐や粘り強さとはつまり、改革が何を要求するのかを理解するとき、改革当初の不安定な段階で改革に対する理解が不十分なまま働くとき、改革が仕事に対する気楽な方向に進むよう既存のルーティンに統合する方法を学ぶときに必要なのである。[15] これらの時間的要求はあらゆる人々とあらゆる組織に当てはまり、教師もまた同様である。

急速な知識経済の到来を支持する者たちは、さらに前進することを望み、組織の混乱はやむをえないもので、現代に生きる全ての人々に対して組織が変革を要求している、と主張するだろう。彼らは、教師たちは失ったことについて大げさに感傷的に不満を述べるのではなく、もっと前を向くべきだとさえ言うだろう。教師たちは混沌の中でも成長し、流れに乗らなければならない。結局、知識社会とはまさにこういうことなのだ。今日の生活は誰にとっても速くすぎ去り、その中で私たちはみな一生懸命働いている。教師たちは泣き言を言うのをやめて、型にはまらない発想をし、改革という現実と向き合い、さらに重要なことに取り組まなければならないのだろうか。

ここで問題なのは、ペースが速くて柔軟な知識組織と学校や教育政策システムとは全く性質を異にするということだ。混沌の力をうまく使って成長するよりも、多くの教師たちは政治家の権力によって生み出された混沌に耐えなければならなくなっている。オンタリオ州のような教育政策システムは、ダイナミックな学習する組織をつくり出す代わりに、コストを削減することで飢餓に苦しむ公共機関を生み出してきた。

調査に協力してくれた教師たちは、時間に関連した三つの改革に取り組む必要があった。

・同時に押しつけられた不可避的な改革の集中砲火は、教師たちが教室に向かう階段を上がっていくのにほぼ合わせる形で断片的に後をつけてきた。それはつまり、新しく課せられた一連のカリキュラムや評価に関する要求である。生徒たちの受験準備のためにカリキュラムから数週間を奪うリテラシーテスト、後から追加された数学のテスト、全ての教師を巻き込んだ生徒への新しい助言プログラムやキャリア計画プログラムの導入、そして、新しすぎて手に負えない技術的欠陥のあるレポートカードシステムの管理、などがこれにあたる。

・一日8コマのうち、7コマで授業を行うという法律の規定により、今まであった授業の計画や準備に必要な時間（改革を理解し実行するための時間も含む）が失われた。また、政府のさらなる経費削減の影響を受けて、教師の専門性開発に必要な時間も失われた（それに伴って改革を理解し実行するのに必要な時間も失われた）。

・主任教師数の大幅な減少による支援の消失（彼ら／彼女らが学校運営にあてる時間も失われた）。そして、指導教師や特別支援教育に携わる教師数も3分の1以上が削減され、彼ら／彼女らからの支援も消失した。

こうした著しい圧力の高まりに直面した教師たちは、支援体制内での大量解雇と結びつけて、「土壇場での」改革と「多様な要求」が「全部一度に」なされた「急な実施」により「困った」、「過剰だ」といった情動的な不満を口々に述べた。ノース・リッジ校のある教師は、改革が教師に要求したものの要点を以下のように述べてくれた。

とても単純に言えば、改革の内容が多すぎるし、実施ペースが速すぎるんだ！　仕事が追加されたことでみんな士気をくじかれ、学習課題をデザインするための専門的な能力開発に必要な時間をとるのがとても難しくなった。教師たちは、

(1)新しい資料を読み、理解しなければならない。
(2)既存の実践と改革の要求との相違に関するギャップを分析しなければならない。

(3)教育省のメンバーと協働しなければならない。
(4)適所にスキルを保証するための新しいカリキュラム教材と評価をデザインしなければならない。
(5)新しい教育資源を見つけるよう努力しなければならない。
(6)新しい成績報告方法を用いなければならない。

また、ロード・バイロン校に新しくやってきた教師は、次のように不満を述べていた。

カリキュラム全体の実施要綱をもっていなかったためにとても困った。私は新しい9学年制カリキュラムの中で第1単元と第5単元を担当することになっていたんだ。だから夏に準備しようと思っていたんだけど、その時点で全単元のうち二つしか実施要綱をもらえなかった。カリキュラム全体の実施要綱を受け取ったのはほんの二週間前だ。すでに学期の半分をすぎてしまっていたというのに。

カリキュラムや評価における実質的な改革の多くを承認したタリスマン・パーク校の教科主任は、その改革の効果的な実施に必要な、自らの能力を発揮するための時間的な過酷さを個人的に感じていた。

さらに半課程以上の授業を実践しなければならなくなれば、私の準備時間は大幅に減るし、仕事は増えてしまう。これに加えて、十分に、また思慮深く準備する時間もないって感じている。教師助言プログラムもとても多くの時間を費やすんだ。新しいカリキュラムを学ぶ時間などないんだ！　学校でリーダーシップをとるべき立場上、SSRに関する多くのトレーニングを私は受けてきた。それでも、SSR

のセッションは学校が終わった後に（何時間も）なされる。このトレーニングのおかげで、私は新しいカリキュラムについて理解している自信があるしその知識も豊富だよ。でも、私の同僚はどうだろう？彼らはほとんどトレーニングを受けていないし、とても難しいカリキュラムを実施することに直面している。同僚たちは新しいカリキュラムについてのあらゆる情報を教室に伝達する方法を理解して、学んで、計画するのに必要な時間を与えられていないんだ。新しいカリキュラムは悪くはないし、排除すべきではないと思うよ。でも、それを実施するとなるとどうしようもない。時間と技術が足りないのは、生徒たちのパフォーマンスと同じように教師が改革を承認するのにとても影響しているんだ。

イーストサイド校のある教師は、あらゆる時間の圧力が、効果的な改革の実施を実際に不可能にするような仕方でいかに一点集中しているのかを、次のように述べている。

私たちには、研修を行って教職員間でアイデアを共有するための専門性開発に割く日数がほとんどないんだ。私たちは「やれ」と言われる改革について考える時間すらないし、ましてそれをうまくやる時間なんてなおさらないよ。監督時間や授業時間が増えてからというもの、そして教育基金が減るのに伴って、私たちは同僚により多くの仕事をさせていて、授業計画を立てるための時間や専門性開発のための時間を削ってきたんだ。

例えば、評価に関する事例では、「新しいタイプの評価の実施に向けて計画を立てるのに十分な時間はない」し、「同僚と評価のアイデアを共有する十分な時間」も「適切な評価法に基づいて作業」し、「評価を更新する」十分な時間もない。新しい電子報告カード（E-teacherと呼ばれる）は、その技術的な不適合と急速な実施のために、特に辛辣な批判を浴びていた（表6）。

スチュワート・ハイツ校のある教師が以下に指摘しているように、あらゆる改革は情動的な消耗を伴うものであり、教師たちの自信と創造性を打ちのめしている。

成功を成し遂げるためのこれらの改革が、物事をより良く変化させるまでに十分な時間を確保しなければ、私たちの心身はとても疲弊するだろうね。私たちはある一つのことをかろうじて終わらせるのがやっとで、終わらせたことに安心して、それを分析してからはじめて、他のことに取り組むことができるんだ！

学びを失うこと

教師から時間が奪われた際、彼らが失った最も重要なものの一つは学び、そして考える時間である。知識を基盤として動く組織は、理解や省察、独創性や創造性といった効果的な知の力に依存している。しかし、標準化に向けた改革は教師たちから考える時間を奪い去り、その強制的で命令的な要求は創造性を規則の遵守に置き換えた。過度な統制によって、専門職としての教師たちは教材研究を深め、省察することができなくなった。

このことは、SSRの実施を支援するための十分な専門性開発やトレーニングの機会が提供されていない点で最も明白だった。80％以上の教師たちが、カリキュラムの変更に応じた専門性開発に必要な機会は不十分だと感じていた（表7）。自由記述欄の回答の中で、時間の問題の次に最も頻繁に言及されたテーマの一つが、改革の実施において教師を支援するはずの専門性開発の機会が非効果的で不十分であることで、実に48人の回答者がこの点に言及した。教師たちは自らの専門性開発に言及し、専門性開発に必要な時間の喪失を「巨大な問題」と表現した。例えば、評価の領域において、教師たちはまさに「計画する時間、協働する時間、学ぶための時間」がない、と不満を述べていた。

学ぶことができない、あるいは学ぶことを妨げられている人々がいることは、組織にとって、また組織の改善にとってやがて損失となる。そのような人々は知識社会の担い手にはなれない。政府が優先する現職教員向けのトレーニングワークショップ（これも稀にしか行われないが）では、専門職として深く学び合うには不十分である。改革を効果的に実施するには、改革には何が含まれ何が求められるのかを理解し、学び、省察するための時間が最低限必要である。優れた教師であっても、うまく実践を変えるのは困難な知的作業である。[16] その上、自由記述欄に回答した教師たちの多くは、「何がうまくいき、何を変えるべきかを判断するために省察する時間がない」、「省察し計画する時間がない」、「新しい教材をまとめつくり出すためにカリキュラムを理解する時間が足りない」、「これら改革全てについての明確な理解」の不在、そして「新しいカリキュラムを学び」、「考え、計画し、評価し」、「実施の仕方を学ぶ」のに必要な時間がない、とたいてい不平を述べていた。

よりよく教え、専門職として成長し続けるために学ぶには、他の人々の考えや計画を従順に実行するだけでは不十分である。よい教師はよい学習者でもあるに違いない。しかし、政府のＳＳＲ政策によって、教師がよい学習者になるのは困難になってしまった。教師たちは、課せられた改革を実施することに支配され、同僚と教科について議論して教材を開発するための時間を見つけられないでいる。さらに、教師たちには専門書を読み、自らの専門性開発に必要な時間やエネルギーもないし、専門職としての同僚性の中で「個人として成長する」ための機会もない。教師たちは自らの専門性開発に対する自由裁量権を得るためのバッテリーを充電できないこと、そして他の誰かが自分にそうすべきだと考えていないことを残念に、また遺憾に思っている。ノース・リッジ校のある教師は、より強く課せられる改革は教師の専門職としての地位に対する茶番だと言う。なぜなら、改革のペースは「専門職が創造的な熟考に基づいているという性格を否定している」ためだと言う。スチュワート・ハイツ校のある教師は苛立ちながら、成果主義の改革が効果的な学習者や知識労働者となるための教師の能力をいかに破壊したのかについて、次のように総括している。

政府が最優先としていた動機は、創造性を犠牲にして生産性を増加させることにあったんだと思う。教師の専門性開発に資する時間は本当にないんだ。教育についての関心のある本を気軽に読む時間だってない。パフォーマンス評価やテクノロジー、多重知識に関する本をもっと読みたいけど、学級をもう一つ追加で受けもっているから、ほとんどの時間を成績づけに費やしているんだ。私の生徒（個々人）のニーズにカリキュラムをあわせるための時間もないよ。私の知性や創造性やリーダーシップ能力をなんと無駄にしていることだろう！

教師がうまく学べない、あるいは学ぶのが困難になれば、生徒もうまく学べない。私たちと共同研究を行った学校では、改革過程で専門性開発のための公的な時間が減り、教師たちが求められていることを理解し省察するための時間がなく、知的な創造性が恐ろしい従順さに置き換わることで、教師の専門職としての学び合いは台無しになっていた。

専門職のコミュニティの消滅

あらゆる組織に属する人々にとって、学びや改善のための最も強力な資源の一つが互いの存在である。知識経済は、専門職の仲間同士で知識を共有したり開発したりする方法を含んだ集合的な知性や社会関係資本に基づいている。アイデアや専門的な知識を共有したり、新しく困難な問題を扱うときに教訓的な支援を提供したり、複雑な個人の事例を一緒に議論したりすることは同僚性の最たる要素であり、効果的な専門職のコミュニティの基本である。教職において力強い専門職のコミュニティは、教師たちに対して情動的な報酬を与えるだけでなく、子どもたちの学習成果や到達結果についてのスタンダードを改善するのに直接的な責任を負っている。[17] それらは知識基盤組織における重要な構成要素である。

教師は伝統的に長く孤立してきた。この孤立がスタンダードを低下させ続け、教師はときに孤立することに固執していると非難されてきた。[18] しかし、１９８０年代から１９９０年代初頭にかけて、オンタリオ州の多くの学区は大学と連携しながら学校の中で計画を共有し、省察し、コーチングし、メンタリングを行うといった高度な同僚性文化を発展させるように大きく前進してきた。そこでは子どもたちだけでなく教師たちがより密接に協働し学び合っていた。[19] 二つの研究データでは、過去10年間にわたって努力して価値づけてきた同僚性や専門職のコミュニティの利益と伝統をＳＳＲが台無しにしてしまう、と教師たちは批判していた。

他方、教師たちが新しいカリキュラムを理解して実施するためにチームを組むことを想定すると、強制された大規模な改革が同僚間の計画立案や相互作用を増加させるだろうと示唆されてもいた。[20] しかし、これら画策された同僚性の形態は一時的で、改革実施直後の危機が去ってしまえばすぐに消えてしまいそうだった。[21] これらの一時的に増加した同僚性のパターンは、改革直前の教師文化が著しく個人主義的だった組織や、法制化による改革によって同僚性が利益になるような組織において生じるようだ。このことは、私たちがＳＳ

Rの時期に研究した学校には当てはまらない。そこでは、法制化による改革が価値ある教師間の同僚性と専門職のコミュニティを劇的に喪失させていたためである（表7）。

SSRによって生徒の学びに関して同僚と協働する機会が増えると感じた教師数は3分の1程度で、70％の教師たちは、学校の意思決定にあまり参加できていないと感じ、23％の教師たちが改革によって同僚と話す機会が増えたと感じていた。そして改革によって教科を超えた同僚とのコミュニケーションが増えたと感じた教師数は6分の1以下であった。教育者として「箱から出て」考え始め、教室を基準とした伝統的な「卵の殻」構造を超えて活動しようという動きが始まったのにもかかわらず、[22] 改革はこれらの教師たちを箱の中に戻し、専門職の学び合いが消滅した教室の「棺」に釘付けにしてしまった。この事態に関連して、85％の教師たちは改革によって教室外での同僚間のかかわりが減少したと確信していた。

自由記述回答のうち、専門職として協働する機会の減少については上位六番目に頻繁に言及された項目であった[23]（回答数37）。そのほとんどの回答は、改革のペースの速さ、支援の削減、仕事の責任の増加、定時勤務の喪失によって、「協働する時間がない」、「同僚とコミュニケーションをとる時間がない」、「共有し実施し」、「ともに働き」、「相談し」、「最善の方法を議論し」、「同じ課程を教えている同僚とカンファレンスを行い」、「カリキュラムと評価の変化をそれぞれ協力して準備し実施する」機会がどれほど少なくなったのかを述べていた。

新たに加わった仕事により、「改革の実施に必要な本当に有意義な協働の時間とエネルギー」は教師たちから奪い去られ、「適切に仕事をこなす」ために同僚とともに働くことはほぼ不可能になった。教師たちは「疲れすぎ、また忙しすぎて、同僚とコミュニケーションできない」ことに不満を述べた。ノース・リッジ校の教師の言葉を借りれば、改革を効果的に実施するにあたって最も重大な課題は、新しいプログラムを準備するための個人的な時間も協働する時間もないことだ。自由時間がなく、副校長もいない状況で、八つの学級で平均6・67学級も教える責任があるから、改革を思慮深く実施することなんてできないんだよ。一日の終わりに、みんなただただ、自分の授業計画を立てたり採点を行ったりするために家に帰りたがっているんだ。

教師たちにとって非常に難しいことは、教科に共通する問題を議論するために同じ教科内の同僚と働く時間を見つけることであった。さらに何人かの教師たちは、「教科毎による競争性」が改革によっていかに積極的に生み出されてきたのか、それが「同じ目標達成に向けて教科間で協働するのを難しく」し、「教科毎に孤立している」と感じさせると不満を述べていた。

スチュワート・ハイツ校のある教師は以下のように述べていた。

同僚が次々と小さな仕事部屋で食事をしながら仕事をするようになった。私が退職する（１９９８年）まで、名前もわからないような教師たちがたくさんいた。職員会議で会った新任教師の数人がそうだ。彼ら／彼女らが誰で、何をしているのか、全然わからなかった。

新たに改装されたイーストサイド校の職員室は、専門職のコミュニティの盛況な「ハブ」というよりも、家具屋のカタログに載っているような美しいけれど空虚な写真によく似ていた。１９７０年代がそうであったように、改革の圧力によって教科毎に学校や教師が分断されたままであった。

私たちの学校にはみんなが集まって共有できる素敵な職員室があるの。でも、そこに四人、五人以上いるのを見たことがないわ。たいてい誰もいないの。じゃあ、どこにいるのかって？　みんな集中するために、たいていは一人で自分のオフィスにいて授業の計画やテストの採点をしているのよ。

一人でいると気持ちがいい。私はお昼の時間を採点や生徒たちとかかわるために費やすの。私は準備時間に、次の日の学級で担当する実習生に話す内容を考えるの。同僚と話すには自分のオフィスや教室を離れないと。私は朝、郵便を受け取るときだったり、一日の終わりに教室のドアから出る途中だったりするときにしか同僚に会うことがないわ。

イノベーションを生み出す実践や教師たちの同僚性の伝統を誇るロード・バイロン校では、職員会議はもはや専門職として学び合う場ではなく、主に手続き的な業務連絡の場となっていた。たいていの職員会議では、教育省や学区の最新動向についての校長による説明が予定の半分以上を占めていた。教職員はある程度、意見を聴かれるが、彼ら／彼女らが意思決定を行う時間は皆無であった。その結果として、「ときに決定はすでになされていて、それでも会議をやっているけどそれは無益で、つまりは時間の無駄だ」という暗黙の雰囲気が教職員の間にあふれてきた。ある教師はこのときのことを振り返り、10年前と比べて、「ルールが最初にあって、今は何をすべきかが問われるんだ。もう民主的な意思決定機関じゃない。それは時間、ひょっとしたら効率性による機能だと思う。おそらく効率性を得るためにたくさんのお金が使われているんだろう」と述べていた。

ロード・バイロン校の管理職は、時間の圧力と強制された改革の圧力の影響から指示をより多く出す一方で、同僚性を弱めなければならないと認識していた。例えば、行政はたとえテクノロジーに不備があっても、全ての学校に新しい電子報告システムをただちに実施するよう要求した。着任して比較的日が浅い校長や副校長は、この要求を拒否することができない立場にあった。また、数人の教職員は政府の新しい評価アプローチの採用に気乗りしていなかった。そのため、政府の要求を非常に短い時間内で教師たちに遵守させるために、二人の女性管理職はともに彼女らが好むスタイルとは対立する仕方でリーダーシップを発揮せざるを得ないと感じていた。ロード・バイロン校の校長は次のように言った。

私たちが教職員に課さねばならなかったのは、コンピュータの分野に強くなること、電子報告システムによる採点を行うこと、評価を変化させることだった。もしこれらが難しければ支援していく。評価について私たちは「変えるんだ」と言ってきたし、教職員の運営委員会でその責任を取ってきた。私たちは教職員に前進するよう求め、二ヶ月に一度の職員会議で、評価の実践について教職員が変えなければならない様々なことについて話した。そうやって改革を課してきたんだ。

研究協力校の中で最も長い伝統をもつのがタリスマン・パーク校である。その年長の教職員のうち数人は、伝統的なアカデミックを志向する標準化によって失われた黄金時代や、アカデミックな教科領域におけるローカル・カリキュラムの変化を促す改革の試み、地位が高く向上心に燃える文化的に均一なコミュニティの中で生徒たちを教育する目的を懐かしく思っていた。SSRが完全に学校を蝕む以前には、前校長のもとで教職員は教科を超えて取り組む学校改善計画を開発し、より文化的に多様なコミュニティに働きかけるためにさらなる同僚性を発揮して仕事に従事していた。しかし、新校長はSSRからもたらされる大量の指示に対しては、教職員を守るという必要最低限の応答を考案するだけでよいと自身の役割を定め、タリスマン・パーク校の教師たちを改善とは全く逆の方向へ導き、コミュニティから引き離し、互いを孤立させてしまった。

> もし避けることができるなら、誰もどの委員会にも参加しないだろうね。うちの学校にはまだ「学校成功委員会」[i]があるけど、その会議の様子を一度も聴いたことがない。委員会は月に1回、定期的に会議をしていた。それから分科会がいつもあった。今じゃ誰もどの委員会にも参加しないだろう。必要な場合だって教職員を外に出すのが難しくなったんだ。私たちは生徒の卒業式について議論したけど、卒業式も結局延期された。誰も卒業式を運営したくなかったんだ。卒業式の運営担当の2人の教師でさえもね。彼らはその責任から手を引き、その結果、(校長は)卒業式を担当するための教員を新たに2人、連れてこなければならなかったんだ。

ある教師は、卒業式の準備を割り当てられた転任教師が、年配の同僚による介入や支援が不十分だったために卒業式を台無しにしてしまったのをただ横で傍観していただけだった、と告白した。その一方で、辛い思いをしてきた年配教師が主催する毎朝の「コーヒーサークル」では、政府の政策を予測し、不満を口にするのに多くのエネルギーが費やされていた。

知識経済のための学校教育も、民主的なコミュニティのための学校教育も、それぞれ教師たちが力強い専門職のコミュニティの中で働き、学び合うことができるかどうかにかかっている。しかし、私たちが調査した学校では、教育改革が単に学校における専門職の学び合うコミュニティを強めることができなかっただけではなく、むしろ積極的に弱体化させていた。教育改革における時間的な圧力と望まない政策意思の強制は、ロード・バイロン校にあった豊かな同僚性の伝統を弱らせ、かつてタリスマン・パーク校にあった伝統的な自律性をゆがませた。そして、教師たちを個々に孤立した専門職から互いに熱心に関与する同僚がいるコミュニティへと転換してきたシステム全体の発展そのものも反転させた。知識社会が到来したのにもかかわらず、政府はそれを追い払ったのだ。

蝕まれた有能さと創造性

自尊心のある専門職であれば誰でも、自分が役に立たなくなるのは許し難いことだろう。自分の仕事がうまくできないことに誇りをもつ者はいないし、故意に自分のクライエントを無視し、あるいはケアしないのは罪であり恥でしかない。

自由記述欄の中で、43人の教師たちが仕事の質が落ちた、生徒たちの宿題や作品を丁寧に添削する時間がない、教室での直近の圧力に対処するだけに役割は狭まり、世界は狭くなり、自信も有能感も失い、仕事に対する創造性を失った、と告白している。人は失敗を認めたがらないことを考えれば、ほぼ間違いなくこれらは控え目な告白だろう。教師たちの多くは「仕事がうまくいかない」とか「役に立つ仕事をしていない」、「思慮深く仕事をする時間がない」、「限定的な効果」しか示さない、それに「生徒たちに肯定的な影響を与えられる良質な時間がない」、といったことを悲惨な言葉で書いている。教師たちは「教えることがうまく

i　生徒の学業成績上の困難を分析し、生徒の「成功」への手立てを教職員間で話し合う委員会。

いってない」と告白し、「個々人のための時間が少ない」、「生徒たちと接する時間がない」、あるいは「困っている生徒たちを支援する時間がない」と不満を述べた。そして、政府の改革のせいで「無能さを感じたり」、「不適切さを感じたりすること」をかなり不快に思っていた。ある教師が言うには、「あまり時間がない中で高い水準を学級で保つことや、呼べばすぐに応じる時間や準備する時間がないことは非常に悩みの種」なのである。改革の内容のほとんどを支持していたノース・リッジ校の教師は、次のように痛烈に断言した。

完全さや優秀さに関する私の基準を下げるのもまた難しいよ。私は過去にしていたようなやり方で仕事はもうできない。例えば、生徒たちのために時間を使ったり、以前と同じくらい学校での生活に没頭したり、創造的な授業をしたり、同僚を支援したり、専門的な読み物に遅れずについていったり、私がかつてやっていたやり方ではもう仕事ができないんだ。満足なんて得られっこない。欲求不満さ。これでは私の専門職としての目標は達成できないんだから。自分のもつ高い期待を達成することで、前は仕事に対して非常に満足感を得ていた。簡単な方法をとらなければならないと知るのはプレッシャーであり欲求不満だ。いつも自分が最良の仕事をできると感じるわけじゃない。今のところ、改革は私たち教師の情熱を消耗させているんだ。

教師たちは、カリキュラムを覆い尽くす改革の渦の中で「創造的になるためではなくテストのために教え」なければならないとか、「面白い活動を省略するよう強制されている」と感じていた。ある教師は「創造的であることが大好きだったが、今では忙しすぎて挑戦できない」と言う。また別の教師は、いかに「創造性と熱狂が絶望と意気消沈に変わって、無気力なものの見方が生じてきただろう」と絶望していた。

30年にもわたって教師たちにより創出されたイノベーションを生み出す実践とその改善を今でも覚えているロード・バイロン校のベテラン教師は、次のように述べていた。

> 創造性は失われた。昔は、たくさんのタイプのプログラムとコースがあってとても創造的だった。その本質的な部分は、政府がそうさせてくれていただけじゃなく、学校もまたそうやって創造的であることを促していたことだと思うよ。今では、これがこなすべきプログラムだとはっきりと指示されている。コースには柔軟性があまりないし、可能な選択肢には幅広い多様性はないし、みんなは以前よりも政府に同調している。そのせいで、創造的な部分は取り去られてしまっている。政府の指示によって注意が向けられている。それはつまり何をすべきか、ということだよ。

標準化政策によって学校のシステムは、時間が経過しても持続可能な発展を可能にする交雑受精のシステムを有した豊かで生態的に多様な熱帯雨林ではなく[24]、その醜さ以上に相互に影響をおよぼし合う能力が限定され、より広い環境の持続可能性に対して十分な貢献をなさない周辺化された針葉樹人工林のようになっている。オンタリオ州とニューヨーク州の教育改革の影響に関する調査から明らかになったことは、標準化へ向けた改革が多様性を破壊し、学校のシステムの中で最も弱いメンバーである貧しく、周縁にいて、新しい言語を通して学ぶ人々、そして特別な教育的ニーズをもつ人々の生命や将来を深刻なほど危険にさらしていることである。

多様性の排除に伴って、標準化に向けた改革は教育の創造性と独創性に終焉をもたらした。多くの教師たちが言っているように、様々な点で「創造性は失われた」のである。創造性を奪われた学校と独創性を失った専門職としての教師たちには、強力な知識経済をつくり出し、維持する力はもはやないし、若者たちが不確実な社会と向き合って柔軟に働き、自らの創造性や独創性にかかわる気質を発達させていくのを支援する力はもはやない。ここでは、標準化に向けた改革が姿を現しつつある知識社会のアンチテーゼとなっている。

誠実さを失うこと

標準化に向けた改革によって、学校と教師の独創性に終止符が打たれたのに加えて、全ての生徒のためとされる改革の導入の道徳（目的）という点で、政府や行政官の誠実さに対する教師たちの信頼は一貫して失われていった。また、次第に正当化するのが難しくなる教育目的を果たすことを生徒たちのために備えなければならないという点で、教師たちの専門職としての誠実さも脅かされていた。

変化の論調

公正を期すために言っておくと、教師たちはたいてい、あらゆるタイプの強制的でトップダウンの改革を好まない。それにもかかわらず、興味深いことに自由記述欄に強制的な改革全般に対する嫌悪感を報告した教師は10人にも満たなかった。むしろ、たいていの教師は政府の情報操作の攻撃的な論調と倫理的に疑わしい意図のために、改革が否定的な効果をもたらすと考えていた。

教育の変化に関する論調は、政府やメディア、企業組織、その他集団が解決策となる変化によって生じる問題の性質を語る際に使う言葉でもって形成される。通常、変化の論調は差し迫ったものであり、かつ専門的に敬意を払うべきものであるはずだ。しかし、オンタリオ州の進歩保守党の下では、変化の論調は著しく敬意を欠いたものだった。

自由記述欄に33人の教師たちが政府の論調について言及し、不満を述べていた。教師たちの多くは「悪意ある」「傲慢な」政府によって、数人の教師たちは専門職に対して「確執」のある政府のリーダー（かつて物理教師をしていた時期もあったが、その評判は平凡な人物）によって、「非難されるのはもううんざりだ」とか「けなされた」、「常に批判される」と述べていた。また、政府が「適切で敬意あるコミュニケーションをしない」まま「連携を望む」だけでなく、絶えず「突発的に私たちの情動や感情を刺激する物言い」をするような「敵対的な立場」をとることを教師たちは悔しく思っていた。

教師たちは、政府の「否定的なプロパガンダ」や教職専門性に対する「故意で破壊的な攻撃」によって「面目を潰され」、「貶められた」、「不公平に非難された」と感じていた。さらに、政府が「(自分たちの) 存在を正当化するよう求める」こと、「教職は今も昔も専門職ではないと仮定する」こと、教師が「子どもたちの精神を汚している」と「定期的にこきおろす」こと、全ての教師を「中傷し、脱専門職化するように命じる」こと、これら政府の言動に教師たちは飽き飽きしていた。政府が「職業の選択肢として教職を魅力ないものにしようと決めているのではないか」と疑う教師もいた。

変化の強制に対する情動

強制され、否定的に語られる変化は教師の意欲や士気に情動的な悪影響をおよぼしていた。自由記述欄で、45人の教師が意欲や士気に関する問題を報告していた。これは、時間、改革の実施、専門性開発の三項目に次いで四番目に多く言及された項目だった。全ての自由記述回答から情動語や情動関連語を調べたところ54

語が見つかり、それらは全て否定的で不快な言葉だった。ちょうど半数は、政府が提示した条件や要求によって教職に対する目的や個人的目標を失ったこと、価値ある目的を達成できない欲求不満について言及したものだった。

教えることは、子どもたちの中に知識を伝達し、技能を発達させる認知的実践だけではない。第2章で述べたように、教えることは学びへの関心や子どもと大人との関係性、教えることが実現を目指す目的や仕事に対する愛着を伴った情動的実践でもある。教えることは、周囲の人々とともに最善を尽くすよう教師たちを駆り立てるデザインによって肯定的な情動的実践になる。その一方で、教えることに関心を向けられないと、教室での教育の質を低下させるような怠慢によって否定的で不快な情動的実践にもなる。

妨害されたり、手に負えなかったり、あるいは不明確なために目標を見失ったり達成できなくなったりすることは、不快情動を引き起こす大きな要因である。[25] 政府の改革によって仕事における愛情、楽しみ、情熱、魂が失われたと何人かの教師たちは痛切に記述している。ノース・リッジ校のある教師は「非難されることに疲れ」、不本意ながら自らの中間的なリーダーシップの地位をあきらめ、早期退職をしようと決めていた。彼は次のように打ち明けている。

私は教えることが大好きだ。それから、私はいつも学級の生徒たちとの関係に気分を良くして、生徒たちからエネルギーをもらうのを感じて、生徒たちの技能を改善して発達を助けていると信じ、次に私たち（生徒と私）が学級の中で何をするのかを楽しみに思いながら毎日帰宅するんだ。それでも、私は（政府の）首相に「非難される」のにほとほと疲れ果ててしまった。だから私は来年度の教科主任の地位を手放して定年前に退職しようと思っているんだ。それが学期の途中であってもね。前は退職しようとはもちろん考えもしなかったことだけど。言いたいのはそういうこと。私が感じた裏切りはあまり理解できないだろうけど、私と同じ想いの教師は他にもきっといるはずだよ。

タリスマン・パーク校のある教師も自らの目的や公教育の目的が奪われたことで、教職を去りたいと感じていた。彼女は不満や士気の喪失（文字どおり、目的の喪失）について情動的な言葉で回答を記述している。

多くの変化、足りない時間、政府、そして、今もいくつかのコミュニティに焚きつけられた教師へ批判が続くことは私たちの士気を削ぎ、不満を募らせるの。私は真剣に退職を考えている。私は将来リーダーシップをとる立場に立つことに疑問を抱くと思う。公教育の将来について私は苦しいのではなく非常に悲しいの。教師と生徒が求めているものはこれからも満たされないでしょう。

スチュワート・ハイツ校のある教師もこれらの憂鬱な情動を繰り返し示している。

私はよい教師だと思う。教えることが大好きだし、10代の若者と一緒に学ぶのは本当に楽しい。でも今、どうすればいいのかたまにわからなくなる。そんな教育を取り囲む政治にとても落胆している。この改革が、積極的で健康的で楽観的であった教師（私）をこうしてしまう。このことは、これから教師になろうと考えている人にとって問題じゃないかい？　この州の教育の未来はいったいどうなってしまうのだろう？　こんな状況を打開できないと感じているし、公教育の質を守ることに疲れてしまったよ。

一部の教師は、教室で生徒たちとすごす瞬間にはまだ仕事を愛することができていた。しかし、多くの教師たちにとっては、そのように仕事を愛して好む経験は忘却の彼方に霞んでしまっていた。

SSRが始まって以来、前は確かに大好きだった仕事に取り組む十分な時間がなくなったんだ。私は教えることが好きで、それで十分だった。教えること以外の活動に嫌というほど時間を費やしてきた。例えば(最終)成績のコンピュータ入力だ。歴史について議論する十分な時間はない。生徒たちとの接点？そんな時間なんてないよ！

教師たちはSSRの手続きの多くが「魂の破壊」であると気づいていた。教師たちは「生徒たちや教職員の間で生じるたくさんの落胆を見るのに苦しみ」、士気の喪失や疎外感や幻滅について語り、道徳的に弁解の余地がないと考えるほど、サービスの果てに専門職としての自己を切り売りしているとさえ語った。

自己弁護する機会がないほど絶え間ない批判を浴びた教師たちは、恥や屈辱、虐げといった言葉を用いて、自分が感じていることを表現した。例えば「傷ついた」、「妨害された」、「評判を貶められた」、「虐げられた」、「叩きのめされた」、「不当に罰せられた」、「脅された」、「強く非難された」、「軽蔑された」、「厳しく管理された」、「ひどく打ちのめさせられた」、「強制された」、「自由を奪われた」などである。私が以前実施した教育改革に対する情動的反応に関する研究において、教師たちは「トップダウン」の変化について批判的であったが、[26] SSRが始まる前には上述のような談話ははっきりと言及されていなかった。

社会学の立場から恥について研究したトーマス・シェフは、恥という情動が人々の基本的で社会的な「絆」を破壊し、共通の目的を追い求め共有することを不可能にする距離をつくり出すと述べている。[27] 士気や目標の喪失といった情動の経験に伴い、教職に対する政治的な辱めによって教師たちと政府との社会的な絆が破壊されただけではない。教師たちと公衆、仕事、専門職としての自己との絆も破壊されてしまったのだ。

辱めや士気の喪失、持続不可能な改革のペースによってもたらされる極度の疲労は、教師たちの健康やストレスにまで影響をおよぼした。[28] 教えることは「より困難になり、ストレスの多いものとなり、楽しめるものとはほど遠くなった」のである。教師たちは「ひどいストレスに苛まれているし、正しく評価されていない」と感じていると述べ、また３人の教師が実際に医者にかかるほどの健康被害について述べていた。ある教師は「以前は『代わりの職業』や『いかに病気休職するか』なんて耳にしたこともなかった」と述べ、別の教師は「本当にストレスがたまってくると、教職員の常習的な欠勤が増加した」と語った。さらに別の教師は「ストレス薬の費用と医者に通うのに必要な時間を算出すべきだ。私は根っからの楽観主義者だけど、それでも、私にかかるコストだけで教育システムに大きな負担をかけている！」と述べていた。

退職と辞職

仕事や専門職との「絆」を引き裂いた最も衝撃的な情動面への影響の結果、教師たちは早期退職へと追いやられていった。自由記述欄に10人の教師が教職の使命の消失と仕事の意味の消失から生じる多くの幻滅と失望感の中で早期退職を考えた、と述べていた。ある教師はＳＳＲを理由に「固く退職を決意した」と述べ、別の教師は「政府の一貫して否定的な態度のために職を去ろうと考えた」り、別の地域への異動を模索したりしていた。絶望の中で、彼らはいかに「退職可能な日や新しい休暇を見つける日だけを考えている」のか、いかに「できるだけ早く教職を去り」、単純にどれだけ「退職を待ちわびている」のか、ということを物語った。

SSRの導入以降、教職歴に対する関心がより深くなったと答えた教師の割合はわずか14%にすぎなかった。また、SSRにより専門職としての自己像が改善したと感じた教師の割合は10%にすぎず、改革によって仕事と私生活のバランスが改善されたと考えていた教師の割合は14%だった（表8）。SSR以降、85%の教師たちがリーダーシップの地位に就くことに以前よりためらうようになったと述べた。驚くことに、調査対象者のうち50歳以上の教師は28%だけだったにもかかわらず、73%の教師たちがSSRの影響で早期退職を求めるようになったと述べていた。

この事態に誰もが愕然とするわけではない。市場原理主義者は早期退職への駆け込みを喜ぶだろう。なぜなら市場原理主義者は、退職を決意するのは年老いた教師、高給取りの教師、邪魔になっている教師だと考えるからだ。市場原理主義者は「ゴミ箱への厄介払いだ」と言うだろうし、政治家たちは高額給与の支払いが終わることを歓迎するだろう。また、退職年度に近づいた多くの担任教師が過去の改革の失敗を見てきたからこそ大規模な改革に全力を尽くす気がないこと、身体の衰えとともに活力を失いつつあること、自己の生活の中で教職以外に注意深さを要する部分に没頭してしまうこと、残り数年は学校やシステム全体ではなく子どもたちに捧げたいと感じていること、これらを示した教師研究の知見を引用することだろう。[29] システムにとって、退職の「波」をつくることは有利に働き、損害を与えない、と市場原理主義は主張するだろう。

しかし、全ての年配教師が疲れ果て、皮肉になり、改革に反対しているわけではない。彼ら／彼女らがそうなるのは、自然な加齢と同じくらい、組織としての学校やシステムの質によるのである。正しい組織とリーダーシップがあれば、多くの教師は職歴の後半においても新しい考えを取り入れたり、若い同僚を指導したりすることで輝きを取り戻す。[30] 教職において、年数を重ねれば重ねるだけ退屈になるということは必ずしも当てはまらない。これらの年配教師と大勢の未成熟な新卒者とが一斉に入れ替わる時期に、非常に多くの教師が早期退職を決断する事態は、メンタリングや専門職として学び合うための本質的な資源がシステムから失われたことを意味する。さらに、早期退職を勧められたとしても、それに対抗する道徳的で情動的な方法はあまりない。なぜなら、道徳的な誠実さが欠けていることを正当化できないほど、変化は急激に進んでいるからだ。

それにもかかわらず、また気がかりなことに、私たちの調査では年配教師だけでなく若い教師も教職を去るという悲しい意思を宣言している。基金、供給、技術、専門性開発の機会、カリキュラム外の活動への参加時間、これらの不足を並べ立てたあとである教師は、「新任教師としてこの情勢に落胆した。民間の専門職に移ろうと思う。教職には楽しみなんてないし、悲しい記憶があるだけ」と述べていた。またある女性教師は「まだ若いので、もしこの状況が終わらなければもっといい労働環境に移るわ」と述べた。同じ学校の同僚も「私は学校の中では比較的若い教師だけど、真剣に他の仕事とか、非常勤講師になることを考えている。私は教えることが大好きだから、そんなことを考えるのはとても恥ずかしいことなんだけど」と述べていた。中でもノース・リッジ校のある教師のコメントは最も悲しいものだった。

私は学校の中では比較的新しい教師として、生徒たちのためにも、そして一人の専門職としても、この州の教育の将来を真剣に心配している。今の職業を後悔するなんて思ったこともなかったけれど実際に後悔しているし、もっている三つの学位（文学士、教育学士、文学修士）を活かして別のことをしていたらと考えてしまうわ。６年間働いてきたけど、役立たずで、人にたかる太った猫だと言われるのは全く楽しくない。私は、自分の子どもや家族がこの職業を望まないよう切に願っているの。生徒たちと学ぶことは大好きだけど、この政府と働くことは好きじゃない。どうしたら、いま政権を握っている政府と一緒になって、時間が足りない中で素敵なニューカマーの生徒たちを励まし、魅了することができるのかしら？　できるなら明日にでも退職したいのよ。でも、定年退職を迎える2026年のハロウィーンはだいぶ先のこと！　8年前、こんなふうに考えるなんて思いもしなかった。不幸だわ。私はうんざりしているし、疲れている。この職業が提供すべき（だと政府が述べる）ことに幻滅したわ。1992年に法科大学院適性試験を受けていればよかった。当時は教員養成大学に入るよりも簡単だったから。その年にヴィジョンをもっていなかったせいで人生は最悪のシナリオになってしまったわ。

SSR開始以来、自分の子どもに教職に就くことを勧めたくないと言うのは彼女だけではなく、その割合は調査対象者の実に78％にのぼっていた。

公立学校システムと教職が直面している最も深刻な危機と困難の一つが、教職に就いている教師の統計上の減少と結びつく大規模な退職である。人口統計上の退職者や離職者の増加という大きな歴史的な動きは、ある部分では、これまで働いてきたベビーブーム世代が高齢化した自然な結果である。もしも、教職を辞めていく人々の波に取って代わって、極めて優れた、高い能力のある新任者を惹きつけることができれば、この決定的な出来事は教職をイノベーションする絶好の機会となりうる。しかし、私たちの研究知見で気がかりなことは、年配教師だけでなく若い教師も教職に幻滅しているということ、また、年配教師たちも彼ら／彼女らの後を任せるために若い教師に助言する気がなさそうなことである。というのも、年配教師たちは外的な圧力によって教育実践の自由をほとんど奪われてきたためである。

このような状況下では、知性と創造性をもった質の高い人材を教職に惹きつけるのはますます難しくなってくるだろう。とりわけ、あまり規制がなく、やる気を引き出すような他の職業が彼らの才能を狙っている状況下ではことさらである。さらに、専門性や道徳に対する誠実さの問題によって、教職を天職だと感じる人材を集めることも制限されるだろう。というのも、私たちの研究において、若手であれ年配であれ教職を去ることを示唆した教師たちは、その理由として教職を継続する活力の枯渇よりも、名誉ある教職の使命が経済の動きや政治の圧力によって侵害されたことを挙げていたためである。オンタリオ州の教育の標準化に向けた改革は、自らの仕事が知識経済を乗り越えるために教えることと考え、「善」にかかわる価値を生み出すことと見なす教師たちの意欲を減退させ落胆させるだけである。教職は社会的な使命を奪い取られているのだ。

失われた信頼

あらゆるコミュニケーションが円滑に進み受容されるためには、その根拠に信頼があることが必要となる。経営上の技量を欠いた政府でさえ、もし彼ら／彼女らが善意をもって教育に対して誠実で、少なくとも何らかの悪意に動機づけられていないと見なされれば、政府の改革を成功とみなすチャンスはいくらでもあっただろう。しかし、政治家が不注意にも教育に危機を生み出すべきだと宣言しているところをカメラに撮られたり、高級官僚の給与が予算削減の対象と結びついていることが見つかったり、教師やその組織に対して政府のリーダーが見下した攻撃を与えていると見なされたことで、改革や改革推進者への信頼は地に落ちてしまった。

自由記述欄に43人の教師が、政府が教育改革に関する動機を公言したこと対して不信や裏切りの問題を指摘した。[31] 教師たちにとって改革はレベルの向上ではなくコストの削減でしかない。政府のねらいは「教育ではなく資金の倹約」であり、それは明らかに市場原理主義の考え方である。タリスマン・パーク校のある教師は次のように言った。

これらの新しい評価基準が単純なコスト削減ではなく教育の質の改善を目的としているという偽りの行為は、1年後、2年後にその弊害がより明確になり白日の下にさらされるだろう。

政府の改革が公的部門から民間部門への資源の流れを増やし、「企業的な義務」を増やすことをねらいとしていると教師たちの多くが見なしていた。また何人かの教師たちは、改革が「公教育を破壊し」、民主主義の公共的な生活自体を攻撃する意図的な試みであると見なしていた。ある教師は、政府とその同調者を「意地の悪い船長」とし、おそらく個人的な利益を得るためにカナダとオンタリオ州史上最大の好景気を支えたシステムそのものを破壊することに熱中している、と見なしていた。別の教師は以下のように述べていた。

政府の政策が、(「民衆」のために争われ、「民衆」によって育まれてきた)民主主義の原則に成り立つ教育の政治的で社会的な構造に大きな混乱をもたらす、こういう強い確信をもっているよ。

教育の目的はなんだ? 21世紀の企業社会に必要な歯車を生産することなら、SSRは素晴らしい成功と言えるだろうね。「熟練した」労働者を探している多国籍企業の興味をそそるのに、知的でもなく魂を欠いた卒業生の大群ほどふさわしいものはないはずだ。でも、もしも教育の目的が知的で、魂のこもった、思いやりのある、気が利く人物を創造することなら、SSRは子どもだましの社会へと続いていく破滅的な試金石だ。

政府は目指したことを実際にしてきたと思うよ。多くの保護者は私立教育を選んでいる。公教育システムは、お金も主張もない保護者、教育に関心のない保護者だけがかかわる二流の教育になるだろうね。

変化は広く行きわたりすぎていて、抗い難いものだから、効果的ではなかった。成功のために必要な時間と開発がないとシステムはどう壊れるのかを、まるで誰かが証明したいと願っているかのようだね。

これらの声は、経験、専門知識、根拠に基づかない主張や不当な推量として退けられるかもしれないし、報復として行われる非難の繰り返しにすぎないと見なされうるだろう。実際のところ、まさにそのために、教師たちは情動的に駆り立てられているかもしれない。しかし、世界の他の国や地域には、教師たちの批判的な意見を支持し、市場原理主義の改革パターンの起源や否定的影響に関する研究が蓄積されている。[32] もっと重要なことは、これらの声が、教師たちは個人的に何を信じ、主観的に何を真実と見なしているのかを示しており、教育改革の動機や道徳観に対する教師たちの信頼を得るのに政府が失敗したことを暴露していることである。教師たちの目には、教職の労働状況を悪化させ、学校と教師を失敗と恥のディスコース（言説）に満たした標準化改革は、最終的には公教育への深い関与を、そして全体の公共の利益への貢献を低下させるように映っているのだ。オンタリオ州の前教育大臣の啓示的な言葉に言い換えれば、改善に終止符を打つことによって何かを変えることができる。この改革は、独創性と誠実さの両方において失敗した。

オンタリオ州の高校から集めたデータにより、21世紀の変わり目になされた州の教育改革が独創性と誠実さのどちらのモデルも提示しなかったことが示された。改革は若者たちが知識経済で生きていくための、そして知識社会を乗り越えて生活するための準備を整えることはなかった。また教職専門職においては、知識社会の次の世代を創造するのに必要な多くの質の高い「知識労働者」を採用し、つなぎとめ、更新することもできないだろう。標準化された改革はトロイの木馬である。巧妙に危険を隠している。標準化はまさに死んだ馬であり、むち打つのを止めるべきときがきたのだ。

第5章

知識社会の学校：危機にさらされた実例

学び合うコミュニティとしての学校

オンタリオ州のブルー・マウンテン校は典型的な知識社会の学校である。本書執筆時に開校8年目を迎えるブルー・マウンテン校は、当初から「学習する組織」と「専門職の学び合うコミュニティ」の原理に基づいて運営を進めてきた。

ピーター・センゲの経営理論書『学習する組織』が世の中に広まってから、多くの論者が共通して主張するのは、複雑化が進む知識活用社会では学校もまた実効性の高い学習する組織へと変わっていくべきということである。[1] 学習する組織としての学校は、予測困難で刻々と変化し続けていく状況で学びを実現する仕組みや手法を発展させ、状況の変化に迅速に対応し、持続的な改善に向けて集合的な知性と人的資源を活かした真のコミュニティとして機能する。組織の全てのメンバーは、部分と全体とがいかにして相互に関係づけられているのか（これは「システム思考」として知られている）、特定領域での行為がいかにして別の領域で重要な結果を生み出すのかを理解しながら、自分たちの組織の「大きな絵」を把握していく。また、メンバーは変化と成功の鍵になるものとして個人と組織集団それぞれの学びのつながりを見ることになる。[2]

学校改善を主張する人々はエティエンヌ・ウェンガーの実践コミュニティ[3]のアイデアに基づいて、効果的な学校は力強い専門職の学び合うコミュニティとして機能し運営されるべき、と推奨している。[4] 学校における専門職の学び合うコミュニティにとって、実践コミュニティの鍵となる三つの構成要素が強調点となっている。すなわち、(1)学校における専門職同士の協働作業と議論、(2)協働作業における教えと学びに対する力強く着実な焦点化、(3)学校の発展とそれを阻む問題を探究し吟味していくための評価やデータ収集、である。[5]

専門職の学び合うコミュニティは生徒たちの学びを確実に改善するという重要な使命を実現していく。[6] そして専門職の学び合うコミュニティは発展を維持するための専門的な技術と能力を築き上げていくために、表面的な変化にとどまる「応急処置」ではなく、長期にわたる持続的な改善を創造し支えていく。[7]

専門職の学び合うコミュニティは特に、中等学校段階で確立し維持していくのが難しい。なぜなら、中等学校には教科コミュニティに象徴される部署化やバルカン化（グループ独立派閥化）といった歴史的な遺産があるためだ。[8] 特に高校段階では、「学校はいまだに学習する組織になっていない」というマイケル・フランの主張がいまだに憂慮すべき事態として真実味を保ち続けている。[9] これが、学習する組織としてのブルー・マウンテン校をひときわ優れたものしている。ブルー・マウンテン校はカリスマ性をもった初代校長、慎重に選び抜かれた教職員、初代校長が進めた3年間にわたる開校準備、独創的で「先駆的」な教職員や地域コミュニティと一体となって進めた高度な計画、これらの強みをもって標準的な「中等学校教育の原理」を乗り越えていった。技術的にも構造的にもカリキュラム的にも、ブルー・マウンテン校は卓越したイノベーションを成し遂げたのである。[10]

中産階級から上位中産階級の人々が住む地域にあるブルー・マウンテン校は１９９４年に生徒数６００人で開校し、90年代末には生徒数１２００人以上に達している。ブルー・マウンテン校は学校建築も特徴的である。教職員、生徒、訪問者の相互作用を促す階段状の「フォーラム」を備え、事務室や進路指導室や「ビジネス研究」といったエリアは全てメイン・ストリートに隣接した「ブティック・スタイル」になっている。カフェテリアは間仕切りの少ないオープン・プラン式で、体育館は生徒たちだけでなく教職員や地域の人々の健康維持に幅広く活用されている。

ブルー・マウンテン校は知識社会への志向性を強調しながら、テクノロジーを十分に配備した先進校の一つでもある。開校当初から生徒たちのインターネットアクセス環境を完備し、全ての教職員にノートパソコンとEメールアカウントを与え、教職員は生徒たちにとってテクノロジーの活用モデルとなることが期待された。学校での評価や報告は常時コンピュータで情報化され、生徒たちと学校全体の成果にかかわる成績データは教職員と保護者とで定期的に照合、分析、共有されていた。

また、ブルー・マウンテン校は学習する組織として設計、運営されており、例えばリーダーたちは会議で「システム思考」を活用し（その空間を確保するために全ての連絡は電子化され教職員に通知され）、教師たちもそれぞれの教室で学校の問題が議論される際に「システム思考」を用いている。初代校長はオンタリオ州のリーダーシップ開発プログラムの指導者であり、彼の大学院での研究は学習する組織としての学校に焦点化したものだった。二代目校長（初代副校長）はビジネス研究所の所長のように、自己管理労働チームを研究課題とした教育行政学の博士を取得していた。多くの教職員は非常に献身的で意欲的であり、学校内外での個人的および専門的な学びに積極的で貪欲である。教職員の中には、推理小説を書いたり、マッサージ療法を実践したり、建設業の経営に参加したり、証券取引にかかわったり、実業界へ指導サービスを提供したり、連邦教育省のカリキュラム文書作成に貢献したり、広範な芸術活動に従事したりする者も含まれている。ブルー・マウンテン校は、飽くことを知らない個人的で専門的な学習者としての教師たち、あるいは、そのような学習者を志向する稀有な教師たちを含み込んで学校組織を構築している。

実効力を備えた学習する組織としてのブルー・マウンテン校の特質は、リーダーシップの性質と分散、目標とヴィジョン、カリキュラムと教育方法の組織化、イノベーションを生み出す構造と手法、教師たちの個人的で専門的な学びの志向性といったように、同校の創造性と継続的な運営手法のあらゆる側面に反映している。

初代校長のリーダーシップ

ブルー・マウンテン校の初代校長は稀有な経験と知識を背景にもっていた。特別支援学校の主任教師、職業訓練校の校長、初等・中等学校で経験を積み重ねた教育者、プロのアスリートやコーチ、これらの経験は従来のリーダーシップのカテゴリーを横断するものだった。このことから、初代校長は学校で起こる事態に対して、教師をはじめとした学校の教職員全員で取り組んでいこうとする協働的なアプローチを志向していた。特に、初代校長のスポーツ・コーチの経験は道徳的にも鍛えられており、専門性という点からも以下のように意味深いものだった。

私が学んだことの一つは、もし誰かを動機づけて何かに取り組ませようと考えたときに、私が彼らを管理してはいけない、ということだった。当時のコーチたちにはいささか虐待的な傾向があったし、その基本的な方法はハラスメント的で懲罰的なものであり、仲間に嫌な思いをさせたりする行為も含んでいた。仲間を動機づけようと日常的に採られていた全ての方法が、実際には正反対の効果を生み出していたんだ。

初代校長は大学院生時の研究活動に加え、組織論やリーダーシップ論を熱心に検討し、それを学校経営に活かしてきた。例えば、ウィリアム・デミングの持続的な改善や質に関する意識管理理論[11]、ピーター・センゲのシステム思考や学習する組織[12]、マーガレット・ウィートリーの複雑なシステムを導く際の流動性や曖昧性の要求[13]、などである。

初代校長は実効性の高い専門職の学び合うコミュニティという一つの重要なアイデアを実証しながら、教師主導型ではなく生徒主導型の学校経営の原理を強く推進していた。彼は、学校という場を生徒たちが卒業後に経験していく生活と労働のモデルであるべき、と考えていた。また、このヴィジョンを達成するためには、組織の目標とその達成方法を明確にする教師、支援教職員、生徒、地域が互いにかかわり合う「システム思考」をもった専門性文化が必要になるとも考えていた。つまり、初代校長は今で言うところの分散型リーダーシップの重要性に気づいていたのである。[14]

組織学習やシステム思考という考え方は初代校長の取り組み全てに浸透していた。新しい学校の設置計画がトップダウンで発表された後、地域から反対の声が予想以上に挙がった。そこで初代校長は、「ただただ地域との関係性を構築するために」地域の関係者との協議会を月例で開催し、1992年から翌年の間で学校協議会を創設するに至った。ちなみにこれは、オンタリオ州が学校協議会を公式の政策方針として設定する前のことである。保護者たちは学校関係者とともに、卒業時に子どもたちに身につけてほしい知識、技術、価値観など、ブルー・マウンテン校が目指す教育成果を検討するよう求められた。学校協議会が組織の状態やその有効性に関する年次評価の実施方法を決定するにあたって、道徳と倹約に関するジョン・カーヴァーの著作が参照された。[15] この年次評価のための基礎資料として共有される公開情報とデータはウィートリーの影響を受けていた。[16]

また、初代校長は教職員を雇用する際に他校との互恵関係やそれによって生じる影響を検討するためにシステム思考を活用した。「他校から根こそぎ優秀な人材を引き抜く」といったような非難を避けるために、彼は教職員選考基準について学区と協議を行った。そこで彼は、自校の教職員集団が学区の一般的な教職員層のプロフィールと調和していて、「多大な人材損失によって行きづまる学校を出さない」と宣言した。

このような他校との空間的な互恵関係に並んで、初代校長が検討したシステム上の重要課題が長期にわたって持続する学校の成功、すなわち、学校の持続可能性である。定期的に校長が入れ替わる学区において、彼は自身の異動後も学校がもちこたえ、「自分たちが取り組んできたことを続けていく」のを支える仕組みづくりに献身した。また、校長のリーダーシップが入れ替わることで異なる哲学がもち込まれる脅威に対しても警戒を怠らなかった。[17] そのため、彼は「副校長が次の校長として任命されるように強く交渉した」のである。開校当初からいる教師の一人は、学校協議会とともに教職員が「当時、学区の管理部署に対して極めて強い調子でその旨の要請文書を執筆し、『以上が私たちの認めることの全てだ』といつも主張していた」と回想した。

教師10人で構成されたリーダーシップ・チームがはじめに結成された頃には、教職員に特定の役割が割り当てられていなかった。初代校長が述べたように、「コンパートメント化されない」こと、そして、教職員全員が「初めから全校的な視点をもつ」ことを保証したのは重要だった。その翌年度以降、引き続き学区内では教科や部門といったカテゴリー（に基づくリーダーシップ構造）が要求されていたが、それに対して彼は広範なリーダーシップの意味理解を主張し続けた。その主張は、強制的な改革と中堅層のリーダーシップ構造の縮小化という「波」がブルー・マウンテン校と同じ志向性をとる他の学区へと押し寄せるまで続いた。

学校協議会やリーダーシップ・チームの会議と同様に、教職員の全体会議も学習する組織の原理に沿って慎重に体制化された。この点について、初代校長は次のように説明した。

私たちの会議は全てシステム上の課題から出発し、そこで教職員が抱えていた問題を自由に特定し、その問題解決に取り組み、組織から脅威を取り除けるようにしていった。「機能しないものが存在している」と言及することは、非難されることを恐れて隠すこととは正反対のこと。それは、問題解決に取り組んでいくことを自分たち自身で促すことなんだ。

学習する組織に基づく諸原理は、生徒個人との面談や生徒集団との会議にも拡張していった。それは、「子どもたちが組織に対する責任を引き受け、子どもたちがこれから抱いていく関心事にかかわる情報を生み出し、子どもたちが変化のための提言をつくる機会となった」のである。

問題解決に向けたシステム思考的で積極的な取り組みの価値に関するこれらの理解については、開校当初からいる教職員も繰り返し言及していたことである。

哲学的には、初代校長と私は全体として一致していたんだよ。私たちは何度も文献を共有し合ってきた。哲学、システム思考、継続的な改善アプローチ、トップダウンでない教師のリーダーシップ概念、これらが新しい試みをやり遂げていく自由を生み出してくれた。校長はコーチとして寄り添いながら、邪魔することなく私自身の仕事をさせてくれて、リーダーとなって仲間と一緒に協働で取り組んでくれた。それが魅力だと思うよ。

初代校長と本校の哲学が、私が積み重ねてきた教職人生で強く信じ、心に強く抱いてきたものとこれほどまでに調和していたことに驚きだった。とても素晴らしいことだよ。つまり、教育という営みの中で人とかかわることとその過程の大切さについての信念が調和していたし、単に私たちが行うことだけでなく、それをどのように行うのか、どのように伝えるのか、どのように互いに交流していくのかについて一致していたんだ。調和っていうのは曖昧な状況の中で一緒に生活することなんだ。私たちは失敗することを認められていたし、そこから学んでいった。私はこういった事柄全てを心から大切にしている。なぜなら、それは挑戦する機会をしっかり残してくれるからだよ。このことに恐縮しながらも強い情熱を感じているんだ。

このようなシステム論と複雑性への傾注のただ中にあっても、そして、教職員がリスクを引き受けて責任を負うことが求められる様々な機会のただ中にあっても、校長の眼差しは生徒たちを見失うことはなかった。ある教師は、「何よりもまず優先すべきは生徒だった。そう考える学校は初めてだった。それが私にとっての全てで、大切なのは生徒なんだ」と語っていた。

ヴィジョンと目標

初代校長は、イノベーションを生み出してきた学校の多くが陥った「罠」を回避しようと慎重だった。初代校長は学校のヴィジョンと目標を独力で発展させたのではなかった。初代校長は、従来の中等学校と異なる学校を創設していくための極めて重要な支援を得ながら、教職員や地域の関係者と一緒に粘り強く学校のヴィジョンと目標をつくりあげていったのである。結果として、ブルー・マウンテン校は、学校の指針として機能して学校の成果を自己評価する際に基準となる七つの特徴的な目標（これは「卒業時の成果」として周知されている）を設定するに至った。学び合うコミュニティというアイデア、それから、「地域コミュニティの生涯学習の拠点となること」は学校の使命の中核に位置づいている。学校目標は以下のとおりである。

・全ての生徒と教職員に対して学ぶことへの高い期待を生み出すこと。
・全ての生徒の成功に必要な知識、技術、価値を生み出すこと。
・協同と同僚性の文化を培うこと。
・地域コミュニティからの直接的な情報提供の機会を生み出すこと。

言い換えれば、学校の使命と目標は、生徒のための質の高い生涯学習、教職員のための学び合い、地域からの学び、の三点を強調している。ある教師によれば、これらは「この場を特徴づける哲学的な接着剤」である。

ブルー・マウンテン校の教師たち

ブルー・マウンテン校に赴任した教師たちは本当に優秀だった。その多くは、校長から特別なポジションに応募するよう依頼されていた。一風変わってはいるが、8人の教師たちは特別支援教育の知識と経験を有し、他の教師たちの多くは職業訓練校から異動してきた。ある教師は学区の芸術コンサルタントで、学区が縮小した際にやや不安を抱えながらもブルー・マウンテン校に転任してきた。彼は退職時期が近づいていたのだが、校長から学級担任の役割を与えられ、さらに、イノベーションを生み出すコンピュータ・グラフィックのデザインコースを開講するよう後押しされた。彼は後日「この挑戦が退職後のキャリアで使える技術を伸ばしてくれた」と振り返っていた。退職を控えた教師たちが自らの専門職としての学びを個人の学びへと接続していくのを後押しする、そのための洞察力が校長に備わっていたのである。

教職員選考の手続きは厳格だった。ある教師は、「学校に到着してから五つの会議に参加し、四回のインタビューを受けた」と回想した。初代校長によれば、生徒との密で温かいかかわり、バランスのとれた人生を歩む能力、これら二つの選考基準を最も重視したということだった。先述したように、ほとんどの教職員が活動的で幅広い関心をもっており、時々であるが並行したキャリアを辿っているようで、仕事に対しても精力的であった。例えばラジオ放送、ヘリコプター操縦士、鉄工業、コミュニケーション・コンサルティング、自動車販売といった他領域での生活経験をもって教職に就いていた。このことは、実に多様な経験や開かれた学びを教育実践に組み込む豊かな源泉となっていた。学校という場は、技術の自己形成の提供、すなわち、子どもたちが知識社会に備えて継続的に学ぶことに焦点が当てられる。同じように、自身の教育実践の糧となりバランスを生み出すような他領域での生活や仕事を経験してきた教師たちもまた、技術の自己形成や自己刷新に取り組んでいたのである。このことが、教師たちを自らの教育実践に没頭させた。

開校当初からブルー・マウンテン校の教師たちは自律性と責任を尊重していた。いかにして「最大限、創造的になれるのかが尊重された」のである。教師たちのほとんどが初期の学校の発展段階における経験を「刺激的だ」、「楽しんでいる」、「素晴らしく想像的」、「感動的」、「天国のようだ」と表現した。ある教師は、「この実践にお金を払ってもいいくらいだよ。ここは素晴らしい場所なんだ」と語っていた。

教師たちにとって、新たに加わった責任、問題解決、意思決定、計画化といった機会は、生徒主導型の教えと学びに関する各々のヴィジョンを達成するための方法と捉えられていた。それは、伝統的な高校では実現できなかったことだった。教師たちは同僚と交流し、自身の教育実践における「冒険」や実験的な試みに興奮を覚え、生徒たちが学びに関与していく画期的な方法を発展させていった。ある教師はこの点について「この学校は実験的な試みに従事する機会を私に与えてくれたんだ。自分は言ってみれば伝統的な教師だったと思うけど、この機会は私の成長、そして学びを前進させる素晴らしいきっかけになった」と表現した。

学び合うコミュニティに所属することを通じて、多くの教師たちは自らの専門性開発の加速を感じていた。そこでは、新たな仕事や思考の方法が教師たちの知恵として内化され、それが教師たち自身の「実践における哲学」としてすぐに認識可能な状態となった。ある新任教師はこの強力な専門職文化に特に感謝を寄せていた。

この学校が私のためにしてくれたことはね、管理職が私の哲学を支えてくれたこと、それから、管理職が教育に対して私と同じ仕方で理解していることだった。自分の哲学を教室の中で実現していく能力が伸びたと思う。みんなが私の哲学を共有してくれて、教材を共有し、指導案について語り合う哲学ももっている、そんな教師コミュニティに身を置いていることで、自分自身の専門性開発を加速させることができたんだ。これは他校では見られない風景だよ。多くの学校では、私たち教師はそれぞれ自分の教室に向かい、自分の授業を実践するだけ。自分から同僚にせっせと働きかけないと、どのように取り組んでいるのかとか、どのように良い結果を得たのかとか、そういったことを共有することは本当にないんだ。

ブルー・マウンテン校は、個人の成長と専門職としての成長の加速を支える文化を教師たちに提供するだけではなかった。ブルー・マウンテン校は基本的にあらゆる取り組みのペースが速い環境なのである。ある教師は同校の創設期を「回転ドア」のメタファーで表現し、「ドアを抜けると、どこで止まるのかが本当にわからない。全てが常に動いていて、速いペースで進んでいく。どこに向かっているのかわからないことだってあるよ」と述べていた。また、別の教師は初期の変化の「速度」と並んで、変化の「範囲」について以下のように触れていた。

当時の最大の挑戦は、どのように全てをマネジメントしていくのか、ということだった。新しいカリキュラム、新しい子どもたち、新しい学校、準備が整っていることは何一つなかった。私たちは重要な発展過程を辿っていたけど、その過程が正確にはどのようなもので、自分たちがやるべきことが何かはわからなかった。規則も全くなかったし、それが大きな困難となったこともあったのさ。

新しくイノベーションを生み出す学校を協働で創造するためのヴィジョンの発展、新しいカリキュラムの創設、多元的なイノベーションのマネジメント、新しい関係づくり、これら全ての困難さにもかかわらず、ブルー・マウンテン校の開校に携わった教師たちは自律性と創造性を保ちながら、それぞれの専門性を発揮する機会が求められ活気ある「あわただしさ」に応じていったのである。[18]

カリキュラムと教えと学び

ブルー・マウンテン校の取り組みに対する熱意と興奮は、教師たちのカリキュラムと教室における教育実践のイノベーションや創造力に反映された。例えば、教師たちは授業を統合して50人から60人の学級を構成し、そこでチーム・ティーチングを実施した。その学級を受けもった教師は、「もちろん、25人学級に対して60人学級の授業を実施することで教育方法は変わるよ」と話した。授業の統合とグローバルな観点、これが初期のブルー・マウンテン校のカリキュラムモデルの中心的特性だった。英語に歴史や数学や科学を統合したり、生徒の個別相談や進路相談をビジネス研究に統合したり、地学を地域研究に統合したり、こういった試みが進められた。また、10学年の生徒たちが一週間、校外に出かける「グローバル・キャンプ」も実施された。この全体的な見通しは、ブルー・マウンテン校の学習する組織への志向性を特徴づける非常に重要な側面であり、カリキュラムのデザインと発信を支えていた。初代校長は、「この観点は実に包摂的なものだ。全ての子どもを含み、子どもたちの学びを拓き、私たちの取り組み全ての相互的な『絆』を表現するものだ」と述べていた。これらの取り組みはまた、学区のコンサルタントや近隣大学のグローバル教育の専門家によって支えられていた。このグローバルという観点の重視は生徒たちに対して、世界中に拡張するケアの結びつきの重要性と、グローバルな地球市民としての自覚を形成していく重要性を気づかせることになった。

ブルー・マウンテン校の教師たちはまた、ポートフォリオや展示会といった新しい評価方法を多く活用した。その評価の目標はあくまでも生徒たちの将来を見据えており、コンピュータ・テクノロジーは隔離された実験室に閉じ込められることはなかった。生徒たちは、利用可能なあらゆるテクノロジーを活用するために学校中を自由に動くことができた。

ある数学教師は、ブルー・マウンテン校の教師たちは、ブルー・マウンテン校で日常的に取り組まれていたイノベーションを生み出す教えと学びを例示していた。彼は、数学的な問題解決を重視した調査活動の中で生徒たちが示す成果試験の効果を強調し、授業では問題解決的なアプローチが奨励され、生徒たちは独自の研究活動に従事していた（この活動は他教科では一般的だが、数学では珍しい）。彼はさらに、数学にフランス語の授業を統合しようと考えていた。

私は言語科の教師たちの取り組みから非常に多くの方法を学んできた。数学教師にはほとんど馴染みのないような、より多くの言語スキル、プロジェクト、プレゼンテーション活動に子どもたちが取り組む方法を学んだんだ。これらの方法を使ってみることで、教師としてのレパートリーが広がったよ。

イノベーションの構造と手法

ブルー・マウンテン校のイノベーションのエネルギー、すなわち、複雑性と一貫性のバランスをとる能力、創造的な緊張感と安心感とのバランスをとる能力はシステム思考の応用にあった。[19] システム思考の応用によって、教師個人の学びと学校組織の学びを全体で促進する構造が実現することになった。この点について、ある教師は以下のように表現している。

当初は構造の全てが調和していた。（初代校長の）哲学がそれを保証していた。私たちは全員で参加すべきシステム全体の手続きに基づいて学校をデザインしてきた。伝統的な意味での教科の枠を解いていったんだよ。それでも、私たちは教科の専門性をもたなくてはならなかった。なぜなら、私たちが継続的な改善モデルで取り組めるシステムを生み出すのは、教科の専門性の強みを通じてだったから。教師の役割、協働の在り方、学校組織、全てはどれも調和していて、その調和が哲学的に（初代校長に）支えられていたんだよ。これらの調和を実際に具体化することが私たちの責任なんだ。

システム思考は個人の学びを最大化し、情報を公開し、差異や不一致を価値づけ、教職員全員に学校の「大きな絵」を気づかせていった。そして、自分自身の行為や嗜好が他の部署にいる同僚のために結びつくという責任感を教職員それぞれが認識することになった。開校当初からいる教師は以下のように言及している。

ここはシステマティックな学校なんだ。誰も蚊帳の外に置かれることはないから、生徒たちにも教師たちにも学校のシステムはよく機能している。私たちは学校で何が起きているのかを知っているし、大きな「違い」をつくることに学校の全体的な力学が向かっていることに気づいている。その一方で、これまで勤務してきた学校では、私は自分の所属部署で起こったことだけしか知らなかった。だから、学校の組織が異なれば大きな違いが生まれるんだ。この組織は私の教育実践の方法に非常によく合っているよ。

これらの原理と手法は首尾一貫して学校のマネジメント構造に表現されている。学校の意思決定と計画は生徒代表を含めた横断的なチームで生まれ、そのチームが表面的ではなく深く根づいた学びの機会を促進し、学校を横断していくコミュニケーションを増大させている。[20]「キー・プロセス・チーム」は中堅のリーダー教師たち（主任教師たち）によって統括され、「リーダーシップ・チーム」に報告をあげるなど、校内の重要な統合力として行動する。多くの「キー・プロセス・チーム」は年度毎に改編され、当初は10チームあったが、それが8チームとなり、本章の執筆時点では、⑴評価チーム、⑵カリキュラム検討およびグローバル視点の教授・教育チーム、⑶認識・心構え・士気チーム、⑷「教師助言グループ」および個別相談・進路相談チーム、の4チームが稼働中である。[21]「マネジメント・チーム」は特定のイベントを担当するために一時的に組織されるグループ群で、最長2ヶ月間の活動を続ける。このチームはボランティアの教師や生徒で構成され、「キー・プロセス・チーム」から提案される課題、卒業式のような式典で起こりうる課題に取り組んでいく。「マネジメント・チーム」のリーダーたちはそれぞれの課題に関心があったり、その課題をこれまでに経験したりしてきた教師たちである。この「マネジメント・チーム」の活動によって、管理職や中堅のリーダー教師たちが日々行っている煩雑なマネジメントが軽減され、急変する状況に対処するための戦略的なリーダーシップが円滑に進められることになる。

「リーダーシップ・チーム」は校長、副校長、「キー・プロセス・チーム」の主任教師たちで構成され、毎週会議を開いている。このチームが中核的な役割を担うことで、学校のヴィジョンが維持され、チーム間の一貫したコミュニケーションが保証される。また「リーダーシップ・チーム」は、「キー・プロセス・チーム」や「マネジメント・チーム」が諸課題を特定するのを支援する。「リーダーシップ・チーム」は年長者だけで構成される従来型のチームや中等学校における特定部署の主任グループとは異なり、教師たちへの助言と学校経営の両方の機能を果たしながら、校長および副校長との連携に基づいて活動する。

校内で活動している他のチームの中でも早くから存在していたのが「学校助言協議会」であった。「学校助言協議会」は開校前に発足、発展していたため、学校の役割を明確に定義するための時間と機会があり、「全ての生徒を包摂する」という原理に基づく学校目標を策定し、急変する社会のニーズを予測しそれに対応することの重要性の感覚を育んでいった。「学校助言協議会」は、卒業時の生徒の成績をチェックし、助言を行いながら、新任教師たちとともに学校の哲学を実践化していったのである。

ブルー・マウンテン校は、中等学校で慣例的な「教科領域グループ」も有しており、そのグループにはグローバリゼーションを志向した学際的な教育プログラムや教師助言プログラムが含まれている。カリキュラムを統合し、テクノロジーの活用効果を統合し、「キー・プロセス・チーム」と「マネジメント・チーム」と全教職員の仕事部屋を部署横断的に構成することによって、「教科領域グループ」が学校全体を概観し、各部署と各カリキュラムを横断する強い結びつきを構成することができるようになった。これは他の典型的な中等学校と性質を異にする試みである。

「生徒会」には助言教師と選出された生徒8人に加えて、生徒50人（各「教師助言グループ」からひとりと、通常学級に通う生徒25人）で構成されていた。「生徒会」は毎週水曜日に会議を開き、それぞれ個別の関心に移行する前に学校のシステム全体に関する課題を議論していった。

教師たちの学び合いと専門性開発を支え促す役割を担うのが「専門職の学び合うコミュニティ」というコミュニティ群であり、これは1999年9月に創設された。全教職員が「専門職の学び合うコミュニティ」に参画し、各コミュニティでは教師たちの年齢、教職歴、性別、教科領域が丁寧にミックスされ、中堅の主任教師5人によってそれぞれ統括されていた。二代目校長と現校長によると、このような新しい手法を用いる目的には、教師たちと生徒たちが「自分の学校文化に深く」関与し、学び合うことを通じて、校長が学校を去った後でも学校独自の取り組みを持続可能にすることにあったという。

ケアリング・コミュニティとしての学校

ブルー・マウンテン校は活発で効果的な学習する組織の在り方を多くの点で例証している。その全ての構造と手法におけるシステム思考の強調、集団的な意思決定と探究の広範なプロセス、そして、生徒たちと彼ら/彼女らの学びを第一とする価値は、力強い専門職の学び合うコミュニティの原理に極めて一致している。

しかし、学習する組織と学び合うコミュニティに批判が無いわけではない。ウェンガーはそれらの幻想化に警鐘を鳴らしている。ウェンガーは、学習する組織と学び合うコミュニティは「自己を守るゆりかご」のように単なる「魂を入れる檻」になりやすいと述べている。[22] 学校を土台とした学び合うコミュニティは、それ自体の力で進化していくというよりは、むしろそうなるように学校に命令されることがある。それが落胆する結果をもたらすことは想像に難くない。[23] 学び合うコミュニティは、教育者たちを分かつことがある論題を深く追求することよりは、メンバー間の好意や相互的な相性、あるいは「画策された同僚性」を表面化させることがある。[24] あらゆるコミュティと同様に、学び合うコミュニティもいわゆる「集団思考」の犠牲になりうるのである。「集団思考」は、コミュニティのメンバーが自らを異なる考え方から遠ざけ遮断したり、共有ヴィジョンを思い込みへと変質させたりする。[25] また、集団を結びつけている非公式的なかかわりを犠牲にして、問題解決やシステム思考や集団的な探究といった形式的な認知手法を過度に強調することの批判が、学習する組織や学び合うコミュニティに関する研究で論じられている。[26] さらに、学習する組織の原理は通常、核となる組織、特に被雇用者のマネジメントに向けられており、下請けとなる組織の一部を排除しがちである。業務委託の労働者、受注先の工場、あるいは発展途上国の児童労働者といった集団は、学習する組織の原理から不思議と欠落し、学習する組織が指示するものの「蚊帳の外」に置かれてしまっている。学習する組織の実践の核にあるシステム思考は、政策的に都合のよい「欠落」を示している。[27]

ブルー・マウンテン校に対してはこれらの批判は限定的だろう。ブルー・マウンテン校の専門職の学び合うコミュニティはどこかから命令されてもち込まれたものではなく、学校独自の発展過程で進化してきたものである。ブルー・マウンテン校は「成熟した」専門職文化をもっており、教職員は学校の未来についてそれぞれ活発に異議を唱え、討議している。こうした光景を、私たちは様々な会議の場で見てきた。集団思考にはある種の「傷つきやすさ」が存在するのかもしれない。この「傷つきやすさ」は繰り返し強調されてきた以下の取り組みに示唆されている。すなわち、管理職や開校当初の教職員が、「入植者」としての新任教師たちをブルー・マウンテン校の既存のヴィジョンへと社会化し、そこに彼らを「搭乗」させていったこと、あるいは、新任教師たちの加入に応じてヴィジョンを修正すべきとき、現校長の言葉を彼らに「吸収させる」ように保証してきたこと、である。しかし、これらの取り組みは特に、合理性という観念を超えてケアリングの文化や人間関係を強調しつつ、認知的な問題解決とシステム思考とのバランスをとっていく能力に基づいていた。この点で、ブルー・マウンテン校の構造と手法は秀逸である。つまり、ブルー・マウンテン校は学び合うコミュニティであるとともに、紛れもなくケアリング・コミュニティなのである。

初代校長がシステム思考を強調したのは、ブルー・マウンテン校の改善し続ける能力の背後でその原動力として作用していた「かかわり」を重視していたためであった。初代校長がプロのアスリートとして働いていた頃、彼の最初の教育実践は「困難を抱える少年集団（ストリート・キッズ）」とともにあった。カリスマ的なスポーツ・スター選手のように行動したり、生徒たちを厳格な規律（「手荒なアプローチ」の採用）で統制したりするのではなく、初代校長は「子どもたちへのカウンセリング・アプローチと個を重視するアプローチ」を採用したのである。この取り組みのおかげで、初代校長は「かかわりを通じて子どもたちに関与すること」ができるようになった。それは、初代校長が考える「誰とでも一緒に取り組んでいくことの重要性」をさらに強化するものだった。

学校の創設期にあっては、保護者や地域コミュニティとの単純で合理的なコミュニケーションを計画するのではなく、真に互恵的な関係を構築していく必要があった。そのためには、保護者や地域コミュニティからの支援は不可欠であったし、保護者や地域コミュニティがイノベーション志向をもった学校環境に積極的に参画してもらう必要があった。他にも理由はあるが、最初の休憩スペースは教職員間の関係を紡ぐためにデザインされた。実際、教職員間の議論は「学校に有益なかかわりを守るために壁をとり払うこと」に焦点化された。ある教師は初代校長のヴィジョンを「個人として幸せでないならば、専門職としても幸せではない」と表現していた。

初代校長の言葉を借りよう。「教師助言グループ」という学校の先駆的なシステム（これは後に州内に幅広く採用、実施された革新的なシステム）は、全ての生徒が「この建物の中で大人たちとの意義ある出会いを実現する」ためにデザインされていた。「教師助言グループ」は生徒たちをケアし、生徒たちが目標を設定し省察するように導き、生徒たちにコミュニティで発することのできる声を与える。この新しい試みの中で、教師たちはそれぞれ、勤務時間に追加して一週間につき１００分を生徒たちへの助言や支援に費やしていた（この時間は後に80分、40分と調整され、最終的には教師たちが最適な時間を探って50分となった）。

ブルー・マウンテン校の二代目校長は「かかわり」というテーマを強調し続けた。彼女とリーダーシップ・チームは多くの教職員から「素晴らしく」、「支援してくれて」、「目を見張るほど輝かしい」、「最高の」仲間であり「根っからの教師だ」と表現されており、彼女個人としても「非常に思いやりがあり」、「家族を大事にする」人として高く評価されていた。また彼女は、過去に一緒に働き、影響を受けてきた校長たちは「いつも素敵だったの。生徒たちの間では校長が家族を大事にする人だってリアルな感覚があったわ。校長が心を開くというやり方を知りえたのは私にとって本当に助かったことなの」と語っていた。現校長も家族の重要性を強調し、「教師にとって必要で最優先にすべきことは家族や友人たちとすごす時間で、先生方がそのことに目を向けるために私たちは何度も話し、（スケジュール会議でも）時間の調整を試みた。ここで家族と言うときには普通の二人親の家族だけではなくて、一人親や同性婚の家族も含まれる」と語っていた。

二代目校長がよく説明していたように、彼女が学校の外に出かけることはほとんどなく、日常のほとんどの時間を人と会うことに費やしていた。朝一番の30分間は校長室やコピー機の周りで生徒や教職員と語り合ってすごし、校門では登校してきた生徒たちと交流し、それから廊下を歩きながら学校が落ち着いていることを確かめる。また、毎日三、四つの教室を訪れ、一週間に三回は音楽の授業を参観して生徒とともに音楽を聴き、芸術科でつくられた作品を鑑賞し、教室に招かれて生徒たちのプレゼンテーションを参観し、必要に応じて単発や単元の授業を行っていた。「生徒たちから見れば、校長よりも教師のように映っていたでしょうね」と彼女は回顧していた。また彼女は毎日図書室を訪れ、生徒個々人と語り合う機会をつくっていた。彼女自身はそれほどスポーツ好きではなかったが、生徒たちから試合の中でどのような動きに意味があるのかを聴き、楽しみながら、放課後のゲームを観戦していた。

ある教職員は、改革によって競争という圧力が高まる状況下で組織を動かしていくことの難しさを感じながら、そこで重要な意味をもつ「学び」と「ケア」という二つの学校の使命について以下のように述べていた。

人々が色々なことでお互いに笑い合ってアイデアを共有する場をもつ情動的な経験が決定的に重要なんだと私は思っている。そこでは多くの学びが実現するだけじゃなくて、関係が何度も紡ぎ直されることもあって、こういうことは本当に大切なことなんだ。

教室における生徒とのかかわりと同じように、教師たちはブルー・マウンテン校の文化であるケアリングの性質と同僚性のプラスの効果について自由に語り合っていた。ある新任教師は次のように述べていた。

同僚をケアしなければ学校で働くことなんてできない。それが学校で働くってことだし、学校に雇用された人がすべきことだよ。だから、学校では自分自身をケアしながら仲間を心配してくれる人を雇うんだだ。それでストレスが溜まったらみんなで話をするのさ。なぜかって？　人っていうのはささやかに語り合う中でアイデアを表現して、そして強く自由を感じるからだよ。同僚が何かストレスを感じていたら、自分もそのストレスを引き受けなくっちゃ。

ブルー・マウンテン校の教師たちは同僚から温かいケアと支援を受けているからこそ、家族が体調を崩したり個人的な困難に直面したりした際に、家族の世話に時間をかけるのにあまり後ろめたさを感じることはない。例えばある女性教師は、同僚が病欠中の教師の授業を分担し、成績までつけたエピソードを述べた。その上で、「私たちは見てのとおり、お互いの生活を支え合っているの。これは管理職も同じよ」と語り、続けて「何よりもまず大事なのは家族なの。家族があるから仕事ができるし、仕事に集中できるわけでしょ。だから、仲間を支えるってこと。そのことが私たちの文化を表現する一つの物語なの」と語っていた。

この互恵的なケアリングというヴィジョンはまた、相互に支え合って取り組む実践へと発展していった。それは、教師と学校職員とが互いの専門性を活かしながら働きケアし合う実践であった。また、管理職の活動的な支援もあって、専門職として冒険することを常に勇気づけられる文化がつくりあげられた。知的で情動的な活動である教えと学びとケア、これらはブルー・マウンテン校で決して矛盾することなく、ましてや哲学的に緊張を孕むものでもなかった。教えと学びとケアは効果的な教育に向けた唯一の包摂的な接近方法として統合されていたのだ。[28]ブルー・マウンテン校は教職員と生徒に対して長期にわたる効果的な集団活動を通じ、問題解決能力やチームワーク力を育成しながら、同時に他者との豊かなかかわりを紡ぎ、互いに支え合うことのできる人間性を育んでいくのである。知識と養育、学びと発達、チームワークとグループワーク、知識社会に備える教えと知識社会を乗り越えていく教え、これらはブルー・マウンテン校の相互に補完し合う原理であり実践である。

学校における専門職のコミュニティの支持者の間では、力強い専門職のコミュニティは非公式の協働に基づくべきなのか、それとも「コレギウム（組合・団体）」[29]でのより公式の議論に基づくべきなのかをめぐって見解の相違や不和が存在する。また、良き同僚は良き友人であるべきか、教師たちの友好的な絆は最善の教え方についての原理的な不一致を禁ずるのか、といった論争がある。[30]同僚との良好な関係について幅広く述べてくれたある教師の記述によると、教育の変化に関する文献や実践を悩ませてきた多くの二元論に対して、ブルー・マウンテン校がどれだけ挑戦してきたのかがよくわかる。その二元論とは、個人的な関与か、それとも専門職としての関与か、一致なのか対立なのか、厳格な同僚かそれとも支え合う友人か、などである。

ここではみんなが同僚と親密に仕事をしている。私たちはとてもしっかりと一緒に働いているし、私たちがやっていること全てが意義深いんだ。これは、みんなが教育に対して同じ信念をもっているからなんだと思う。校長は私たちを採用したときに、みんなに自分自身の教育に関する哲学とその哲学に従うことについて考えるよう、求めたんだ。そんなことを校長が求めたのは、私たちは生徒たちのためにここにいるってことがわかっていたし、教育に対して同じ信念をもっていたし、自分自身で選択してここにやってきたからだよ。だからこそよく協働できていると思えるんだ。私たちがここで行う必要があるって気づいたことは、きっと他の学校よりも多いと思う。その気づきを時々立ち止まって口に出す必要があるんだ。「自分たちはどこにいるのか？　どこに向かおうとしているのか？　そこにどのように辿り着くのか？」ってね。こんな自問自答をたくさんやっているよ。年に二、三回、私たちは腰を下ろして、グループを再編成しようとも努めているんだ。

もう一つとても重要なことは、他校と違って多くの情報が飛び交う職員会議を行っていないこと。これはとても恵まれているよ。情報は毎日Eメールでそれぞれのノートパソコンに配信されるから職員会議は必要ないんだ。その代わり、教職員の集まりがいくつかあって、そこで授業のことやシステム上の問題を話し合う。それから、学校で機能していることは何か、それを持続する方法は何か、学校で機能していないことは何か、それをどのように修正するのか、といったことも議論する。とても重要なことは「なぜ私たちがここにいるのか」、「課題に立ち返ろう」ってこと。これらは学校の「大きな絵」を意識し続けて、そこに立ち戻るために必要なんだ。それから、ストレスを生み出すものが出てきたら、私たちはたぶん世界で最も思いやりのある経営チームを組織することになるよ。私は確信しているんだ。校長と副校長が私たちと一緒に素晴らしい力を発揮するって。だって、彼らは私たちのニーズにとても素早く応じてくれるから。

この学校では家族が何よりも真っ先に優先される。当たり前のことだけど、家族を差し置いて大切なものなんて何もないよね。ここでは、自分が幸せなら他人を幸せにできるっていう信念があるんだよ。自分が幸せじゃないって感じるときには、まるで子どもの親権を取られた父親みたいに明らかに力を発揮できないだろうね。

そう、私はこの学校を絶対に離れたくないって感じている。この気持ちは私にとって当たり前のことじゃない。なぜかって、それはね、私は変化を好む方だからさ。今、私はここに永遠に留まりたいし、ここで自分の子どもたちの教育もしてみたい。そんな信頼をここのやり方に対して抱いているんだ。この信頼、この忠誠、この信条、この豊かさ、誰だっていつも戻ってきたくなる、それがここで感じられることなんだよ。

圧力がのしかかるコミュニティ

学びとケアリングによって形づくられるブルー・マウンテン校の全体的な文化、そして、その構成要素の相互関係をまとめたのが図5－1である。イノベーションを生み出すあらゆる学校や新たに創造された組織のように、ブルー・マウンテン校はその発展過程において予期された問題群に対応していく必要があった。[31] 学校が発展していくにつれて、開校当初から慣れ親しんできた仕組みは次第に失われていったし、新しい教職員を学校独自の文化や使命に（常にうまくいくわけではなかったが）社会化していく必要もあった。また、イノベーションを生み出す学校に対する地域コミュニティから理解や支援を得ることは常に不可欠となる。初代校長は学区での最初のコミュニケーションが円滑に進まなかったことで、地域からの学校への信頼と関与を形づくり再構築していくために、システマティックで持続的な努力を重ねる必要があった。カリスマ性を備えた創設時のリーダーたちが立ち去る際、開校初期の気運と成功の持続可能性は常にリスクに晒されることになる。しかし、現職の副校長を二代目校長に任命することによる計画的なリーダーシップの継続性がこのリスクの回避につながった。ただし、本書執筆時点で二代目校長もまた他校への異動の話がもち上がっている。近隣の学校との良い関係を保持することと同じくらい、学区からの継続的な支援も本質的に重要で

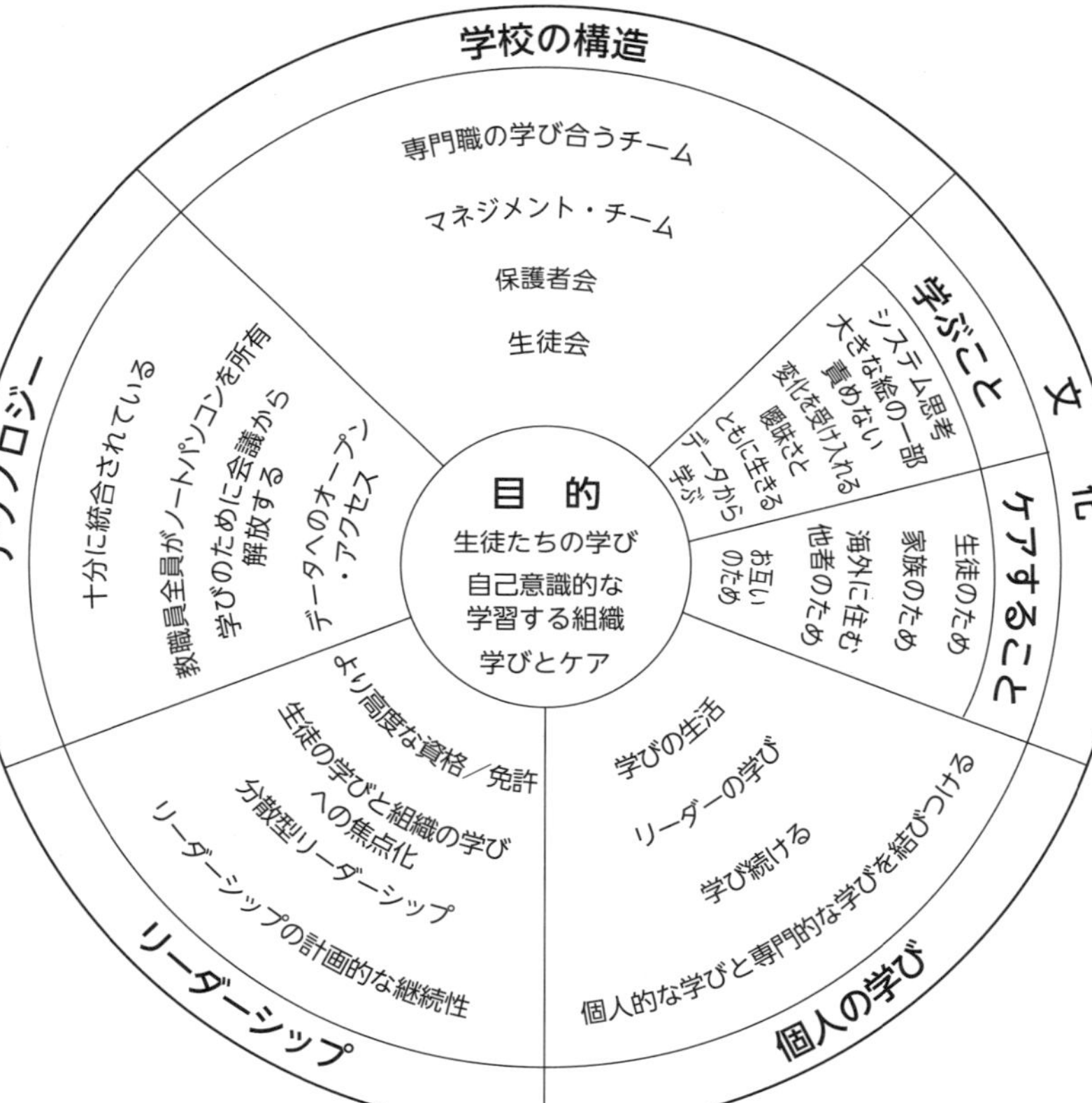

図5-1　ブルー・マウンテン校の専門職の学び合うコミュニティ

ある。そのため、初代校長が学校創立時の教職員の確保に公正な規準をもって臨んだことで、学区内で開校の利益を得る教師たちの偏りを非難されることはなかった。

しかし、二代目校長の推進した「鼻にかけすぎ」ない努力をよそに、新たな学校の創立がもたらす利益は「事前に着任教師全員がノートパソコンを手にするほどの資金を確保したことと相俟って、ある点で嫉妬を買うことになった」（初代校長談）。ブルー・マウンテン校は周囲から注目を集めないよう努めたのだが、教職員たちは他校の教師たちに自分たちが「特別優遇されたカモ」と見られているように感じていた。彼らは熟達した専門性開発を国家全体に実現するよう求められていたが、地域ではその取り組みへの支えをほとんど受けることはなく、「自分たちが暮らす地域で提唱者になるのは難しい」と二代目校長は話していた。

それでも、ブルー・マウンテン校はもち前の省察性と粘り強さによってイノベーションを生み出す学校としての進化過程で予期された多くの問題を打破することができた。その問題とは、学区にある学校としてのアイデンティティが脅かされる重大な災難ではなく、最悪の場合での一時的な脅威や継続的に示される苛立ちである。このブルー・マウンテン校の挑戦はおそらく、学習する組織と学び合いケアし合うコミュニティのモデルに内包する長期的で持続可能な力に対する重要な証拠となるだろうし、少なくとも開校から8年間に関しては、これまで他校の道標とされてきたイノベーションを生み出す学校モデルと比較してみる貴重な事例である。

ブルー・マウンテン校が抱える本質的な問題と困難は、学び合いケアし合うコミュニティとしての継続的な成功に対して脅威となるものだった。それはイノベーションを生み出す多くの学校が何度も陥る傾向にあった漸進的な「変化に伴う消耗」というよりは[32]、長い時間をかけて特に重大な影響をおよぼす命令的で標準化された改革だった。ブルー・マウンテン校は、進歩主義教育の考え方を前進させた政権末期にあたる「夜明け前の微光」の中で生まれたのだが、不運なことに資源や支援だけでは進歩主義教育の考え方を裏づけられなかったのである。１９９4年にブルー・マウンテン校は開校したのだが、州の負債が急激に膨んだことで教育財源は大きく削減され、教師たちの賃金は据え置かれ、学級規模は拡大され、学区のオフィスで働く教育関係教職員や行政職員も削減された。「移行期」の改革による新たな試みは、ブルー・マウンテン校の哲学と成果に基づいて統合されたカリキュラムモデルに影響を受けていたものの、財政問題と政策の新しすぎる方向性のために他の高校への適用という点では完全に失敗に終わった。

１９９5年には「コスト削減」と「リストラ」を標榜した保守党新政権が力をもつようになった。保守党新政権は、地区税収を増加させるために学区の能力を弱め、学区それぞれの役割、責任、責務を縮小化し、予算全体を縮減し、中央集権的で教科を基盤としたカリキュラムや第10学年でのリテラシーテストを含む全州テストを導入した。保守党新政権のこれら施策はブルー・マウンテン校に外的な命令遵守と厳格な評価実施を求め、同校の創設当初からあるヴィジョンを継続して実現していくために必要な柔軟な能力を浸食していった。

第4章で見てきたとおり、政権与党の法制定は教師の授業時間を1日につき7時間から8時間増やすもので、可能ならば空き時間に欠勤している同僚の授業をカバーすること（「いつでも呼び出し可」）も要求として含まれていた。学区と教職員労働組合支部がこの要求を一時的にでも和らげることに同意したとき、進路カウンセラー、図書館司書、技術助手、代替教員といった学校支援サービスに対する多大なコスト削減も成立した。財政的にも、中堅教師のリーダーシップの立場はより広範で一般職のような役割に縮小され、以前は管理職の仕事のために割り当てられていた時間の全ても失われた。このことがブルー・マウンテン校で意味するのは、学校の生徒規模が二倍に膨れあがるのに対して中堅教師のリーダーシップ・チームがほぼ半分の5人になるということだった。また、4人いた進路カウンセラーは2人の常勤教職員のみに削減され、図書館司書も半分となった。全ての教師がさらにたくさんの授業を行い、休職中の同僚の仕事をカバーし、スケジュール調整や授業準備に割く時間の不足に苦慮していた。

これら改革の施策と気風によりブルー・マウンテン校の取り組みと文化は多大な被害を被ることになった。それは、カリキュラムと授業、テクノロジー、リーダーシップ、全体的なヴィジョン、組織学習と意思決定の手続き、教師―生徒関係、教師の専門職としてのアイデンティティと個人としてのアイデンティティである。

学びの喪失

カリキュラムのリサイクルと後退　標準化された改革は、教えと学びに対するブルー・マウンテン校独自のアプローチを徐々に掘り崩し、ある教師の言葉を借りるならば「グローバルな視点の消耗」であった。また別の教師は「私たちが初めから進めてきたグローバルな学習者、この哲学や文化からずいぶん遠ざかってしまったと思う」と述べていた。確かなことは、法制化されたカリキュラムが特に強調するところによって、統合的なプログラムを全く信じない教職員たちが自分たちの置かれている環境に疑問をもち、統合プログラムの修正を志向するようになったのである。この意味で、標準化された改革が慣習的なカリキュラムを用いる手法への後退を後押ししていったと言える。その一方で、グローバルな視点が希薄になることで、生徒たちの地球市民としての自覚を培う学校の能力が弱められていった。

また、法制化された改革の命令はブルー・マウンテン校の画期的なアイデアをリサイクルしたものであり、同校の意図や専門職の価値システムを弱体化させて別の学校に適用していった。ある教師は次のように述べた。

外見上には、私たちがここで試してきた結果に改革が基づいているよね。例えば、学校の部署主任っていう狭っ苦しい感覚を取り除くことは私たちが始めたこと。それから、助言委員会、教師助言グループやポートフォリオのアイデアも私たちが考えたことだし、学校でテクノロジーが本当に大切になることに気づいたのも私たちが最初だった。

ブルー・マウンテン校は教育省政策の改革推進ビデオでも特集され、何人かの教師は中央集権化された新カリキュラムの策定にかかわっていた。しかし、これらで創作されたことは、教育的に疑問の余地が残ったり実行が不可能だったりする形でブルー・マウンテン校に戻ってきた。人と人とのかかわりで成り立っている学校協議会は形式的な手続きを再度強いられ、部署主任の領域横断的な役割は著しく拡大され、そこにあてられる管理運営上の時間も削減され、縮小化されたマネジメントの手法へと変質していった。持続的なかかわりを土台とした生徒たちへの集中的なモニタリングを促進するために50分以上の時間をかけていた「教師助言グループ」の効果も弱まり、現在では「教師助言グループ」に用いる時間が法的に30分まで縮減されたのである。さらに、進路指導部が授業で提供してきた個別教育とキャリア教育の中で統合された支援は、もはや学校に残され疲弊した進路担当の教師たちから提供されることもなかった。

このような、私が呼ぶところの「変化のリサイクルパターン」には幅広い意味での示唆を含んでいる。それは、より広範なシステムを動かすための実験台としてのイノベーションを生み出す学校、あるいは、試行的なプロジェクトがいかにして利用され濫用されるのかについてである。「変化のリサイクル」の本質について、ある環境整備の専門家が一度説明してくれた。彼の企業は地域の中で使用するペンキの大部分をリサイクルしている。私は、「ペンキをリサイクルするとき、そのペンキに何が起こるのか?」と彼に尋ねてみた。

「そう、より良いペンキへとリサイクルされる」と彼は、答えた。

「でも、元のペンキと似たようなものじゃないのかい？」

「いや、薄い青と濁った緑が出てくるんだ。リサイクルしても元色のスペクトラムは完全には保てないし、色味の悪い塊全部を完全に抜くこともできないよ」

「そのあと、それを誰に売るんだい？」

「キューバのような貧困国が主だね」


これは、リサイクルされた改革がいかに機能していくのかを示している。もしも、学校が改革にあたって要求される実践にすでに取り組んでいるならば、色味の悪いペンキの塊のような二流の実践であってもまだましかもしれない。しかし、学校がすでに洗練された哲学によって完全なスペクトラムをもっているならば、柔軟性を欠いた法制化を通じた実践のリサイクルが学校のスタンダードを一層低品質なものにするだろう。悲しいことに、法制化された教育改革の影響はブルー・マウンテン校にとって、改善やイノベーションというよりもむしろリサイクルや後退といった類のものだった。

テクノロジー　また、時間の欠如と教育資源の欠如は「ハイテク」学校としてリードしてきたブルー・マウンテン校のテクノロジー力に影響をおよぼしていた。授業準備時間の減少によって、ブルー・マウンテン校はもはや教師対象の学内テクノロジー講習を維持することができなくなり、地域への同講習の実施も立ち消え、（サポートサービスのソフトウェア更新の停滞によって）必要なときになっても機器のメンテナンスもできなくなった。機器の故障を避けるための点検管理に必要な資金も不足していたし、テクノロジーに精通した重要な教職員に保証すべき時間も不足していた。

私は今年、担当していた二、三のテクノロジー支援「部署」にあてる時間がほとんどなくなっちゃったんだ。初年度は一度に三つのテクノロジー支援「部署」を掛けもちしていたと思うよ。それでね、私は三つの学級で授業をすることになったから、いま面倒が見られるコンピュータの数は半分以下になったんだ。何かが壊れたり修理できなかったり、ほとんどギリギリの状態で使用中の機器をメンテナンスしている。初年度は年間ずっとネットワークがダウンしなかった。そのことを誇りに思っていたけど、今じゃダウンしてばかりさ。

ハードウェアやソフトウェアのアップグレードが円滑に進まない状態の中で、教職員は「ブルー・マウンテン校はもう最先端じゃないかもしれない」と不安に思い始めていった。

専門職のコミュニティと意思決定　業務量の過多、時間の不足、そして留まることのない強制的な改革の速度と衝撃の広がりはブルー・マウンテン校の意思決定過程に深刻な影響をおよぼしていた。教師たちは教職員用のランチルームを使わなくなり、仕事部屋に籠ることが多くなり、そして、省察的な集団というよりは圧迫的な個人主義へと変質していった。ある教師は、「今年は特に、職員室で昼食をみんなで食べることがほとんどなかった。みんな本当に仕事部屋に籠って、昼食を食べながら仕事をしていた。孤立した集団になっちゃったんだよ」と語っていた。また、教職員が疲れ果てていたため、短い時間でもそれぞれの課題に向き合う時間を必要としていたために、会議は頻繁に中止へと追い込まれた。同僚の授業を参観して専門的な意見を交わし合う時間、新任教師を支援するための時間も限りなく少なくなった。さらに、テクノロジーの使用方法を新しい教職員に手ほどきする時間や、新任教師とともにカリキュラム開発を行う時間もほとんどなくなってしまった。

学校の計画と意思決定を行う協働チームが弱体化する恐れが時間の不足によって常に生じていた。時間の不足は「学校から創造的な時間を容赦なく奪い取る」というのがある教師の見解だった。また別の教師は皮肉を込めて「協働とチームワークは最も必要なときに限ってぼろぼろに崩れ落ちていった」と述べていた。協働の衰退に伴って、数人の教職員は学校の中で何が「起こっているのか」に気づいていた。ある教師は、「やるべきことが多すぎるし、仕事を簡単に引き受けて、それを一人でやって終わらせて、それでやっと次のことに取りかかるんだ」と語っていた。別の教師はその結果を以下のように述べていた。

時間に制限があるせいで同意もなしに多くの決定がされるの。一回で全部を決めるなんてできっこないのよ。グループで会って、みんなの考えを聴いて、言われたことを吟味して、何度もそれを繰り返す、そのためには時間がたくさん必要でしょ。それはまだやっているけど、前と同じくらいできるとは到底思えないわ。時間は本当に手の平から滑り落ちていっているのよ。

これらの変化を振り返っていくにつれて、教師たちは先駆的な学び合うコミュニティとしての稀有なアイデンティティが失われていく感覚を、現実に起こりうるものとして抱くようになった。

私が初めからもっていた協働チームという哲学が今まさに必要なんだ。それがあればみんなで支え合って助け合うことができるんだから。こんなひどい環境の中でも私たちの創造性はまだたくさんある。だけど、みんなバラバラになっていて自分自身の小さな世界に引きこもっちゃうんだ。今はこの状況に悲観すべきときじゃない。前よりもっと協働チームになって、アクション・リサーチを進めて、継続的な改善を行い、よく省察しなくっちゃ。こういうことを全部すべきときだけど実際にはできていない。ある意味ではね、責めるわけじゃないんだけど、色々な取り組みを行うための管理職からの支援がほとんどないって感じるよ。

リーダーシップ　これらコミュニケーション問題の源が学校のリーダーシップにあると捉えられるのは避けられない。ある教師は、「リーダーたちは偉大だよ。私は本当に彼らを賞賛し尊敬している。彼らは本当にたくさんのハードワークをこなしているよ」と強く述べていた。ブルー・マウンテン校は多くの方法で有能なリーダーシップを醸成するイノベーションに基づく構造と伝統をもっていた。それは、中堅の主任教師の役割減少を抑えるためだけに設定されるリーダーシップとは性格を異にするものである。しかし同時に、何人かの教師たちは「リーダーたちはやるべき仕事をやっている」とは思っていなかった。「なぜなら、仕事の配分が大きすぎるし、いくつかの変化のせいでリーダーたちは手を広げすぎてしまって効率的でなくなった」ためであった。

校長はこの難しい時期でも勇猛果敢に挑戦し、ケアリングと包摂型教育をうまく維持できたこともあった。それでも、新しい改革の熱にあてられた何人かの教師たちは、学校がもっと「トップダウン」になるべきだと指摘した。ある日、相談なしに一つの教科がなくなることになった。この重要な局面をある教師は以下のように回顧していた。

それはね、時間があまりに少なかったからだよ。私たちはいつも実際に会う会議の場で手続きを進めるベストなやり方をグループとして決定するんだ。そう、会議がなかったんだよ。ちょうどその授業をなくすかどうかを話し合っていたのにね。それから、私のキャリアでこれまでなかったことなんだけど、情報を共有する機会すらなかった。今は本当にただの「トップダウン」だよ。トップダウンするしか時間はないからね。

他の教職員たちは、やや強制的で誠実さを欠いた変化を校長ができるだけ「好意的に捉えよう」と努力していたことに気づいていた。この校長の行為は、困惑を感じるばかりの政策状況の中で楽観的な気分を人工的に醸し出していた。まさに情動労働そのものだったのである。教職員たちは校長の葛藤を知りながらも、校長の情動労働がもつ効果も目撃していた。

まあ、少なくとも外見上はね、何事も線引きする人がまさに責任を共有する組織なんだけど、そこから私たちが離れてしまったんだ。それは時間の問題のせいだよ。あとたぶん、二代目校長は多くの事柄をかなり直接的に統制する立場にいたんだけど、彼女はまた一方で責任をみんなで共有しようとするヒューマニストなんだ。でも、私たちはそんな責任を共有することさえ、指示される中で忘れていったと思うんだ。

自己意識的な学習する組織、そして専門職の学び合うコミュニティとしての近年のブルー・マウンテン校は、矢継ぎ早に出される政策という「津波」に抗うために実に多くの時間を費やしている。カリキュラムの柔軟性を失わせる変化の加速、教師としての時間の減少、知的なリーダーシップの衰退、これらは多くの教師たちを教科グループへと後退させ、短期間の政策実行のために長期にわたる計画をあきらめさせ、専門職として同僚と交流するための機会を減らしている。決定は相談なしでなされることがあり、学び合う「プロセス・チーム」は半減し、排他的になるかのように自分自身だけのカリキュラムと授業に力を注ぐよう強制されていると教職員は感じている。他校に比べると、異なるグループやチームを超えた専門職の学び合いは維持されている方だが、標準化された改革のために、知識社会の学校の唯一例である学び合うコミュニティとしてのブルー・マウンテン校は疑う余地もなく危機に直面している。ある教師は、「進歩的でない政策や官僚は私たちの学校の知的な資本の分散を抑え込もうとしている」と述べ、標準化された改革の弊害を最も端的に表現していた。

ケアリングの衰退

ブルー・マウンテン校は学習する組織であると同時にケアリング・コミュニティである。ケアリングは、情動的な共感という気質を保ちながらメンバーが行動することに基づく。アダム・スミスによると共感は基本的な心情であり、共感することで人々は公的な利益に関与することが可能になる。[33] ケアリングはまた、人々が十分な安心感を抱くことに基づく。十分な安心感とはつまり、情動的な活力を自分自身のニーズだけに消費するのではなく、他者のニーズに従事するために十分に保持することである。ケアリングはさらに自己だけでなく組織にも依存する。組織の支えによって、人々がケアリングを試みる力をもった他者と関係を築くことが可能になり、そしてそのかかわりを励まされることはとても重要となる。[34] ブルー・マウンテン校はその短い歴史の中で、生徒たち同士の、そして教職員同士のケアリング関係について、力強く羨ましいほどの評判を打ち立ててきた。それでも、効果的なケアリングに必要とされる自己や他者とのかかわりについての安心・安全が、大規模で標準化された改革によって次第に傷つけられていった。

かかわりの糸　ブルー・マウンテン校はかなり生徒中心の学校であることから、政府により法制化された命令のいくつかが教師－生徒関係に最も致命的な影響をおよぼすことになった。その一つが教師の授業時間に対する規定だった。全ての教師たちは毎週125分も授業時間を延ばされ、その125分に生徒個々人への指導や支援は含まれていなかった。また、政府は教師たちに対して一週間につき30分間の「教師助言グループ」に責任をもって参加するよう命じていた。ブルー・マウンテン校にはこれが二重の損失を与えることになった。第一は、教師たち自身で以前から助言グループに30分以上費やしていた追加時間が失われたことであり、第二は、特別学級を補う必要が出てきたために教師と生徒が個人的にかかわる時間が失われたことである。[35]常に生徒たちを助け、生徒たちの学びと生活を気にかけている教師は、生徒個々人への指導を125分間で保証することはできなかった。その教師は以下のように強く訴えていた。

ばかげているよ。私の仕事はこの子どもたちを助けることで、子どもたちそれぞれの特別な事情に応じて助言することなんだ。改革のせいで私は変わってしまった。だって、あまり多くは授業をしていない学級をなんとかカバーするためにとっておいた時間、これもあきらめろって言うんだ。たくさんの時間だよ。子どもたちは本当に何かを話したいんだし、子どもたちは私を傷つけようと利用しているわけじゃない。一日で使える時間をたくさんもっていたら子どもたちのために使いたいよ。その学級をカバーしなくちゃいけないし、125分をきっかり使わなきゃいけないしで、他の教職員のために時間を費やすことができないんだ。本当に嫌だけど、この改革は私の専門職としての誠実さにかなりの難問を生じさせているよ。

他の教師もまた、時間という観点から有害でしかない新規制について以下のように述べていた。

この2年間でたくさんの外圧があった。それは、「125分間でやれ」と言わなければいいのに、子どもたちに教えるという仕事から私たちを遠ざけるものだし、子どもたちとかかわる時間を過度に多く使うように強制するものだよ。「数分」という言葉が私たちの世界の言葉に入ってくるとすぐに、その言葉は私たちのやる気をくじくんだ。私たちの語彙からその言葉が消え去るまではケアについて議論できないし、数分でも話し合うことなんてできないよ。それはつまり仕事じゃなくなるんだ。私たちにとって125という数字が意味することは法律で定められたケアリングで、そんなケアリングなんてできないよ。本当に。

何人かの教師たちは困惑し、そして時間を十分に確保できていなかったために、コーチングのボランティアに従事することを拒否していた。ある教師は同僚に対して「そこで何をするのか知っている？　私は学級活動にベストを尽くしているけど、もうこれ以上のことはできないよ」と漏らしていた。中等学校では、教科指導外のいわゆるカリキュラム外活動が重要な場となる。そこでは、教師は生徒たちと良好な関係を築き、生徒たちをよく知ることができる。このカリキュラム外活動に教師たちが従事できなくなったとともに、進路指導担当の教師は生徒たちの進路指導と教科指導に関する問題がますます増えてきたと述べていた。それは、仕事を規則に結びつける活動のためであり、さらには時間的な問題によるものだった。学校で唯一の専任進路指導教師としての彼の役割は、しんどい問題を抱えた生徒たちの危機管理のみに矮小化され、生徒たちとともに将来を見越しながら教室で教え学ぶということではなかった。彼にとって日々生じる危機を回避することは難しく、生徒たちが学ぶことに関して抱える問題の「芽」を摘むことも難しかった。[36]

ブルー・マウンテン校の教師たちは、改革は「子どもたちのためにならない」と繰り返し不満を述べていたし、改革はまた教師たちの力強い同僚関係を維持する助けにもならなかった。教室での新カリキュラムの即時的な実行要求を拒絶すること、職員室での対話や協働的なチームワークを避けること、これらの傾向が教師たちからいつも言及された。ある教師は以下のように述べていた。

私はここで孤立していく同僚をたくさん見てきた。家族のようなものなのに。もうこんな状況は見たくもない。だって変化が多すぎるもの。学校は個人個人のグループになっているし、みんな違う意識をもつようになったの。

教師たちが政府に捧げた時間という「借り」は、教師たちの未来に向けた関係性を「抵当」に入れてしまった。この「抵当」は、学校へ新たに着任する教師に対する支援に影響をおよぼした。ブルー・マウンテン校では、学校に新たに着任する教師を知り、支援することが大いに価値づけられていた。高度にイノベーションを生み出す学校では、持続的な学校の進歩を成し遂げるために、新たにメンバーとなった教師が学校の文化や使命を理解し、コミュニティに参入できるよう支援することを重視する。しかし、標準化に基づく法制化された改革が衝撃を与えてからというもの、ブルー・マウンテン校では新たに着任した教師に学校文化を伝授する時間はなくなった。「仕事中に彼らを支援する時間がないんだ。ここでは誰もが新しい問題に直面していて、それぞれ山あり谷ありだから、私たちは新しい同僚を受け容れようと努めている。それでも、なぜだかわからないけどいくつか難しいことがあるんだ」とある教師は述べていた。さらに、その教師は以下のように続けた。

新しい同僚が学校に来て自己紹介するまで、私たちは本当に彼らと会う機会がないんだ。それから、セメスターが終わるまでに一、二回でも彼らに会えればラッキーなんだよ。なぜかって？　それは、みんな忙しいからさ。みんなのことを知らないし、一緒に仕事をはじめるみんなとのつながりだってない。だからね、セメスター期間中にここにやってきた新しい同僚の何人かを私は知っているけど、ほとんど話したことはないんだ。私が助言を担当するグループの子どもたちに時々こうやって尋ねてみるんだ。「あの先生、どんな先生？」ってね。

法律で義務づけられた改革は、ブルー・マウンテン校の教師たちのつながりとコミュニケーションの糸を断ち切っただけではない。それはときに、教師たちの「絆」を引き裂き始めていた。ブルー・マウンテン校が政府による経済政策の影響を最初に受けたとき、教師の解雇に関して権限をもつ選任権規則が意味したことは、教職歴10年かそれ以下の教師たちが学校を去らなければならず、担当生徒数の少ない残りの中堅・ベテラン教師たちが他校から引き抜かれ、異動していくことだった。[37]このような教師たちはブルー・マウンテン校の使命に不適応だったり非共感的だったりしたわけではない。彼らの多くはこのような状況と強制的な異動に対して怒っていたのである。例えば、ある日の午後、3人の教師が異動の勧告を受けた。彼らは一時間もかからずたった5分でその勧告を受けたのである。「裏切りだ……」。この仕打ちは決して忘れない」とひとりの教師は言っていた。ブルー・マウンテン校の立ち上げ期の2人の校長が物語っていたように、この状況は新任の教職員だけでなく異動に不信感を抱く教職員を学校の中で融和させていく現実的な困難さを生み出していた。

改革の影響によって、同僚をケアするのだが仕事の多忙化のために同僚に個人的な責任を帰してしまう教師たちの中に大きな情動的な混乱と憤りが生じ、そこで対立が起こることもあった（それは特に、所用で外勤中の教師の学級をカバーするときだった）。それでも最終的には、教師たちは、対立が同僚の過失によるものではないと理解していた。

私の個人的な見解では、改革による変化は二つの側面をもっていた。一つには、改革による変化によって私は学校を去る同僚に対して憤りを感じたことだ。もう一つは、私は同僚に憤りを感じたことに罪悪感を抱いたことだ。なぜなら、同僚たちは病んでいたんだよ。それでも、専門性開発を推進する教職員に憤りを感じてしまうんだ。それは最終的に自分たち自身の利益となるのだけど。それが私をひどく悩ますことに憤りを感じてしまうんだ。……私が学校を去ってしまえば、例えば「子育て」の学びを通した授業計画をつくることなんてできなくなる。それが私をひどく悩ませる。2人の同僚がいるんだけど、彼らは「子育て」に関する学習領域の専門家でもないし、言ってみればいくらでも代えがきくんだ。だから、その授業計画を破棄することなんてできないし、誰にも依存しないような授業単元を捨て去るしかないんだ。

教師たちの自己　改革者やいくつかのメディアが教師の仕事に対して喧伝する軽蔑的な口調によって、教師たちの意欲と士気がくじかれている。これは、オンタリオ州の多くの教師たちと同様に、ブルー・マウンテン校の教師たちの多くが感じていたことである。何人かの教師たちは仕事の中での楽しさ、閃き、創造性がいかに失われてきたのかを語っていた。その語りには、怒りや憤りといった感情経験や「認められない」とか「正当に評価されていない」という思いが含まれていた。メディアによる終わりのないネガティブ・キャンペーンは教師たちの学びや成長を促進することはないし、むしろ教師たちを冷笑主義や幻滅へと追い込んでいった。ある教師は、「125分の追加時間で8人から5人の指導的立場にいる同僚の専門性開発を行うなんて到底思えないよ！　その時間のどこに私たちにとって意義ある成長があるんだ？」と漏らしていた。

教師たちは実際のところ快活さを失っていたと感じていた。「私たちがどれだけ情動的に傷つき、どれだけ助け合ってきただろう？　地獄だよ。次の時間について悩みたくもない！　私たちは地獄の淵にいるんだよ」とある教師は述べた。別の教師は、専門職の公共性のイメージが救いようもなくおぼろげになったために、「自分の仕事を他者に公言するとき、専門職の公共性に嫌気がさしてくる」と感じていた。私たちがインタビューを実施した新任教師グループの中には、早期退職を決断してビジネスの世界に身を移した者、復職しそうもない研究休暇を続けた者がいた。ブルー・マウンテン校の二代目校長が認めていたように、学校はよく言われる言葉で「下降気味の状態」にあった。[38]　それゆえに、女性校長は教職員とともに、RAM(Recognition：認識、Attitude：心構え、Morale：士気）という一つの専門職の学び合うコミュニティのチームを立ち上げた。それは、「教師たちの士気と心構えを十分に保証することに私たちが取り組まなければならない」ためだった。

学ぶこと、ケアすること、生き残ること

イノベーションを生み出す学校は常に押し寄せる「荒波」に立ち向かって行かなければならない。その「荒波」とは、嫉妬や疑念であり、リーダーシップの喪失であり、活力や熱狂の衰退であり、政治的なスポンサーの注目が地域コミュニティの別の場所でなされる輝かしい取り組みに移ってしまうことである。この点で、ブルー・マウンテン校は既存の学校となんら変わりはない。

しかし、学習する組織やケアリング・コミュニティとしての学校の自己意識的なアイデンティティは、引いては押し寄せる困難さという洪水に耐えながら、学校それ自体に卓越的な活力や柔軟性を与えてきた。その要因は、コミュニティという視点を早い時期からもち、リーダーシップの継続性を先立って計画内に組み込み、そして、学校の発展過程を共有するチームを組織し、その時々の学校の組織構成に教職員同士で学び合い助け合うことのできる複合的な専門職のコミュニティを打ち立てたことにある。改革が現実におよぼす影響、改革に対する教師たちの不平、改革が学校と教師に与えた衝撃、これらの課題にもかかわらず、ブルー・マウンテン校は多くの高校よりも、最も非効果的な事態に耐えうる対応策を備えてきた稀有な学校だろう。このことは歴史的な傾向に反響を与えるものである。歴史的な傾向とはすなわち、高度な協働文化を備えたイノベーションを生み出す学校が、どこかの伝統的な学校が達成可能なこと以上に、学校自らの使命を保護し保存する手法を用いて外的に課せられた変化を吸収し、改訂することである。[39] 一人の女性教師が他の学校とトレーニング期間をともにした後で以下のように述べていた。「私たちは帰って来て言ったのです。神よ、感謝いたします。ただいま！　この場所は、私たちが生活し、子どもたちが生活して生き方を学び、

そして、私たちがかかわり、互いにケアし合う素晴らしい場なのです」と。この言葉は少し大げさすぎるけれども、彼女は本質的な真実を次のようにとらえてもいた。

私たちみんなで共通理解していると思っていることは、私たちがこの学校でしていることは本当に、本当に素晴らしいことで、他の誰よりも自分を変えることや柔軟にすることが許されていることなの。もちろん、とても困難なことがパイプから降りてくるような変化を見てないけど、この学校にいる私たちみんなにとって変わることはたいして難しいことじゃないのよ。変わることは私たちがいつもしていることなの。変わることは私たちのやり方だもの。

しかし、市場原理主義は時間の欠如、リーダーシップの引き伸ばし、変化のリサイクル、支援の削減、恥と非難の風土の助長、これらを結果として生み出した。そのおかげで、ブルー・マウンテン校の最も刺激的なプログラムが周縁に追いやられ、その技術的な潜在能力の維持が妨げられ、生徒たち同士のかかわりの糸が解きほぐされてきた。そして、専門職の学び合うコミュニティとしての学校に最も必要な協働とチームワークにも影を落とし始めている。この具体的で特別な事例から、非柔軟的で標準化された改革計画は、知識経済に備える若者たちが発達し続けるのを促進する学校づくり、あるいは、知識社会を乗り越えて若者たちがコミュニティや公的生活に参画する準備を行う学校づくりに失敗しただけではないと判断できる。標準化された教育改革はまた、少ないながらもすでに存在する知識社会の学校が行ってきた絶え間ない努力と成功に致命的な損害を与えたのである。

第6章

教育の標準化を超えて：専門職の学び合うコミュニティか、それともパフォーマンス-トレーニングのセクトか？

学び合う専門職に向けて

今日、教師の仕事はますます複雑化し、教えるという営みには専門職の実践としての高度な基準が求められている。なぜなら、教職は知識社会の核となる専門職であり、知識社会の誕生を助け、知識社会の変化における重要な主体であるためである。それゆえ、教師という存在、教師への信任、教師の能力が必要となる。これらがなければ知識社会という未来の誕生は不成功に終わる。ジョージ・ブッシュはアメリカ大統領就任にあたって、「子ども一人たりとも落ちこぼれにしない」ことを教育政策の標語として掲げた。子ども一人たりとも落ちこぼれにしないということは、教師たちを誰ひとりとして落ちこぼれにしない、ということを意味する。

しかし、教職は危機のまっただ中にある。バーンアウトの問題は長きにわたり解決を見ず、大規模な教育改革への幻想は崩壊し、大量の離職者が生み出され、教職はきわめて消耗させられている。新規の入職者にとって、教職の魅力は一気に消失し始めている。第4章では、優秀な教師の早期退職、情動面での困難さによる若い教師の離職、教師たちが自分の子どもに教職に就くことを勧めない、といった事態を示してきた。

教職は1960年代と1970年代の大量入職期に増して他の専門職や民間企業との新規入職者の獲得競争に参画しなければならなくなった。当時は、看護師と事務仕事だけが有能な女性にとっての唯一の選択可能な職業だった。もはや教職は1932年にウィラード・ウォーラーの指摘した「結婚できない女性と売れない男性」向けの職業に戻ることはない。[1] しかし、アメリカのスラム街にある多くの学校は、多数の無資格の教師たちによって成り立ち、さらに、多くの学校は非常勤教師に頼っている。そうした大量の教師の質を監視する時間を行政官は捻出できないでいる。[2] カナダのオンタリオ州でも第4章で記した改革の過程において、教師教育プログラムの応募者のうち20％～25％が1年以内に脱落している。[3]

しかし、こうした危機と絶望のうちにあっても希望の兆候はある。それは知識社会における学びの未来について楽観できる理由でもある。知識社会において教え学ぶことは、人々に力を与える想像的で包摂的なヴィジョンと深く結びついている。教育の標準化に向けて教えと学びの基準を押し下げることは公衆の不満を生み出し、その不満は教師の人数の不足や教室における創造性の喪失にも向けられている。[4] オーストラリアをはじめとしたいくつかの地域で露見したことは、特定の教科に専門特化した学校の中で若者たちが疎外されているという事態であった。このことにより、一昔前に高校で起こった人文科学の教養教育の復権が呼び起こされている。アメリカの学区や慈善団体の基金を見れば、教師の高度な専門性開発が子どもたちの学力向上を強力に、そして継続的に改善するのに必要不可欠であると強く認めていることがわかる。[5] 一方、イングランドではさらなる「成果報酬としての自律性」か、カリキュラムの制約からの自由、学校や教師に対する査察要求へのインセンティブがつくり出されている。[6] 多くの地域において政府は、教師たちと授業に対してかつて蔓延していた非難や軽蔑ではなく、名誉や尊敬を授けようとしている。[7] シリーズもののテレビドラマは、弁護士や医者だけでなく教師の物語を依然として製作し続けている。[8]

今こそ、子どもたちにとっての学ぶことと教えることの意味、教師たちにとっての専門職の学び合いや支援の特質について再考すべきときである。新時代に向けて、新世代の教育者は公教育のこれからの30年を形成していくのである。教育改革はもはや教師たちを排除しては成し遂げられない。学びの改善は、良き授業と良き教師によって成し遂げられるものである。もしも学校が全ての子どもにとって真の知識コミュニティとなるならば、教職は全ての教師にとって真の学び合う専門職とならなければならない。

知識社会の学校と教師の未来

ＯＥＣＤは知識社会における公教育の未来像として六つのシナリオを提起している。[9] まず、第一と第二のシナリオは既存の学校の解体を想定している。第一のシナリオは、学校システムにおけるさらなる官僚制の定着を強調し、第二のシナリオは、人々に広がる公教育への不満の解消策として市場原理や選択制度を強調する。第三と第四のシナリオは公教育の縮小を想定している。第三のシナリオは、教員数の縮小およびイノベーションのさらなる増加によって教育政策における混乱と「メルトダウン」が引き起こされるとし、第四のシナリオは、学校外のｅラーニングや非公式の学習機会への投資が増加するとしている。

ＯＥＣＤが「再学校化」と名づける第五と第六のシナリオは、公教育を担う学校が擁護され、より良い学校教育へと改善されると想定している。第五のシナリオは、学校を学習する組織として再構築することである。学習する組織はすでに第5章で言及したように、知識社会における学びの重要性を強調する組織である。第六のシナリオは、より広いコミュニティにおけるネットワークの拠点として学校を再構築し、そこで、子どもたちの社会関係資本を発展させ、子どもたちが知識社会でより良く生活し生産的に働くことを可能にする方途である。第五と第六のシナリオは、知識社会に備える学校と教師、そして知識社会を乗り越えていく学校と教師への提言である。しかし、過去15年間にわたる教育の変動と改革を教師と学校システムが耐え抜いてきたという状況に鑑みると、学校はいかにして学び合いケアし合うコミュニティとなりえるのだろうか？　私たちはその行き先を見定めることができるのだろうか？　その行き先に向けた方途はいったいどこに見出すことができるのだろうか？

文化と契約と変化

第3章において、公教育が「レール」を外れる過程と理由を理解するためのメタファーとして、イギリスのレールトラック・グループの結末を見てきた。レールトラック・グループの崩壊と基準・安心・安全の記録化による改革の断行は、知識と経験の文化に基づく鉄道サービスを放棄する結果に至った。労働者はかつて、鉄道の局地的な「担当区」やそこで働く人々を理解するとともに、担当区を維持するための実践を理解し、信頼していた。レールトラック・グループはその代わりに、パフォーマンスの契約に基づくシステムを導入したのである。これまであった労働者による相互の義務感、信頼関係、局地的な知識を通じた仕事の質保証は、流動的で低賃金で融通の利く契約労働者に課されたパフォーマンスの細分化された目標に取って代わった。

公教育の改革も同様のパターンで特徴づけられる。子どもたちに対する授業の標準化、教師たちに対するパフォーマンスの標準化、規制緩和の進む教職員の労働力、教師の専門性開発やその他の支援の契約化、そしてチャータースクールやその他私事化のオプションの登場といった事態が進行している。こうした事態が進行することによって、地域の学区が長期にわたって築いてきた、経験に基づき知識に裏づけられた説明責任の形式が侵食されつつある。

しかし、こうした教育の個人的な契約による局地的な文化の喪失を嘆いてばかりはいられない。局地的な教育の文化は、教師と校長の間における従順な忠誠を醸成し、父権主義的にも封建的にもなりえ、時に教師たちの能力の欠如を偽装する。問題のある教師や校長（不正をした教師や校長を含め）を別の学校や組合に

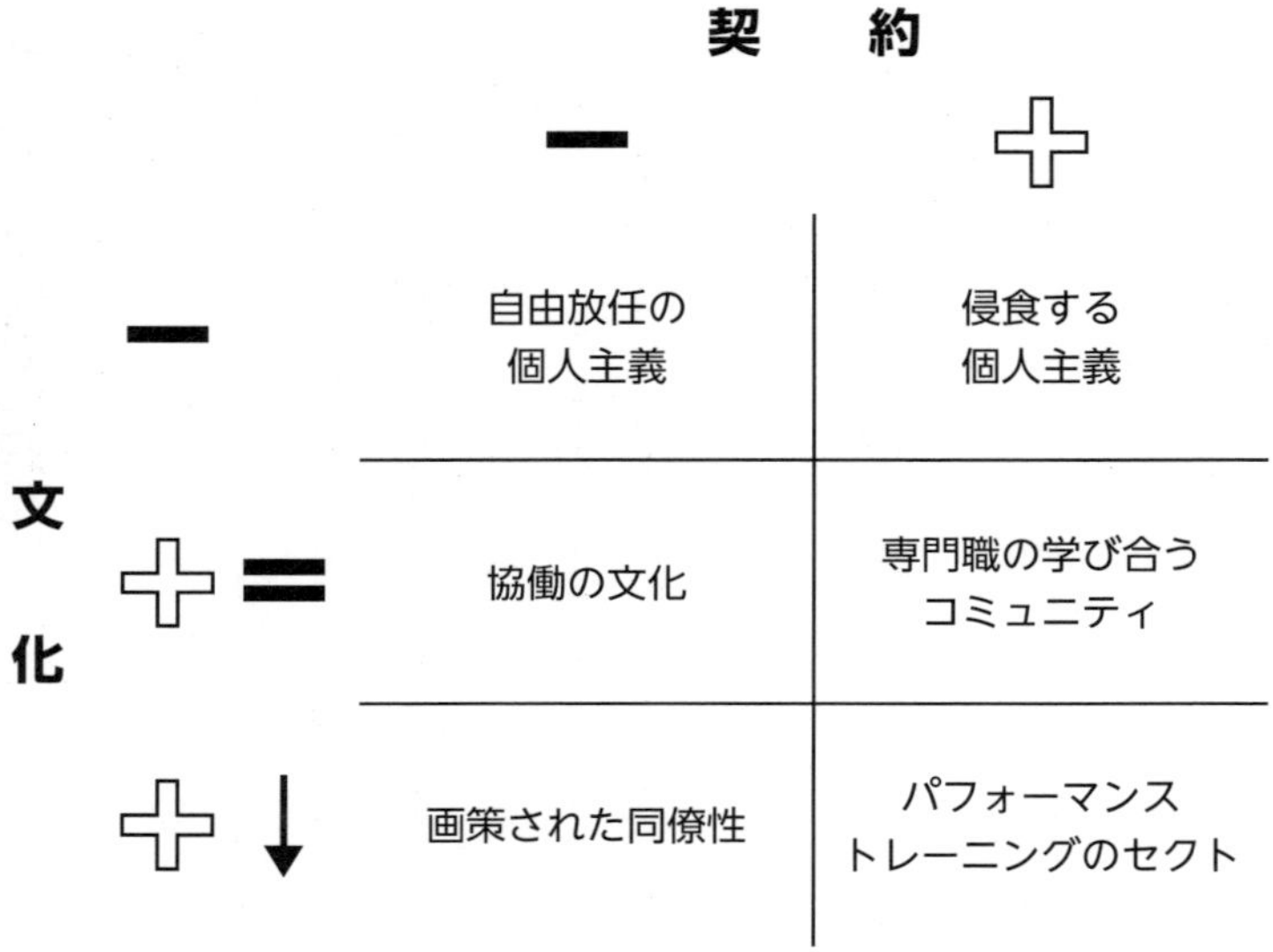

図6-1　文化と契約による管理体制

異動させることで、この問題に真摯に取り組むのを避けるのである。さらに、教師の「協働」と、「縁故主義や汚職」との際どい境界線を超える学区も少なくない。男性が同窓生のネットワークを形成する強力で局地的な文化によって、女性を教育行政官の職から長年にわたり遠ざけてきたという事実もある。知識と経験の文化からパフォーマンスの契約への移行を主張することは、問題を単純化しすぎているといえよう。

　私たちは、文化と契約がいかに知識社会における公教育のイノベーションに貢献できるのかについて理解を深める必要がある。知識社会における公教育のイノベーションのためには、個人相互の信頼関係と、専門職の信頼とパフォーマンスの契約による説明責任を結合させることが必要である。

　仕事の質と基準を規制するため、契約に基づく管理体制と文化に基づく管理体制の強調点の置き方によって、そしてその両者の相互作用によって、学校改革と教師たちのコミュニティの様々なパターンがつくり出されるのである。ここで、契約による管理体制の二つの類型（強い・弱い）と、文化による管理体制の三つの類型（相互に強い・階層的に強い・弱い）を想定すると、知識社会における学校と教師の六つのシナリオを示すことができる（図６―１）。

文化による管理体制

まず左欄の三つの類型は弱い契約システムを想定している。弱い契約システムとは、パフォーマンスに伴うデータの供給が抑えられ、テストはさほど強調されず、説明責任は個人の判断に委ねられ、公式の手続きに則ることや量的結果を提示することではない。これら三つの管理体制は、標準化、テスト、査察、選択といった現代の新しい教育改革の特徴が現れる前に私が研究を進めてきたものである。ゆえに、この三つの類型については以下に簡潔に検討しておこう。[10]

自由放任の個人主義

教職の管理体制としての自由放任の個人主義は、契約による管理体制に先行するだけでなく、協働的な職場として学校を再文化化する取り組みにも先んずる。[11]自由放任の個人主義の時代にあって、ほぼ全ての教師は他者からの監視を避け、隔離された教室の中で孤立して授業を行っていた。教師として公式に資格証明されることは、生涯にわたる自律の権利が保証され、外部干渉からの擁護が許可されることを意味していた。自由放任の個人主義の下で、教師たちはイノベーションを生み出す実践の推進に努め、実際にそれが多く行われた時代でもあった。けれども、教師の自発性に頼る他ないイノベーションを生み出すカリキュラムやプロジェクトが長続きすることはなかった。さらに、資格証明や現職教育そのものは学校現場を離れて概して個人的に追求されるものと認識されていた。すなわち、未だ資格証明や現職教育の経験を共有していない勤務校の同僚に対して影響を与える機会を教師たちは逸していたのである。同僚から学ぶ機会もなく、新しい実践を試みるリスクを引き受けることもなく、教職の個人主義は授業改善の普及と持続にとっては障壁でしかなかった。

協働の文化

１９８０年代以降、教職の個人主義と孤立による悪影響を減らし、より協働的な学校へと再文化化する試みが広く普及した。この学校の再文化化は法制化されることはなかったにせよ、多くの学校と学区で強く支持され推進されてきた。教師たちはともに仕事をし交流するよう促されたのである。教師たちにとって、学校の資源を共有し、共同で計画を立てることが仕事上望ましい規範とされたのである。現職教育もまた、学校現場と教師たちのチームへと目を向けるようになり、効果的なリーダーシップも教師間の公式および非公式の協働的な活動を促進することを意味するようになった。教師たちの協働的な活動は、長期にわたって継続する信頼関係を基盤とする専門職の共同の営みとして組み込まれたのである。

最たる成功事例では、教師たちの協働が授業改善と子どもたちの学びの改善に焦点化することで、子どもたちの学力向上と学校改善に強く影響を与えることになった。しかし、他の事例では、教師たちの協働が子どもたちの学びの改善に焦点化されることなく、子どもたちに対する躾、教師たちの社会化と仕事の調整に焦点が当てられ、その実質を伴っていなかった。さらにいくつかの事例では、教師たちの協働が実際に子どもたちに利益をもたらしているのかどうか確かめられることなく、教師たちにとって居心地の良いものに終わることもあった。すなわち、外部のもしくは独立した参照枠を欠けば、教師の協働は、効果的な実践を持続させることもあるが、効果的でない実践を持続させかねないのである。

それゆえに、効果的な協働の文化を構築することの帰結は多岐にわたった。その上、熱心で首尾よく改革の進む数少ない学校や学区を超えて、地域全体や国全体の子どもたちと教師たちのために幅広く普及させるためのストラテジーは弱いものでしかなかった。学校の再文化化は、学校改善のストラテジーとして大いに期待することはできたのだが、それだけでは子どもたちの学びの改善に失敗し、広範囲のシステム全体にわたる一般化は難しいことが多々あった。知識社会における学校の再文化化は、学校改革と教職開発に向けた解決策の一部分にすぎなかったのである。

画策された同僚性

協働の文化は階層的な管理システムに乗っ取られると問題となる。そのとき、教師の協働は強制された作り物となる。すなわち画策された同僚性と私が呼ぶものである。画策された同僚性は、何を計画し何を学ぶのか、誰と計画し学ぶのか、いつ計画と学びに取りかかるのか、これらを上から押しつける。画策された同僚性は、協働を促進し、支援する構造と期待のための足場に留まらず、協働を強制し、仕事を細分化し、教師たちに裁量権を与えない管理手法の監獄である。

画策された同僚性は、教師たちが共同プロジェクトや学びの共有、教師集団での探究を主導する機会を無視し、排除し、弱体化させてしまう。その機会とは、アクション・リサーチやチーム・ティーチングやカリキュラム開発といった活動である。画策された同僚性は、同僚とともに取り組むべき業務予定を詰め込むことでボトムアップの専門職としての主導性を禁じ、教師の協働を厳格に細分化し、自由裁量の余地を制限することで協働の過程を事細かく管理する。これは、人々が自分たちの解決策を文脈に即して展開する、一般的な知識目標の考案を目指す知識経済社会における企業の形態とは異なる。結果として、教師たちが実際に協働する機会は少なく、むしろ、必要が生じたときにともに働くことや学校改善計画を策定するといった協働的な手法を断念してしまうことになる。さらに、リーダーが教師の行動を厳しく監視する事態にも陥る。画策された同僚性は過度に熱心な校長や巧妙な学区により導入されたとしても、一時しのぎのチームワークを活性化させることはあるが持続可能な改善を生み出すことはほとんどない。

契約による管理体制

文化による管理体制には質保証という点で弱さがある。文化による管理体制は自発性に委ねられており、その効果は弱く、その帰結は多岐にわたる。文化による管理体制が強制されると、その結果は逆効果を示し、想定にも反する。それゆえに、契約やパフォーマンスによる規制という新たな管理体制が導入された。[12]

契約による管理体制からは次の三種の形態がもたらされている。[13] 第一の契約による管理体制は、消費者としての保護者による学校選択の拡大である。これは例えば、チャータースクール、私立学校への公的資金の増加と減税、学校の特色を打ち出したマグネットスクールなどへの支援、保護者による学校選択の基礎情報としての学校の成果の公表、学力向上に向けた学校間の競争といった手段を通じた学校選択である。

第二の契約による管理体制は、公的な対策が民間企業に引き継がれるか外部委託されるものである。いくつかの事例では、一つもしくは複数の民間企業による経営や後援に基づいてカリキュラム・プログラムや技術革新が行われている。また、低学力にあえぐ学校や学区では、学校や学区全体がこの種の契約による管理体制に巻き込まれている。他の事例では、様々な学校や学区のサービスが民間企業に外部委託されている。この外部委託は、校内外の清掃や食事の手配から、教職専門性開発のサービス、学校改善のための支援、パフォーマンスの基準達成にかかわる評価と査察、臨時任用教員や代替教員の供給に至るまで幅広く行われている。

第三の契約による管理体制では、請負業者や「配達人」の多様で断片化した「柔軟な」集団の影響によって、価値ある関係性を相互に信頼することを通した質保証などもはや不可能となっている。相互の信頼に取って代わるのは、パフォーマンスのために一般化され細部にまで規定された「掛け値の高い」基準であり、請負業者たちはこの基準を満たさなければならないのである。

侵食する個人主義

１９９０年代からは、契約による管理体制と競争の激しい個人主義が世界中に広まっている。スバーカー・リンドブラードとトーマス・ポプケビッツは、北アメリカ、イギリス、スカンジナビア、スペイン、ポルトガル、ギリシャ、オーストラリア、それぞれの学校管理の事例から契約による管理体制の特徴を同定している。[14] 公的サービスから私的投資への資本の流入を好む世界規模の金融機関が行う投資の優先順位づけを通じて、契約による管理体制の要素は多くの発展途上国において、特に南アメリカにおいて広がりを見せている。

教育における契約による管理体制は擬似市場として駆動している。[15] 消費者の選択と柔軟に組織化された供給（多様な請負業者による学校教育の提供）のほとんどは、子どもたちのテストの成績やカリキュラムの基準や、大きな失敗の可能性をはらむ掛け値の高い調査など、細かく法制化された枠組みに水路づけられている。掛け値の高い調査には、学校のパフォーマンスに対する査察、監視、介入が含まれている。この意味において、画一性を強制する基準の枠内で多様性を促されるという逆説的な組み合わせの選択が、教育における新たな正統となっているのである。

こうした影響は、学校と教師を取り巻く世界において競争の激しい個人主義の出現に帰結する。学校間の競争は、優秀な子どもたちとその家族からの支持を苛烈に求め、さながらダーウィンのいう生存競争のまっただ中にある。その競争の中で、学校は多様であろうとするものの、画一性を強制する基準の枠内で結局はどれも似た様相を呈することになる。私は以前、オーストラリアのヴィクトリア州に隣接した中等学校の校長たちと会合したことがある。それらの学校も標準化された体制下における子どもたちの獲得競争の最中にあった。校長たちは学校を売り込む広告を新聞に掲載した。ある朝、校長たちは新聞を開き全ての学校の広告を目にしたところ、それらは全く似た内容だった。全ての学校の広告が、高い学力基準と期待を有し、人々が互いにケアすることや人々のかかわりをなおざりにしていた。さらに、学校の制服や伝統を謳う一方で、コンピュータや新たなテクノロジーの導入を喧伝していたのである。すなわち、市場がつくり出すレトリックは多様であるが、市場がつくり出す現実は画一的なのである。その後、校長たちは広告の掲載を取り止め、広告に費やしていた資金を共同出資して、競争ではなく学校が協働するための連盟を築き上げる決意をした。

他の地域においても、競争は学校や教師の学び合いを阻むものである。競争下において、人々は最善のアイデアを独占し、学区は学習する組織とは正反対の様相を呈する。豊かな経済資本や社会関係資本を有する保護者たちが、学校において最善の扱いを受けようと選択を行い移動する。一方、学校選択が選択肢とならない人々は学校から遠ざけられることとなる。第3章では、マグネットスクールとそのシステムがいかに学校と子どもたちを分裂させるのかを示してきた。契約と市場による新たな地勢によって社会の分裂が引き起こされているのである。ジグムント・バウマンは、グローバリゼーションが人間におよぼす影響について説得力をもつ分析を行った著作において次のように言う。

「上昇する」人々は、心から望みどおりに人生を通じて移動し、人生の喜びに従って目的地を選択することに満足している。「下降する」人々は、自らがとどまっていた場所よりもさらに下降へと何度も滑り落ちていく。[16]

中産階級および中流のアメリカ人やイギリス人は、グローバリゼーションの下でうまく学校を選択し、最善の学校において自分たちの子どもを教育する機会に充足する。低階層の人々や多くのマイノリティは、バウマンが言うところの「強制的なローカリゼーション」、すなわち、資源の乏しいスラム街や住宅供給プロジェクト、学校教育の市場経済の中での後背地へと追いやられることになる。[17] 先進国31ヶ国の15歳のリテラシーについてのＯＥＣＤの調査研究によれば、契約と選択とパフォーマンスによる新しい管理体制に多大な投資を行う英語圏の国々が、社会的な包摂と、最も恵まれない子どもたちの学力保証という二つの観点で最低点を示しているのである。[18]

長年にわたる強制的な教育改革に対応して、保護者はますます公的なシステムから私的なシステムへと脱出し、英語圏のほとんどの国において私立学校に通う児童生徒数が急速に増加している。デイビッド・ハーグリーブスは、もしもこうした動向が続けば、経済資本と文化資本を有していないために私立学校を選択できない人々にとって、公立学校が単なるセイフティ・ネットにすぎなくなると懸念している。[19]

こうした現実の脅威に対して、教育政策は逆説的な対応を採っており、少数のエリート集団や特権的な学校や教室を学校システムの内側につくり出すことにより、公教育の中に特権をもつ中産階級を維持してきた。それゆえ、中産階級の家族は公共善に貢献しているという意識を明確にもったまま、子どもたちの教育が卓越的でありつつも排他的でさえあることを受け容れ続けることができたのである。天賦の才能に恵まれた子どもたちのための教室、より高度な分岐システム、誉れ高い特別なプログラム、裕福な家庭に特化した学校、学校選択、こうした公教育の「ビジネス・クラス」が割り当てられている。このことによって、中産階級の人々が公共的な生活の包摂的で多様な現実に参加しているという感覚を失うことなく、市民として署名することができるのである。[20] その一方、テストで最低点を示した学校は失敗とみなされ、強制的な介入によって対処される。こうした失敗と対処によって、より特権的な保護者たちが「エコノミー・クラス」にあふれる人々を哀れみと嫌悪の対象として存在させることを確かにする。エコノミー・クラスの人々の失敗は克服されるべきものとされ、その失敗には容赦のない措置が施されるべきものとされる。こうした経済状況に応じた区分と独善的な嫌悪感という情動の配分が、中産階級に対して自分たちがより幸運に恵まれた状況にあるという安心感を与えるのである。[21] (学校改善と教職専門性開発を含んだ) 教育におけるビジネス・クラスとエコノミー・クラスの分離は、イノベーションを生み出す知識社会と正義に適う民主主義の敵である。

契約による管理体制と競争の激しい個人主義は、教師たちの時間を食い尽くし、コスト削減に向けて浪費させ、短期的なパフォーマンスの目標の打ち合せで埋め尽くす。こうして、競争の激しい個人主義は教師たちを外側から疲弊させ、教師たちの内側からコミュニティの一員としての感覚を蝕み、侵食する個人主義へと変貌する。第3章と第4章で見てきたように、教師たちは短期的な結果だけを追い求め、自分たちの教室に閉じこもるようになり、自ら主導し長期的で持続可能な学校改善に同僚とともに取り組むことから撤退する。すなわち、主導性は消え失せ、創造性は失われ、独創性は霧消することになる。こうして、知識社会に備える教職は遠き夢と化すのである。持続可能な学校改善にとって、契約が文化を除外する世界は有毒で侵食する世界なのである。

契約による管理体制に積極的な遺産があるとすれば、それは、学校と教師に子どもたちの学力データやその他の根拠を真面目に取り扱うこと、すなわち改善の根拠として経験や直感ではなく現実を確認するよう促したことだろう。しかし、教師たちの経験と理解の文化、長期的な学校改善の機会に対しては、契約による管理体制はあまりにも多大な損失をもたらすことになる。契約と文化という二つの世界が、それらの強みを保持しつつ弱みを最小化する方法で結びつけられることは可能なのだろうか。

専門職の学び合うコミュニティ

文化に契約をつけ加えるのは専門職の学び合うコミュニティである。専門職の学び合うコミュニティは、教師たちがともに働くことを重視し、教師の共同作業の目的を授業と子どもたちの学びの改善に継続的に定め、授業改善の周知と学校全体の問題の解決のためにデータや根拠を示すことを求める。学校規模と教科部規模の教師コミュニティの研究を行ったミルブリィ・マクロフリンとジョアン・タルバートによれば、力強い専門職の学び合うコミュニティ[i]とは、

---

i　マクロフリンは「学び合う」は使用せず、「専門職のコミュニティ」と表現している。

子どもたちのための仕事を中心とし、子どもたちがカリキュラムの内容を習得し、前進していくことに対する責任を共有する。それらは、子どもたちによる概念理解への期待を妥協することなく、子どもたちにとって「より良い」カリキュラムを実現するための「イノベーションを生み出す」指導方法を開発する。[22]

第5章で見てきたように、学びの共有と改善を促進するため、力強い専門職の学び合うコミュニティは一つもしくは複数の学校の教師たちの知識、技術、気質をまとめ上げ、情報を知識に変換する社会的相互作用の過程を含んでいる。また、力強い専門職の学び合うコミュニティは、マイケル・フランの「新しいアイデアや知識の創出と探究と共有は、急速に変動する社会における学びの問題を解決するために欠かせない」[23]という原理に基づいた社会的な独創性の一部である。

専門職の学び合うコミュニティは、チームワーク、探究、継続的な学びといった知識社会の鍵となる特質を促すとともに、それらを前提としている。競争の激しい個人主義や侵食する個人主義の管理体制は、課せられた基準に満たない教師たちを困惑させるためにデータを用いる。これに対し、専門職の学び合うコミュニティは、教師たちの協働による学校改善を支援し推進するためにデータを用いる。第5章で取り上げたブルー・マウンテン校が示していたように、専門職の学び合うコミュニティはケアリングの文化と組み合わさることで最も効果的に機能する。すなわち、長期にわたる信頼関係や安心安全の地平に根ざすとき、そして教師たちや他の人々の間における積極的なケアにかかわることに根ざすとき、専門職の学び合うコミュニティは最も機能するのである。

専門職の学び合うコミュニティは標準化されたシステムにおいては発展しない。なぜなら、標準化されたシステムの中では、意思決定を自由裁量で行うことや新たな変化を主導することが厳しく制限されるためである。また、任期付雇用の教師たちの労働力においても専門職の学び合うコミュニティは進展しない。そうした条件下では、教師たちの授業への関心は短期的な結果を求めることに絞られるためである。教師をテストのためだけの授業に向かわせる改革や、所与のリテラシー・プログラムやカリキュラムに縛りつける改革では、教師の生涯にわたる力量形成や信頼構築を阻むばかりである。第３章から第5章にかけて報告した事例の帰結が示しているのは、標準化された教育改革では力強い専門職の学び合うコミュニティが発展するのではなく、むしろ蝕まれるという帰結である。マクロフリンとタルバートは以下のように述べている。

テストの点数の総計に基づいて制裁措置を受けた学校や教師たちは、子どもたちがテストに合格するようにひたすらドリル学習を行っている。たとえ、教師たちが、そうした学びには価値がなく、そうした実践は教育的に不十分であると考えているとしても、そうするのである。[24]

力強い専門職の学び合うコミュニティを築くために、マクロフリンらは「標準化された実践を提供しようとするシステムの政策から、教師の判断と学びの機会を強化する政策への転換が必要である」と主張する。[25]

こうした形勢の変化は各地で起きている。私とスティーブ・アンダーソンとショーン・モアがアメリカで取り組んだ「ラーニング・ファースト・アライアンス」は、いくつかの代表的な教育組織の連合体で、そこで、子どもたちの長期的で持続可能な学力改善を達成している学区でどのような教職開発ストラテジーが展開しているのかを調査し、同定してきた。この調査により、いくつかの学区で力強い専門職の学び合うコミュニティを築いている広範囲にわたる質の高い実践を発見してきた。その実践例として、専門職として学び合うチーム、教師ネットワーク、アクション・リサーチのグループが挙げられた。

また、「ラーニング・ファースト・アライアンス」の研究プロジェクトでは、3年間継続して子どもたちの学力改善を成し遂げていた五つの学区を精査した。その結果、学区レベルの改善とは、以下の事柄を進展させるストラテジーを共有して理解し、特別に焦点化することであると結論づけた。

・継続的で、協働的で、実際の仕事に埋め込まれ、教えと学びに深くかかわる教職専門性開発。
・学校のリーダーに対する集約的なトレーニング、メンタリング、コーチングを通じた授業のリーダーシップ。
・改善のための決断が多種多様なデータに基礎づけられる根拠に基づく意思決定。データは無批判に扱われるのではなく知的な解釈を通して取り扱われる。
・協働的な関与と責任の共有によって改善を導く分散型リーダーシップ。
・改善を実現する最善の方法を見出すための学校レベルの高度な自由、すなわち学校現場の創造性と柔軟性。

これら五つの学区全ては、専門職の学び合うコミュニティを支える次の三つの重要な条件においても特徴づけることができる。

・継続的な助成金の獲得を通した外部資源を利用する権利。経済状況の厳しい学区における既存の公的資金のレベルは、専門職の学び合うコミュニティを維持するには不十分である。
・短期的な改革ではなく、長期的な改善に目標を据える学区レベルでのリーダーシップの安定性。

・単一の尺度に基づく失敗と成功の判断ではなく、学校の変化の精緻な姿を描き出す説明責任の多様な指標。

一方、イングランドとウェールズでは、教職への新規入職者数の危機や過度に標準化された改革を反映し、教育政策に以下の事柄が強調されている。

・ナショナル・カリキュラムを実質的に削減することで、教師に柔軟性と自由裁量権を与える。
・学校が優秀な成績をあげればナショナル・カリキュラムからかけ離れていても許される。「さらに高度な基準を打ち立てることで、最も優秀な成績をあげた中等学校はナショナル・カリキュラムの制約から自由になれる」。
・優秀な成績をあげた学校の教師たちには「成果報酬としての自律性」が与えられる。基準を満たせば満たすほど、外部査察の必要が弱まる。
・実践の改善を目指す学校拠点の教師の研究を支援するために、政府は資金を提供する。[26]
・実践の探究と改善を行う教師および学校を結びつける専門職のネットワーク。

こうしたインセンティブと柔軟性の枠組みは、教師たちに専門職の学び合うコミュニティを構築するための重要な機会を提供することになる。特に、優秀な成績をあげた学校においてこの特徴は顕著である。こうした枠組みは、以下のことを目的としている。

全ての学校の強みを伸ばし、それぞれの学校が学び合い、協働することを助けること。（さらに校長や）教師たちの活力、才能、専門職としての創造性を活かすこと。実践をイノベーションし変革するプログラムを先導すること。[27]

専門職の学び合うコミュニティは、漸進的ではあるが持続的にその効果を発揮し、学びの基準の改善に明確に結びついていく。専門職の学び合うコミュニティが成功するためには、継続的な外部支援や、外側からの改革との適合性が必要であり、さらに、教材開発やリーダーシップの進展に対する強力な支援、同僚と共有すべき知識、能力、技術を十分に備える教職員を必要とする。[28]

専門職の学び合うコミュニティは、教師たちが直接顔をつきあわせる学校内を超えて、専門職としての学びのネットワークにおいても重要である。例えば教科に特化した団体が挙げられる。アメリカには、何千人もの教師が参加している「ナショナル・ライティング・プロジェクト」や、今では全国規模で展開している「カリフォルニア・ニュー・ティーチャー・メンター・プログラム」がある。イギリスでは、学区規模の専門職の学び合うネットワークが次々と誕生している。また、メキシコや南アフリカでは「サウザンド・スクール・プロジェクト」が展開している。こうした事業が一つの学区を超えて地域規模で展開されることによって、専門職の学び合いと教職専門性開発、査察と認証評価といった契約に基づく事業に一貫性を与えることが可能となる。このように専門職の学び合いや教職専門性開発を地域規模で展開することにより、それを無知で不十分な請負業者による混乱へと悪化させることを阻止する一方で、外側からの支援を、地域学区の裁量権を与えない管理手法から解放することができる。健全な地域規模の展開によって、請負業者を管理可能な範囲に置きながら、最善の契約関係の誠実さと独立性を維持し、理解と経験の文化を時間をかけて築き上げることができる。[29]

力強い専門職の学び合うコミュニティを学区内外の学校で展開する政策手法として以下が挙げられる。

・リーダーシップの開発。学校のリーダーの教育において、専門職の学び合うコミュニティの重要性を強調し、専門職の学び合うコミュニティを構築する特別な技術を開発する。

・学校の視察と認証評価。学校の視察と認証評価の手続きに向けて専門職の学び合うコミュニティの指標をつくり上げる。例えば、学校が全ての教職員を含む専門職の学び合うチームを有しているのか、教師たちが改善の根拠としてデータを利用しているのか、意思決定チームが現実的な意味のある経験と関心をもつ教師たちを含んで構成されているのか、単に学校の支配的な派閥だけで構成されていないか、といった指標である。

・資格証明の更新とパフォーマンスの管理。能力給、資格更新のための能力測定と、専門職の学び合うコミュニティへの関与の程度とを関連づける。この方法は、従来からの効果的でない教職専門性開発のモデルと大きく異なっている。従来のモデルでは、給与や専門職として地位を維持するために、教師たちは学校現場から離れ、個々人でマイレージを貯めるかのように、規定の単位を取得する講座に参加してきた。このシステムでは、教師たちは「椅子に座っている」にすぎず、単位を取得するために仕方なく参加しているだけである。従来のモデルから脱却し、資格証明や教職専門性基準や能力給を専門職の学び合う経験に結びつけるべきである。専門職の学び合いは教えと学びの改善に向けて同僚と協働すること、例えば、学校拠点の教師の研究、新しい授業実践に取り組み相互に学び合うこと、専門職の学び合うチームに積極的に参加すること、などが挙げられる。

・自己学習のための資金提供。教師自身の授業実践や子どもたちの学びを改善するために専門職の学び合いを追求する個人や学校に対して、政府や学区が資金を提供する。こうした資金提供の方法は、実践の結果だけを厳しく管理する支援と説明責任ではない新しい支援と説明責任の基準を提供する。

・専門職の自己規制。全ての教師を対象とする専門職としての自己規制を行う組織を設立し、その一層の強化をはかる（これは、教師の自発性に頼る「全米教職専門職基準委員会」とは異なる）。専門職の自己規制は、専門職の学び合うコミュニティの原理を包む協定として教職専門職基準を設定し、提起し、強化することを含むため、教職の免許、規律、倫理綱領といった問題の範囲を超える（これは、スコットランドの「ティーチャーズ・カウンシル（教職評議会）」とも異なる）。イングランドの「ジェネラル・ティーチング・カウンシル（総合教職評議会）」は、未だに専門職の説明責任モデルに即した基準を定義し規制を行う力を有するには至っていない。イングランドの教職の基準は、「ティーチャー・トレーニング・エージェンシー（教職訓練局）」による政府の管理や説明責任の官僚制モデルの下にある。今では、「オンタリオ・カレッジ・オブ・ティーチャーズ」が自己規制を行う専門職の機関に最も近いといえる。そこでは、全ての教師が会員として参加し、専門職としての権利が広く認められ、全ての教師のための教職基準を設定し規制を行う力を有している。ただし、知識社会に相応しい全ての教師のための教職専門性基準を定義し提起し改善する自己規制の機関や、そうした委任事項を規定した政府は未だに存在しない。教員組合は、教師たちの雇用条件を他の機関の手に委ねることに慎重である。政府は、マイクロマネジメントを手放して仕事の管理を教師たちの手に委ねる用意はできていない。こうした袋小路を突破する道徳的な勇気と社会的な独創性を見つけ出す必要がある。

・専門職のネットワーク。教師たちの学びと主張のための専門職のネットワークを構築し維持するための資金や事業計画への支援を提供する。専門職のネットワークは、学校長や教職専門性開発の担当者といった学校組織内のメンバーだけでなく、カリキュラム、リーダーシップ、教育学、その他関連分野において真の学習機会を展開している多様な機関にまで広がる。こうしたネットワークの構築は、政府によって促進されることもあるが、むしろ政府の試みとは独立して展開されるべきで、これは民主的な学びの社会において重要なことである。政府は教育のネットワークづくりや組織づくりを援助するが、その後のネットワークや組織の存続を阻むこともある。すなわち、政府という象の大きな歩みではない小さな虫の小さな歩みに対する苛立ちが生まれてしまう。[30]

・教職専門性開発とその支援事業の地域展開。本物で長期にわたる関心と学びと支援のあるコミュニティの中に、請負業者（契約を引き受ける側）とクライアント（学校集団などの契約を申し込む側）をまとめ上げる地域展開の拠点となる専門職の学び合うセンターをつくり出す。既に説明してきたとおり、ここには現職教育向けの講座を提供するのとは異なった重要な役割がある。それは、学校と学区が専門職の学び合うコミュニティとして機能する能力を強化する、そのための包括的な関係をともにつくり出すことである。専門職の学び合うセンターに期待されることは、その関係づくりに資する機会を提供することである。

・専門職のコミュニティの規範の成熟。教えと学びとケアの改善に焦点を当てた、教師たちに広く共有される目標を追求する教師コミュニティを構築する。その過程では、目標を実現するのに最も適した方法をめぐって、互いに敬意を払いながらもときに活発な反対意見が交わされる。こうした成熟した規範を教師たち自身が責任をもって培っていく必要がある。すなわち、論争的にもなりうる大人同士の活発で厳格な文化の中で、教師たちが子どもたちと授業を行うのと同じように心地よく活発な議論を展開する、ということである。成熟した規範はリーダーシップと行政の管理手法にも依存する。成熟したリーダーは、自分自身に跳ね返ってくる異議申し立てや意見の不一致を尊ぶ文化を高めることができるだろうか？　成熟した行政は、提起される民主的な反対意見を受け容れる準備ができているのだろうか？　行政とリーダーは、教師として成長するための方法が（一つではなく）多くあることを共通理解することができるのだろうか？　優れた授業の唯一最善の手法を想定し、強要することは、その手法に賛同しない教師たちを分断させてしまう。すなわち良く正しく力強い教師たちと、悪く弱く間違っている教師たちという分断である。唯一の成功を強制するストラテジーは、教職の成熟した文化が長期的に発展することを妨げてしまう。

こうした政策評価の尺度によって、教職を成熟した規範に基づいた学びの専門職へと変革することが可能になる。成熟した文化に基づくことで、教師の子どもたちに対する関与が同僚と協働する責任を生み出すことになる。さらに、専門職としての継続的な学びを教師個人と教師集団の義務とみなすことで、そうした学びが滞るときには、子どもたちに対する責任が果たされていないことを意味する。同時に、こうした政策評価の尺度によれば、継続的で結びつき合う専門職としての学び合いは、政府から時間や支援や柔軟な態度を引き出すための制度上の権利であると示唆される。[31]

ただし、子どもたちの学力をいち早く上げるという圧力と命令に直面している政策立案者や校長にとっては、専門職の学び合うコミュニティは魅力的な改善のストラテジーではない。専門職の学び合うコミュニティは、テストの管理体制や高度に規定されたカリキュラムの枠組みによる無情な標準化にも適合しない。教師や校長が専門職の学び合うコミュニティを構築するための最低限の知識や経験を欠いているところでは、専門職の学び合うコミュニティを発展させるのは困難極まりない。そのような条件下では、政策立案者や行政官はもう一つの改革ストラテジーに取りかかるだろう。私はそれをパ、フォ、ー、マ、ン、ス、ー、ト、レ、ー、ニ、ン、グ、の、セ、ク、ト、と呼ぶ。

パフォーマンス–トレーニングのセクト

トム・サージョバンニが「スタンダードの暴走」と呼ぶところの事態に多くの教育改革者たちが直面している。そこで、その教育改革者たちは自己武装するように、ある特定の授業実践が子どもたちの学びの改善に非常に有効であるとか、教育の改革を効果的に管理する実績ある方法が存在すると主張する教育研究の成果の一部を取り出す。[32] その上で、教育改革者たちは一連の大規模な改革ストラテジーに着手する。それは、教師たちの仕事関係をより協働的な関係へと再文化化するために、パフォーマンス・スタンダードの強調とその測定に即して規定された授業技術と結合させるストラテジーである。

大規模な改革ストラテジーとして以下の事例が挙げられる。まず、ピーター・ヒルの画期的な仕事である、オーストラリアのカソリック学校におけるリテラシー教育の改革である。[33] アメリカでは、ロバート・スレイヴィンの「サクセス・フォー・オール」や、特定の手順をあらかじめ指示するフォニックス指導[ii]を強力に推進した「オープン・コート」といったプログラムがある。[34] 大々的に報じられた改革の成功例として、ニューヨーク第2学区のトニー・アルバラド教育長による子どもたちの読解と数学に関する飛躍的な学力向上の事

ii　英語圏の母語学習や読書学習に用いられる指導法。学習者がアルファベットの「文字」と「音」のフォニックス＝規則性（例えば、「c」はアルファベットで「シー」と発音するが、ある単語内では［k：ク］と発音する規則）を理解するために、単語の部分読みと読みの類推から実際に読みの練習を進め、単語の正しい読み方の定着に結びつけていく。

例[35]、アルバラドの改革に追随するサン・ディエゴでのより大規模な学校システムの改革がある。[36] イングランドでは、大規模な「ナショナル・リテラシー・アンド・ニューメラシー」方略が展開され、これはイングランドの全ての小学校で読み書き教育と数学教育に重点的に時間をかける改革であった。[37]

これら大規模な改革ストラテジーの詳細や強調点は実に多様である。しかし、これらの改革が主張するところは相互に影響するネットワークを構成することであり、実によく似た様相を呈しながら改革が進行している。それゆえ、以下に示すような鍵となる共通点を含んでいる。

- 学力向上に焦点を当てる授業づくり。
- 注目を集める教科、特に読み書きと数学の授業に焦点を絞る。
- 急速な成功によって大きな成果を生み出すシステム全体の改革を通して、学力の改善に向けた野心的な目標設定を行う。
- 有利な家庭出身の子どもたちと不利な家庭出身の子どもたちとの学力差を埋めるために、低学力の子どもたちを特に優先する。
- 全ての子どもが高水準の学力に到達することを期待する（特別な支援を要する子どもたちには多大な支援を行う）。そこでの言い訳や成果の遅れは許されない。
- 明確に定義され、詳細に規定され、厳格に手順が指示された指導プログラムを教師たちに与える。教師たちは、賛同する程度は様々であれ、プログラムの整合性と一貫性を守るためにそのプログラムに従う。
- 大規模な能力開発のために、授業に関して中心となる優先事項についてのワークショップや夏期講習などによる短期集中のトレーニングを行う。

・トレーナー、コーディネーター、コンサルタントなどによる強力で豊富な支援の構造をつくり出す。トレーナーらは学習指導上の優先事項を学校で実践するために教師たちとともに仕事をする。
・教師たちに対して短期集中の一対一のピア・コーチングを提供する。そのコーチングは根拠に基づいて行われる。根拠に基づくことは、教師たちが時間をかけて実践の変革に取り組むことを促すための一つの鍵である。
・校長が学習指導のリーダーとなることを要求する。校長は学校内で行われる全ての改革に関するトレーニング活動に直接参加する。
・必要なときに自らの授業を修正するために、学力データを教師たちで検討し合う。
・評価とテストのシステムに合致するように授業の改善を行う。
・保護者や地域コミュニティがいくつかの活動を通して子どもたちの学びの支援に参加する。

一貫して強調されることは、教師たちを短期集中でトレーニングするための圧力と支援を与え続けるということである。短期集中のトレーニングにおいては、全ての子どもの学びのパフォーマンスを急上昇させるために、いくつかの所与の優先的な指導事項が取り上げられる。こうした強力な支援、詳細にわたる調整、短期集中が適用されたストラテジーは、すでに子どもたちと教師たちにいくつかの重要な利益をもたらしている。

第一の利益は、ほとんど全ての改革ストラテジーが子どもたちの学力向上に関して相当数の迅速な成功を収めており、特に、困難な社会的背景を抱える子どもたちの学力を向上させることである。第二の利益は、改革が全ての教師と学校に対して読み書き教育と数学教育を重視するよう促したことである。通常、学校では、読み書き教育と数学教育が必ずしも日常的に重視され実践されているわけではない。第三の利益は、学力向上の取り組みが教師たちに次のような考え方に挑むのを促すことである。すなわち、教師たちの多くは初め、全ての子どもが学ぶ能力を有していると考えている。しかし、そう考えた後、経済的に貧しい子どもたちやマイノリティの子どもたちはより高度な基準を超えるほどに学ぶことはできないと考えるようになる。そこで、改革により定評のある原理が教師たちに強制されることで変革が強いられることはあるが、ほとんどの教師たちにとって自分たちの信念を変えるより先に実践を変えなければならなくなる。[38] このように教師たちの思考の枠組みを打開することは、さらなる専門職の学び合いを教師たちが受け容れることを導く。

第四の利益は、事前に手順が示された教材や強力な支援の構造は、自らの実践に確信をもてない新任教師や、経済的に貧しい学区で働いている無資格の教師、発展途上国において低賃金で働き十分なトレーニングを受けていない教師、知識や技能や経験が浅い未熟な教師に対して有効であろう。授業改革を強く駆り立てる改革プログラムは、こうした教師たちに生涯にわたって使い続けられ、さらなる改善のための強力な土台となるような授業方略のレパートリーを授ける。最後に、望まない改革や悪化する職場環境に長年耐えてきた教師たちに対しては、子どもたちに具体的な成果を生むために必要なことを学ぶ惜しみない支援と教室から解放される時間が提供される。改革に向けた強制と圧力であることは否めないが、支援であることは重要なことでもある。

こうした利点は現実的で重要なことであり、改革プログラムの展開から学ぶべきことは多い。しかし、短期集中のパフォーマンス－トレーニングは深刻な問題も提起している。第一の問題は、レールトラック・グループの契約労働者が鋼材（レール）だけを修理し、残りの線路（トラック）には手をつけなかったように、パフォーマンス－トレーニングは手早く成果をもたらすが、持続的な改善に向けた成果が得られるとは言い難いことである。２００１年12月、イングランドの「ナショナル・リテラシー・プロジェクト」の成果としての読み書きの得点のいち早い上昇は頭打ちになった。また、パフォーマンス−トレーニングの厳しく規定された管理体制は高校レベルでの失敗ももたらしている。高校生の学びはより複雑で、組織としての学校もまた複雑である。イングランドにおいて、高校生の読み書きを高めることは、小学生や中学生の読み書きを高めることよりも難題である。興味深いことに、アルバラドが示したニューヨーク第２学区での成功事例には高校が含まれていなかった。高校の授業がより複雑であるだけでなく、私が第３章で示したように、多くの高校生は授業の複雑さよりも学校の生活が断片化されて組織されていることに困難を覚えている。一般的に、読み書きの技能や学びがより洗練されれば、それだけパフォーマンス−トレーニングの管理体制は劇的な効果を生み出しにくくなる。

第二の問題は、こうした改革プログラムにおいて読み書き教育と数学教育の強調が繰り返されることで、社会科や芸術やシティズンシップといった他のカリキュラム領域が軽視される事態に陥ってしまうことである。それらは概して、批判的思考や知識の創造と応用や知識社会において核となる能力が大いに強調されるカリキュラム領域である。[39]パフォーマンス−トレーニングの管理体制によって基礎技能の改善という短期的成果が生み出されるかもしれないが、同時に知識社会における長期の複雑な目標が危険にさらされることになるのである。

教師たちに対する影響も様々である。パフォーマンス−トレーニングのストラテジーがもたらす影響を調査した研究によると、多くの教師が大幅に規定されたプログラムを嫌悪していることが明らかとなっている。[40]教師たちは子どもたちの利益を認識していたとしても、指導上の拘束衣に囚われ教室での自由が奪われることを嫌う。[41]教師たちは満ち足りず、専門職として生きられず、授業への意欲を失ってしまう。モーリス・ゴートンが論じたように、力づくで授業改革を強制されることは子どもたちに対して効果的であったとしても望ましくない。なぜなら、それは、教師たちの長期にわたる教職への献身を傷つけるものだからである。これでは教員不足の時代にあって賢いストラテジーとは言えない。[42]

もちろん、そのように自分の授業を細かく規定することを好む教師もいる。私たちがスペンサー財団から支援を得た「チェンジ・オーバー・タイム?」の研究では、ベテラン教師よりも新任教師や若手教師の方が授業時間への関与をより注意深く管理する傾向が示唆された。規定されたものを優先し迎合することは、従順さを育み、官僚という外部の権威、前もって準備されたテキスト、「論争の余地のない」研究結果に専門職が依存することを再生産してしまう危険性がある。パフォーマンストレーニングの管理体制では、自由裁量の判断を行う省察的な専門職としての継続的な学び合いを促進する機会がほとんどない。パフォーマンストレーニングのセクトに取り込まれた教師たちは、時間をかけて専門職として判断を行うことや省察するための能力やそれらへの要望を失ってしまうだろう。

アルバラドの改革の継承者エレイン・フィンクがローレン・レズニックとともにニューヨーク第2学区の改革の進展を記述した論文では、[43] 専門職の学び合うコミュニティの考え方が重視されている。彼らが強調するのは、専門職の学び合うコミュニティにおいてリーダーたちが「常に読み取り、考える」ことに携わり、「知性的であることそれ自体に価値が置かれている」ということである。校長会の議論では授業に焦点が絞られ、データを扱うことが重視され、問題点は校長間で公的に共有される。第2学区の成功は、バランスの取れた読み書き教育の教えと学びの規定に即した業績だけでなく、時間をかけた改革の進展と洗練された実践をつくり出してきた。ただし、同時に、第2学区でさえもフィンクとレズニックがいかにして「新しい授業方略を導入するのか」と言いおよんだとき、その全ての授業方略の事例は、読み書き教育と数学教育に特化していた。それらの方略は、教師たちの側から発展してきたというよりは外側から強制されたものであることは明らかであった。つまり、より創造的な学びの領域である他のカリキュラムの領域を排し、結果に駆り立てられる読み書き教育と数学教育に対して外部からの推進圧力が集中し、その圧力にはトレーニングや学びや「問題」の開示といった短期集中の支援が含まれていたのである。このように、第２学区の改革システムは、パフォーマンス－トレーニングのセクトと専門職の学び合うコミュニティの双方の特徴を同時に有していることを示している。

その他の事例の特徴はより明確であった。メアリー・スタイン、リー・ハバード、ヒュー・メーハンは、サン・ディエゴの改革を調査した。サン・ディエゴの改革は、ニューヨーク第２学区の読み書き教育を成功に導いた注意深く展開された実践を、アルバラドとその他の多くのスタッフによって、首尾よく移行させようとした取り組みであった。スタインらは、この取り組みが多くの点で失敗に終わったことを明らかにしたのである。サン・ディエゴの学区は大規模でより官僚的なシステムであり、２年間で迅速に成果を生み出すことを求める政治と企業の圧力が一体となっていた。そこでサン・ディエゴの改革は、ニューヨーク第２学区が長年かけて築いてきた改革への信頼と深い理解に基づくのではなく、階層性に基づく要求を行ったのである。そうした要求は、導入される改革実践に対する早急で表面的な理解を生み出すような緊急性を伴う従順さを求めた。学区と政府が迅速な成果を求めれば求めるほど、教えと学びに対する深く持続的な理解を生み出す力強い専門職の学び合うコミュニティを、束の間の表面的な従順を確保する厳格なパフォーマンス－トレーニングのセクトに取り替えてしまうだろう[44]。

このことは、省察的な専門職の学び合いが、方向づけられたトレーニングよりも常に良いということを意味するわけではない。私は40代の初めにスキューバ・ダイビングに挑戦する決意をした。私は20代後半まで全く泳げなかったので、スキューバ・ダイビングを学ぶことを決して軽く考えてはいなかった。初めてのレッスンのとき、水面下で自分のマスクを外し、呼吸管を取り替える方法を学んだ。私は泳ぎが下手だったので恐怖を感じていた。水深5メートルのところで、私はまさに指導してくれる（落ち着いて支えてくれる）コーチとトレーナーの手ほどきによって、安心してマスクを外して呼吸管を取り替えることができた。それは、水面下で批判的な対話と省察的な実践に私が取り組むことを求める誰かではなかったのだ。トレーニングをすることは常に専門職の学びの過程で必要不可欠な要素なのである。

　確かに、トレーニングとコーチングはこれほどに単純なものではない。事実、教職専門性開発や授業の発展におけるメタファーとして「コーチング」が用いられるが、その用語自体に議論の余地がある。この領域での指導的な熟達者であるブルース・ジョイスとビバリー・シャワーズは、教師のコーチングの方法を考案するにあたり、運動競技やスポーツ、特にテニスとフットボールから多くの着想を得ている[45]。スポーツのコーチングのいくつかの側面は、教師たちの現職教育に理に適った形で敷衍されており、特に指導において、実際の「試合」の文脈で用いられる技術を応用し開発するという考え方である。しかし、コーチされるということは何かという議論は、スポーツやスキューバ・ダイビングよりも教職において一層必要となる。テニス選手が華麗なバックハンドに熟達するという美徳に賛同しないこと以上に、教師たちが例えばコンピュータの技術や読み書き教育の方法の価値や重要性や実用性に賛同しない傾向の方が強い。教職においてコーチされることとは、単に技術や力量の問題ではなく、個人的で道徳的で政治的な選択の問題を含んでいる。すなわち、価値が問われているのである。

　スポーツの技術でさえ、一見する以上に思想的に中立ではない。例えば、テニスの両手打ちのバックハンドの技術は、コーチの支配的な仮説に挑戦することなしでは進化することはなかった。数年前にカナダに移ってきた頃、私は十歳の少年サッカーチームのコーチをしていた。そこで、一人の選手をめぐって問題が起こった。彼はボール・コントロールに秀で、無限のスタミナと走力をもち、容易にチームの得点王となった。あらゆる面で彼は「スター」選手だった。しかし、彼はチームメイトにパスをすることがほとんどなかった。事実、ボールを保持することへのこだわりから、彼はチームメイトからボールを奪うことがよくあった。私は良きコーチがすると考えられる多くのことを試みた。彼にパスの重要性を強調し、その合理的な根拠を説明した。「いいポジションでボールを得るためには、一度ボールを離さなければならない」と。私は様々な種類のパスを実演し、それを実際に試す練習を組み立てた。練習試合では選手の側を走り、いつどのようにパスをするのかを助言した。パスが成功したら賞賛し、パスを試みようとする挑戦を称えた。ある選手がパスの技術の大切さを見落としているようなときには、その選手を試合中に交代させ、そこで必要な選択肢は何だったのかを問い、もう一度、技術練習に取り組ませた。こうした全ての介入にもかかわらず、その選手はパスをすることはなかった。

その選手と父親（チームの広告スポンサーでもあり、他のチームのコーチ）との密な話し合いの末、その少年がパス技術に乏しいわけではないことが明らかになった。彼は単にパスを重視していなかったのである。その父親と息子にとって、サッカーの試合は北アメリカで人気のあるホッケーと同じだった。すなわち、できる限り速く直接的に、敵のゴールめがけてボールを動かすことである。ヨーロッパ人として一生涯にわたるサッカー文化を背景とする私は、忍耐強くボールを回すパスゲームに価値を見出していた。その要点は、フィールド上のチェスのように、フォワードが得点するまでボールを保持し続ける、ということである。コーチによる支援を必要とする技能や力量という技術的な問題だと思われたものは、コーチングの対象である試合の目的やスタイルの不一致が根ざす思想的、文化的、審美的な問題であったのである。この問題の教育への示唆は、教師たちは専門職として、コーチが指示する実践についてだけでなく、コーチされる事柄について疑問を投げかけ批判することが許され励まされるべきである、ということである。

もし、広範な支援が技術の問題のみに向けられて、その技術の文脈や価値に向けられないならば、教師たちは疑問の余地のある確実性に依存し服従するという立場に置かれる。その確実性とは、実践の文脈に即した調整を必要としない普遍的に適用できる効果的な授業という確実性である。これは教師の専門職性に対する侮辱である。ここでは、教師の専門性開発はあたかも、授業を救済する神託は、神から授けられた普遍的な真理として現前するという福音主義のセクトへの誘いのようである。それは、政府の知恵という真理、論争の余地がないとされる科学的研究の真理、教室での学びや教師たちの成長や経営の変革を説き導く「教祖」の真理というメッセージである。[46] アンソニー・ストーが論じたように、教祖は教師の専門職性を発達させるのではなく、私たち全てに潜在する子どもを「覚醒させる」ということでもって教祖への依存状態を永続させる。[47]

一般的に、教育におけるパフォーマンス―トレーニングのシステムは宗教セクトの特徴を多く有している。[48] オックスフォード・コンサイス英語辞典によれば、セクトは「宗教集団、もしくは階層的な党派、または正統から逸脱したとみなされる党派」のことである。ブライアン・ウィルソンはセクトの定義と分類を行った古典とされる彼の仕事の中で、セクトを明確で包括的に八つで性格づけ、二つの示唆を提起した。[49] その十のうちの三つはパフォーマンス―トレーニングに適用するのは妥当ではないと考えた。[50] そこで、以下にセクトの残りの七つの性格を記そう。

・排他性。「宗徒は、唯一無二の教えの団体に関与し、唯一無二の成員性を有する」[51]。例えば、「オープン・コート」やイングランドの「ナショナル・リテラシー・ストラテジー」の教義を同時に報じることはできない。すなわち、批判的であることはできない。「宗徒は二重に忠誠を誓うことは許されない」[52]。

・真理の独占。「セクトは、他の者が享受し得ない、完全な真理の独占を主張する傾向にある。この真理は理解の枠組みを提供する」[53]。パフォーマンストレーニングのセクトにおいて、授業の効率性という真理は、特定の改革ストラテジーの教祖、それを強制する政府、それを正当化する効果に関する研究者という少数独裁者によって独占されている。

・スタンダードの厳しい要求。「セクトは、宗徒の活動においてスタンダードが維持されることに注意を注ぐ…セクトから個人を除名することまで、不適切さや不規則さに対する制裁を含む」[54]。読み書き教育や数学教育のパフォーマンストレーニングの内容を遵守しないならば、失敗した教師、失敗した学校というラベルを貼られる危険を冒すことになる。さらに、専門職からの破門という究極の制裁を受けることになる。

・全面的な忠誠。これは、「全ての生活領域に際立った影響をおよぼすことが求められている」[55]。「厳格な規則に沿って行動と思考がなされているのかどうかの観察」[56]を明確に要求する。パフォーマンストレーニングのセクトは、逸脱や例外がほとんどないことを支持する。

・原理主義志向。「いくつかのセクトは原始の教義の神託とみなされるものへの強力な回帰を表明し、それに応じる新たなレベルの献身とふるまいを要求する」[57]。現代のパフォーマンストレーニングのセクトは、進歩主義の曖昧な狂信集団が教育界の権力層の一部と化し、教えと学びの厳密さを堕落させていると非難し、基礎に帰ることを要求する。それは、高度に構造化された方法によって、一日のうちで確保された特定の時間において読み書きと数学を教えることである。

・禁欲主義の起源。歴史的に、セクトは伝統的な教会の階層的支配に対抗する低階級の出身者で占められていた。[58]この意味において、より自己表現の要素を有する現代の「ニュー・エイジのカルト」と比較して、セクトの起源と性格の多くは禁欲的であり自己否定的である。読み書き教育と数学教育におけるパフォーマンス‐トレーニングのセクトは、熱心なパフォーマンス、学力向上への集中、生産的で結果に駆り立てられた活動など、非常に禁欲的であることを重視する。

・平等な義務。階層を問わず、セクトの全てのメンバーに対して平等な義務を要求する。パフォーマンス‐トレーニングのセクトにおいて、真理は全ての人々に帰属し、全ての人々が真理の恩恵を授かることができる。[59]

パフォーマンス‐トレーニングのセクトは、「本質的な全体主義」を有している。全てのセクトは、メンバーの考え方、価値、心情を、再び組織化し再び方向づけることに本質を有している。「事実」としてまさに受け容れることを命じ、より広い社会（この場合、専門職）からの倫理的逸脱を主張する…少なくとも知性的な領域に関して、セクトはメンバーの生活全てを体制化する。[60]

教職は、教祖や政府や少数独裁の研究者の偽りの確実性に駆り立てられるべきではない。教職は、傾倒することと疑問を抱くことを両立させ、両者の創造的な緊張のうちに拠って立つべきである。セルバンテスの古典的小説である『ドン・キホーテ』を再構成したグレアム・グリーンの作品の中で、村から追放された二人の男の物語が描かれている。[61]一人は村のカソリック神父であり、もう一人はマルクス主義者の市長であった。彼らは窮屈で小さな車での長い逃亡の旅を強いられた。身体的に過酷な二人の旅は、やがて精神性を帯びる旅となっていった。ときが経ち、市長はマルクス主義への傾倒を宣言するだけでなく、革命の価値やその可能性を疑うようになっていった。一方、神父もまた、カソリックの信仰を告白するだけでなく、神の存在について心の内から疑うようになった。両者は互いに交わした議論から学び、精神的な成長を遂げていった。それぞれの傾倒と信仰を維持しながらも、それらを疑い修正していったのである。二人の傾倒と信仰が議論を交わすことに駆り立て、二人の疑問が議論を可能にしたのである。チャールズ・ハンディは次のように考察している。

このように宗教とは、自己への責任に対する大いなる助けとなる…それは、教義もなく階層もない宗教である。それは、疑問の余地のある宗教であり、不確実性のある宗教である。それは、耐え忍ぶ強さを与え、自分の方法を自分で見つけ出す強さを与える。自分の運命による責任であると感じているものから解放されるために、私は、宗教と科学の双方による偽りの確実性を拒否する必要があることを見出す。このことこそが、私たち全てに降りかかる責任であると私は考える。私たちは、それから逃れることはできない。[62]

パフォーマンス―トレーニングのセクトにみられる福音主義の特質は、教師や校長からこうした責任を奪い取る。そこでの仕事は追随することであり、疑問を抱くことではない。教師や校長は、教えるように要求されている読み書きやその他のカリキュラム改革に異議を申し立てることができない。確かに、より省察的で挑戦的なコーチングの形式は存在するけれども、パフォーマンス―トレーニングのセクトは、省察とは相反する実践として厳格で技術的な類のコーチングを促進する。実践の技術的複雑さや、メンタリングや支援の洗練されたシステムにもかかわらず、パフォーマンス－トレーニングのセクトによる強制は、窒息させることに似た支援をつくり出す。

この点は、私たちが次のことを認識するとき、よりいっそう重要となる。書面に記された改革ストラテジーは、完全に明確で一義的であることはないということ、修正されない命令などないということ、現場の環境や困難さは改革の計画者によっては完全に予測されることはないということである。全ての物事は常に解釈に開かれている。もしも教師たちがそうではないと考えるならば、身につけた依存の習慣によって、外部から導入される改革が常に標的とする子どもたちのために創造的な修正を行うことが妨げられるだろう。教育の改革において、現場の文脈が与える影響は常に大きい。

専門職の学び合うコミュニティとパフォーマンス－トレーニングのセクトの相違点は、以下のように要約される（図6－2）。

- 専門職の学び合うコミュニティは、コミュニティのメンバーの知識と学びを転換する。パフォーマンス－トレーニングのセクトは、行政当局や研究の権威によって規定された研究の知見や指導観といった疑いようのない正典を転移し、実践に当てはめる。
- 専門職の学び合うコミュニティは、探究の共有を促進する。パフォーマンス－トレーニングのセクトは、強制的な要求を追求する。
- 専門職の学び合うコミュニティは、実践の改善点を知るためにデータや根拠を用いる。パフォーマンス－トレーニングのセクトは、承認された実践の裁定人として学力の結果を利用する。

専門職の学び合うコミュニティ	パフォーマンスートレーニングのセクト
知識の転換	知識の転移
探究の共有	要求の強制
根拠に基づく	結果に駆り立てられる
状況に埋め込まれた確実性	偽りの確実性
現場独自の解決策	標準化された行動計画
共同責任	権威への服従
継続的な学び	短期集中のトレーニング
実践コミュニティ	パフォーマンスのセクト

図6-2　専門職の学び合うコミュニティとパフォーマンスートレーニングのセクト

・専門職の学び合うコミュニティは、教師たちが現場の予測不可能で不確実な文脈に即して、現場での改善を考案することを励ます。パフォーマンスートレーニングのセクトは、偽りの確実性を生み出す権威システムにおいて標準化された行動計画を教師たちに実行するよう要求する。

・専門職の学び合うコミュニティは、教師集団が教えについての継続的な学びに従事するよう促す。パフォーマンスートレーニングのセクトは、短期集中のトレーニングを通して思慮深さを欠いた集団思考を導き、外部からの規定に対する忠誠心を促す。

パフォーマンスートレーニングのセクトのアプローチは、倫理的、道徳的に問題含みであるだけでなく、技術的に柔軟性を欠くという問題を孕んでいる。このアプローチでは、現場の文脈の差異に適応できず、知識社会において必要不可欠な高度な学びや発展を生み出す方法としても適切ではない。パフォーマンスートレーニングのセクトのアプローチによる改革の初期の成功の記録が示唆するのは、ひどく困難な環境における改革や未発達の教師を対象とするとき、改善のために必要な土台をつくり出すと言えるかもしれないことである。しかし、知識経済や包摂社会において、パフォーマンスートレーニングのセクトのアプローチは改革の目的として決して受け容れるべきではない。私たちの取り組みと努力は、パフォーマンスートレーニングのセクトのアプローチを高度に乗り越え、より一層の社会的で政治的な独創性と誠実さを具現化することに直結させなければならない。

第7章

知識社会の学校と教師の未来：改善策を再考し、困窮から脱出する

専門職の学び合うコミュニティとパフォーマンス–トレーニングのセクトは、ともに学校改善に向けたパフォーマンスの契約と人々がかかわり合う文化とを結びつけるが、その方法は異なっている。「一つの型が全てに適合するわけではない」[1]との認識が学校改善の現場で高まっているように、学校改善の方法は学校種とシステムの違いによって必然的に異なる。つまり、全ての状況に同じストラテジーが適合するわけがないということだ。この点で、専門職の学び合うコミュニティとパフォーマンス–トレーニングのセクトは、それぞれが標準化の問題を乗り越えて、競争的ではなく相補的な学校改善の道筋を提供できる。

高度なポテンシャルを秘めたシステムにおいて、高度な能力をもった教師たちは、洗練された専門職の学び合うコミュニティの中で最善の機能を果たすことになる。そこでの教師たちは、高度な技術と資質を有し、学校を効果的に運営していく。また、リーダーは教師たちを動機づけ、仕事に没頭させる力を有し、豊かな教育資源を背景として教師たちが専門職として協働するのに必要な時間や柔軟性を保証している。ミルブレイ・マクロフリンとジョアン・タルバートが述べるように、最も質の高い教師は専門職として最も好ましい環境に惹きつけられ、その環境は比較的、裕福な地域であることが多い[2]。

対照的に、パフォーマンス–トレーニングを通じた改革は潜在能力の低いシステムを生み出している。そこでは多くの教師が無資格で未熟で、学校は子どもたちの学力不振に苦しんでいる。教師たちは自らの独創性に対して自信を喪失しており、リーダーは自らを教師たちの指導者ではなく単なるマネージャーだと見なしている。さらに、学校の教育資源は不足しているか、あるいは過剰な優先事項に対応すべく拡散しすぎている。つまり、私が呼ぶところの「プロジェクトの疫病」にかかっているのである。おそらく、効果的で実用的な解決策は、私たちの学校とシステムの違いに即して「一つの型が全てに適合する」とは異なるアプローチを考え、学校改善と専門職としての教師の学びと成長を考える中で明らかになると思われる[3]。

しかし、学校改善と専門職としての教師の成長を区別する考え方は、常に一定の方法で解釈され実行に移されるわけではない。また、そのアプローチの全てが平等に好ましいとも限らない。そこで以下では、(1)教職専門性開発のアパルトヘイト、(2)発展的な進歩、(3)相補的な成長、という三つのアプローチについて検討していく。

様々な発展の進み方

教職専門性開発のアパルトヘイト

学校改善や教職専門性開発に対する「区別」アプローチには、そのストラテジー自体がコミュニティ間の根深い「区別」を生み出す危険性を孕んでいる。アマンダ・ダトナウらが見出したように、アメリカ連邦政府の財政支援を受けたコンプリヘンシブ・スクールの中では、地域が選択可能な改革モデル、教育長から指示された改革モデル、改革の手引きとなる枠組み、持続的な教師の同僚性とネットワークの促進などが、裕福なコミュニティにある学校で適用される傾向がある。つまり、マイノリティの子どもたちが多い貧困地域の学校には、細分化された閉鎖的で監視的なプログラムや、あらかじめ決められた方法で行われる短期集中的なトレーニング・プログラムが適用されることが多い。[4]

イングランドの教育政策も同様の事態を引き起こしている。学力結果が良好な学校は規定のカリキュラムを改編する自由をもった「成果報酬としての自律性」を獲得している。[5] しかしイギリスは、教育を通じた学力と子どもたちの社会的背景との相関関係が最も強固な国家であり、その結びつきを強化する競争市場システム、すなわち、学校選択制が今もなお作用している。そのため、裕福な地域コミュニティの学校やそこで働く教師が「成果報酬としての自律性」を獲得している一方で、[6] 失敗や不適格と分類された学校や教師は規定プログラムに縛りつけられ、介入的な監視や視察、管理的な教育方法でもってパフォーマンス－トレーニングを行うセクト主義に支配されている。「失敗している」学校の法的な用語（つまり、テストの点数の全国比較）による定義はまた、人種的および民族的マイノリティが過密する貧困で不利なコミュニティでのみ、「失敗」が公的問題となることを意味する。つまり、中程度の学業成績をもつ生徒たちのスリップストリームに乗って苦労なく進む教師や「クルージングする学校」は何も害を受けないで済む。[7]

このようなコミュニティの発展と教師の成長それぞれの区分は、教職専門性開発や学校改善のアパルトヘイト化と見なされる。ブルーマウンテン校（第5章参照）のような比較的裕福なコミュニティの学校とそこで働く教師たちは、専門職の学び合うネットワークやコミュニティの恩恵を享受できる。そこで、自己開発志向をもった教師たちは同僚間で学び合うチームに所属し、保護者と連携することによって、自己開発志向をもった生徒たちを育てている。その生徒たちは「大きな絵」を見ることができ、システム思考を活用し、高技術で高階層な「重さを感じない仕事」で構成される知識経済で働くための非常に優れた準備教育を享受している。このような裕福なコミュニティにある学校は、都市部で敷衍している細分化されたリテラシープログラムの底辺で蠢く地域的な「不利益」に悩んでいないため、規定プログラムの強制採用も免除されている。[8]

一方、住宅供給プロジェクトが不毛に広がるコミュニティや町内のスラムが荒廃するコミュニティ、あるいは、未発展の第四世界といった貧困なコミュニティにある学校やそこで働く教師たちは失敗の影と闘っている。その影とは、テストの点数に対する警戒であり、干渉されること、過大な要求を受けること、規制されることに対する恐怖である。貧困なコミュニティにある学校とそこで働く教師たちはパフォーマンストレーニングのセクトに放り込まれ、指導方法や専門職として学ぶための自律的な選択を規制されている。そこで教師たちは、子どもたちが高校入学可能な程度の学力だけを見て、小学校では子どもたちに数学や読み書きの基礎スキルだけを教えている。また、学校とシステムは子どもたちに対して知識経済と異なるセクターに参加する教育を行っており、そこで子どもたちは知識を創造すること、独創性を発揮すること、不慣れな問題を柔軟なフォーマットで解決することを学べていない。彼らの運命は、レストラン、旅行者向けのホテル、スパなどのサービス業といった、裕福で優秀な人々の「重さを感じない仕事」に仕え、支えるのに十分なだけのリテラシーと数学的知識をもった「部品」になることである。このような仕事の中では、教えられたことを理解し、こびたコミュニケーションを行い、他人を安らかに眠らせ、良い日をすごさせることが、発明や独創性よりも極めて重要なことになる。「一つの型が全てに適合する」という名の下で、このような区分されたシステムや発展の形態によって、子どもたちは生まれつきの社会的背景に基づいて知識経済を「創造する側」と「仕える側」に分かれる、という弊害を蒙っている。

ジグムンド・バウマンによると、裕福で高学力のコミュニティにいる子ども、教師、保護者は知識社会の「旅行者」になるという。彼ら／彼女らは自らの卓越さや学びの機会や組織学習の必要性を感じた際には、柔軟性や自律性、社会運動の自由やネットワークづくり、そして社会移動の流動性を享受することができる。[9] 対照的に、移民や人種的マイノリティ、労働者階級の子どもたち、臨時的雇用者で無資格でやる気を失った教師たちなど、貧困で学力不振のコミュニティにいる人々は知識社会の「浮浪者」や「放浪者」になる。彼らは「英才教育のためのマグネットスクール」が強制設置される中で取り残されていき、活動は監視され、社会運動は永遠に監視と評価にさらされ、学びも規制され制限される。

もしも私たちが全ての若者に対して、これまで以上に民主主義の市民として知識経済で大成功し、高技術を有する職業人になる機会を与えたいと思ったときでも、新たに二分された改善方策、すなわち、専門職の学び合うコミュニティを推進しパフォーマンス－トレーニングのセクトの展開を止めるという社会的な対立地勢が実際にはかなりの脅威になるだろう。

発展的な進歩

学校は、それぞれ異なるアプローチで改善に取り組むことで、ますます成果をあげることが可能になる。たとえば小規模小学校の校長は、学びのリーダーとしての重要な役割を果たし、教室を訪問して子どもたちの学びの過程を理解し、校内研修にも参加し、授業もいくつか実践することが可能である。大規模高校の校長は、他の教師よりも多くの仕事をこなす必要があることから、教職員やリーダーとなる特定の教師を通じて間接的に学びに影響を与えることとなる。

言い換えれば、異なるのは学校のタイプだけでなく、効果・改善のレベルが異なるわけである。学校改善のエキスパートで、イングランド教育省の前アドバイザーであったデイヴィッド・ホプキンスは、この点について以下のように述べている。

学校の効果のレベルが異なれば、異なる学校改善ストラテジーが必要となる。改革に向けた支援が少ない状況では、学校内部の発展を促す内的状況を創造するなど、発展作業の初期ステージに意識を集中することが必須である。[10]

ホプキンスは、Ⅰ失敗／効果なし、Ⅱ学力不振、Ⅲ良好／効果あり、という三つの学校タイプを挙げ、それぞれに最も適した改善努力の方向性を以下のように示している。

タイプⅠは、教育困難校に対する支援ストラテジーである。教育困難校には大規模な介入と支援、おおむね新たなリーダーシップが必要となる。このストラテジーでは、学校の服装規範、出席率、生徒の振る舞い、学校の外観といった限定的な組織課題に焦点化する。その結果、限定的ではあるが効果を見込める特定の教育方法を教師が広く選択できるよう手助けし、教師の能力と自信を打ち立てることをねらう。

タイプⅡは、適度に効果をあげている学校に対する支援ストラテジーである。適度に効果をあげている学校は、教師の教えと子どもの学びに関する特定の課題を改善すべく、その能力を高める必要がある。その多くは既存のリーダーシップや学校自体の教育資源によって改善されうるのだが、中には外部支援を必要とする課題もある。さらなる創造性を育むための授業時間の確保、教師のリーダーシップの拡大、子どもたちの話や関心事への傾聴、あきらめ感を抱える教職員への動機づけ、価値や目的の中核化などが、こうした学校をさらに改善するための優先事項となる。

タイプⅢは、良好な学校がその効果を保つための支援ストラテジーである。良好な学校は学校自体のネットワークを創造し維持できるため、外部支援をそれほど必要としない。その学校を刺激するのは外部パートナーの存在と新たなアイデアや実践の公表である。その刺激により、学校は子どもたちの学力向上への期待を高めるよう努力を継続できる。また、教師の協働体制を改善すべく校内の構造的変化を引き受け、成功に向けて多くの時間を割くことになる。

ホプキンスはこれらを、イングランドの「ナショナル・リテラシー・ストラテジー」の変革に対する提案に適用している。ホプキンスは、「底辺」にいる学校と「改善実行サイクルにいる」学校は、従来のストラテジーが示す統一的で規範的な枠組みの代わりに、スレイヴィンの「サクセス・フォー・オール」のようなより規範的な取り組みから利益を得るだろうと述べている。また、顕著な成果を既に残している学校についても、既存の枠組みを超えるための柔軟性を保証することで利益がもたらされるとアドバイスする。[11] つまり実際のところ、中間に位置する学校が従来の枠組みに最も適合的なのではないかとホプキンスは述べているのである。「ナショナル・リテラシー・ストラテジー」の評価も同様の提案であった。すなわち、介入と命令は逆に成功に関連づけられるべきだと。[12]

以上の分析により、学校はその初期においてそれぞれ異なる改善を必要としている現実を認識できるだろう。この認識によって、技術が未発達で自信を失ってしまっている教師たちのコミュニティに対し、専門職の学び合うコミュニティを創造しようと努めることが実践的ではないことも見えてくる。すなわち、共有された価値が現れるまで、共有された知識を使うことはできないのだ。不利な地域の学校とそこで働く教師たちは失敗へと転落するかもしれない。しかし、彼らが失敗に留まるべき理由は何一つない。発展のストラテジーは、単に学校を失敗から救い出すことだけではなく、成功を増やすためにある。

ホプキンスの学校の発展に関する観点は学校改善を考える上で重要な発見である。学校改善ストラテジーは、単純で一時的な修正を超え、学校のニーズが全て同じではなく時が経てば変わると認識するモデルでもって長期にわたる持続的変化へと移行させることである。しかし、ホプキンスの発展モデルにはいくつかの大きな限界を含んでいる。

第一の限界は、ホプキンスの発展モデルが効果レベルの異なる学校群を対象とした一時的な調査に基づいていることである。このような様々なタイプから導き出される洞察は、全体的な発展モデルをつくるための階層的な連続性の中で統合されてしまう。しかし、特定の学校が活用した（むしろ、教育資源を増やされ、教職員を資格化したとも言える）改善ストラテジーだけに基づくことで、学校がいかにしてタイプⅠからタイプⅢに円滑に移行できたのかという、時間を超えて証明するような長期にわたる証拠は今のところ存在しない。かつての学校が失敗ゾーンから飛び立ったのか、これらのストラテジーを最も高度な効果レベルにまで連続的に移行させることができたのかは定かではない。洗練された専門職の学び合うコミュニティを構築するために必須な最初の発展段階としてパフォーマンス－トレーニングのセクトが扱われたのか、それとも、パフォーマンス－トレーニングのセクトは学校と教師を即座に失敗から救い出したとしても、学校や教師が知識社会の洗練された成功の果実を育て、保持していくのに向かって進むのを許さない、そのような命令と依存の罠であったのかも定かではない。

第二の限界は、ホプキンスの発展モデルが直線的な「連続体」[i]ということである。写実に用いる装置のように、あらゆる連続体は誤解を招くほど単純で[13]、概念的装置や分析に用いる装置と同じくらい規範的で管理的な装置である。その目的は、学校の現時点での位置づけや目指すところを、単一で直線的な尺度で理解す

i　以下に説明があるように、ホプキンスの学校発展モデルは、学校がA（失敗／非効果）→B（学力不振）→C（成功／効果あり）のように一直線に発展することを想定している。しかし、学校は社会情勢や地域情勢、子どもたちの関係性、保護者との連携、教職員の構成や同僚性の形態、管理職のリーダーシップなど多様な事象に支えられ、その影響を受けるものであり、決して一直線に発展するのではない。著者が指摘するように、学校はそれぞれ異なる地域に立脚しながら、ときに一見すると発展と後退を行き来し、学校を取り巻く人々の間で複雑な交渉を繰り返しながら、それぞれ独自の発展過程を辿るものである。

ることにある。連続体は管理職による改善点の把握とマネジメントを支援するシンプルな道具であるが、マネジメントに関して言えば意味の複雑性に対してかなり不公平なものである。学校には、大規模／小規模、都市部／田舎、あるいは、少数スタッフで十分にマネジメントされた学校／教育資源は豊かだが悪い方向に進む学校、といったように多種多様なタイプがあり、これらの学校全てを単純な連続体に当てはめることはできないし、全ての学校が同じ道を辿って進歩するわけではない。この連続体は差異の複雑性と承認を否定するものである。おそらく、一つの尺度が全てに適用できると皮肉をもって言い張るよりは、発展には様々な道があると認識するのは良いことだろう。現実の学校改善はマルチトラックのデジタルサウンドシステム[ii]のようなものである。

第三の限界は、学校の差異を定義する問題部分が、学校の失敗と成功を定義する手法に依存することである。コミュニティの福祉政策の違い、貧困の程度や財政支援レベルの違いを考慮しないで、失敗を生々しい学力の観点だけで定義したら、豊かな地域の学校はずっと上位であり続けるし、貧困な学校はずっと下位であり続けるだろう。対照的に、コミュニティの種類という点で類似した学校群（これは統計的隣人と呼ばれる手続き概念）により失敗と成功が定義されたら、最も貧困なコミュニティに（失敗例と同じくらいの）大成功例の学校が出てくる。それと同様に、豊かなコミュニティに（成功例と同じくらいの）低学力例の学校が常に出てきて、低学力例と定義された学校は介入と公的な抗議を受けることになる。さらにまた、失敗と成功が学校の過去の業績や子どもたちの入学時の学力で定義されるなら（これは付加価値改善と呼ばれる）、豊かなコミュニティにある学校は貧困なコミュニティにある学校のように逆戻りする（つまり、揺れ動く、浮き沈みの激しい学校になる）可能性がある。

統計的隣人の手法、過去の業績を加味する手法、付加価値的な学力水準を通じて学校の失敗を定義するこれらの形態は政治的に議論の余地あるものである。しかし、その議論は大抵、自分たちの学校を失敗の烙印で汚したくないエリートたちによって抵抗され頓挫してきた。[14] 失敗の最初の定義（文脈を考慮しないで全ての学校タイプを生々しい学力で比較する方法）によると、最も低い発展段階に堕ち、セクト主義のパフォーマンス－トレーニングのためだけに適するような学校のほとんどが貧困なコミュニティにある学校となる。この定義手法では、貧困だけが最終的に公的に示される未発展状態となる。中産階級は自らで定義した教育「区分」を享受し、貧困の中であえぐ学校と教師を軽蔑と嫌悪の対象と見なす。

失敗を貧困で不利なコミュニティへと限定する定義手法は、学校間の複雑な差異を見ず、学校改善の発展モデルを進歩か遅滞という単純な連続体と捉える議論に結びつく。そのとき、「失敗する」学校やコミュニティに影響をおよぼす貧困問題の政治的継続や不公平が、発展や改善に関する中立的なテクノロジーに誤って転じさせてしまう。[15] 効果のない学校は効果のある学校と異なる発展過程を進むからこそ、それぞれ異なる改善ストラテジーが必要となる。しかし、学力や改善度に関してよく使われる尺度の弊害によって、貧困なコミュニティにある学校だけが失敗している。このようなやり方で、政策立案者は困窮についての経済的・政治的問題を技術的に中立的な改善ストラテジーに反映させていってしまう。都市部の学校やコミュニティの困窮問題を扱うことは、公正な学校改善を成し遂げるためのあらゆる改革努力の一部にならなければならない。私は本章を締めるところで、この重要な事案に立ち戻ろうと思う。

本書は、教育の標準化に向けた改革が、知識社会に備える教師たち、知識社会を乗り越えていく教師たち

ii　同時に二種以上の音を録音可能な機器（多重録音機）のこと。学校の現実は多様な「音」あるいは「声」から成っているからこそ、「現実の学校改善」には「一つの型が全てに適合する」アプローチでは限界があることを著者はここで表現している。

の能力を低下させていることを明らかにしてきた。標準化の動きは教育的な排除をより悪化させている。様々な改善ストラテジーは魂を欠いた標準化の「一つの型が全てに適合する」アプローチを超える一つの方法を示している。しかし、政治が責任逃れするように、違いを定義する方法は学校や世界の政治的問題としてミスリードされ、「未発展」という中立的な言葉でもって貧困と失敗を混同して判断している。指導的な変化ストラテジーによって、学校や教師がかつてより高レベルの改善に向かうことができたのか、パフォーマンス―トレーニングのセクトが最弱の能力と従属状態のサイクルの中にいて「未発展」と見なされる学校と教師たちを罠にかけ、知識経済の低レベルの仕事に就くだけの能力をもつ子どもたちを育てているのか、これらを示す長期的な証拠は何一つない。発展の進み方を区分するアパルトヘイト化が続くよりも、学校と教師の未発展状態が永続することのほうが私たちにとって大きな問題である。

相補的な発展

いかにして標準化の弊害を退け、貧困なコミュニティにある学校とそこで働く教師たちをパフォーマンス―トレーニングのセクトによる命令と従属の罠にかけることなく、学校個別の発展過程を認識することができるのだろうか。どのようにして貧困なコミュニティにいる子どもたちと教師たちが、柔軟性をもちながら自律性を高めて、学び合うコミュニティを組織する学校の仲間とともに、知識社会の頂点に登るための機会を担保すればいいのだろうか。

私は、一つの答えとして、学校の発展と教師たちの成長を支える相補的ストラテジーを提示する。このストラテジーは、「垂直的な形態」と「水平的な形態」の二つをとる。

垂直的な相補性　垂直的ストラテジーは「失敗している」学校やトラブルの渦中にいる学校に対して、持続的改善をねらった長期間のストラテジーと、一時的な生き残りをねらった短期間の救済プランとを結びつけて同時に開始するものである。一人の英雄的な校長が長期的および短期的な変化ステージの両方に力を注ぐのは非常に稀有なことである。危機に即応できる校長は一般的に、長期間の改善にかかわる教師たちの能力を辛抱強く培える校長ではない。様々な長所やスタイルをもったリーダーを継続して任命することは、それぞれ連続的な学校の発展段階を支援するのに適してはいる。しかし、その過程でいつも起こることだが、このようなリーダーシップの継続任命は、次のリーダーが前任者の成果を誤解し、軽視し、ひっくり返す危険性を孕んでいる。より良いストラテジーは、メンバーの長所を互いに補い合える形でリーダーシップ・チームを構成することである。つまり、ある者はマネージャー、ある者はリーダーとなり、そこで、ある者は短期間で効果をあげ、他の者は長期間の改善を支えていく。それから、メンバーが互いを理解し、互いの貢献の違いを尊重し、効果的に協働する取り組みを保証する規範や過程を、リーダーシップ・チームに確立することが必須となる。

長年、ノースリッジ校（第4章）は、リーダーというよりはマネージャーとして有能な校長に導かれる「クルージングする学校」であった。外的改革に対する校長の返答はいつも彼のオフィスの中で留められ、その思いはコメントとして彼がスタッフに送る詳細な文書だけに書かれていた。意外なことではなく、スタッフへのフィードバックは乏しかった。その校長は「教師たちは無関心であった」と不平を言ったが、教職員の考えを理解しようとはしていなかった。

ノースリッジ校では、学校を大規模に再編するのに校長の変化は必要ではなかった。チームづくりの力と教育方法のリーダーシップの力をもった２人の新副校長の着任が突如として学校を前進させた。ノースリッジ校の校長のリーダーシップの中で最も大切な行為は、校長自身が革新者としての自らの限界を認識することであり、学校の利益となるカリキュラムや評価を改善していく自由を副校長に与えることであった。リーダーシップ・チームは校長と異なること、校長一人ではできないことを実践した。

短期的な生き残りの危機に直面し、最終的には長期的な改善を必要とする「失敗している」学校では、効果的なリーダーシップ・チームを相互に力を補い合えるメンバーで構成する必要がある。ある者は明確な指導プランを主張したり、特定の研修を準備したり、生徒たちの態度や出席率を改善したりすることによって、非効果的な状況を素早く取り除くことができるかもしれない。他の者は、教職員の持続的な改善能力と専門性開発を促す学校の「大きな絵」に教職員全員を包摂していく力、信頼性を高める力、協働性を創造する力をもっているかもしれない。チームの何人かは即座に最初の変化をもたらし実行することができ、他のメンバーは長期間の改善を装置化したり洗練したりすることができる。一度、即時的な変化が効果的であると証明されれば、洗練された長期にわたる改善策はもう一度実行することができ、教職員はそのことにすぐに気づくことになる。この次の段階が卓越さに変異するように、他のメンバーは以前の状況を乗り越えてきたことを知り、前進していくだろう。それゆえに、知識社会の目標に向けた持続的な改善は、英雄的なリーダー個人によってではなく、その多くは共有的な分散型リーダーシップによって達成されるのである。[16]

水平的な相補性　パフォーマンス–トレーニングのセクトは、大規模な効果を一時的に上げるためのいくつかのトレーニング要素を準備し、即時的な成功をデモンストレーションすることで評価不可能な教えの技術レパートリーを提供し、「様々な社会的背景をもつ全ての子どもが何でも学ぶことができる」と教師たちが認めるように要求する。結局のところ、パフォーマンス–トレーニングのセクトは、専門職の学び合うコミュニティを打ち立てるより洗練された過程が、パフォーマンス－トレーニングのセクトの次の段階に訪れると想定している。より複雑な技術が駆使される前に、基礎を打ち立てなければならないという考えである。

この想定はどれほど的確なのだろうか。パウロ・フレイレが南米で最も搾取された人々に行ったリテラシー教育のように、正しい教えやカリキュラムがあれば、最も不利な子どもや大人でさえ、批判的思考や複雑な学びに取り組む姿勢を身につけるという豊かな証拠が存在する。[17] また、ルベン・フュアスタンは「道具を豊かにすること」で世界中にいる「能力の低い」と見なされる子どもたちが高次の批判的思考や問題解決思考を駆使できることを示している。[18] さらに、ヘンリー・レヴィンの「加速する学校」における「加速する学び」も同じ目標を追求している。[19] 世界の最貧困で「最も未発展」の国々で試みられる改革は、西側諸国の学校効果標準モデルへの追随ではない。改善追求の具体的作業の中でコミュニティを大いに包摂し、技術的な結果だけでなく明確な価値を扱っているのである。[20] 同様の哲学がアメリカのカマー・スクール[iii]やその他のプロジェクトでも見られている。[21]

私たちが、ほとんど全ての子どもが知識社会の要求に適した複雑で具体的な現象を学ぶことができると信じ、その根拠をもつとしたらどうだろう。いかなる教師も単なる基礎的技術を学べるだけで知識社会の最も複雑な技術を学ぶことはできないとの言説を信じる理由があるだろうか。

知識社会の技術は新たな基礎であり、子どもたちも教師たちもそのことを否定することはできない。全体として効果が乏しい状況は、カリキュラムに関する必然的な尺度ではなく、パフォーマンス－トレーニング、時間的にきつい計画フォーマット、厳しい監視に関する緊急事態的な尺度を必要とする。しかし、リテラシ

iii　貧富の差や人種的・民族的・宗教的な差異にかかわらず、すべての子どもの学びと成長を保証するというジェームズ・P・カマーの信念と理論的知識に基づいて運営されている学校。

ーや数学のような一時的なトレーニングの周縁に、他の教科カリキュラムが追いやられてよい理由はない。このような尺度を追求する代わりに、協働的なカリキュラム作成や専門職の共有された学びの探究によって、教師たちと子どもたちは創造的で批判的な思考をより明確に強調し始めている。この時代は、専門職のコミュニティの種が撒かれた場所である。基礎が習得されるまで知識社会の到来を（おそらく永久に）待つのではなく、最も挑戦的ではあるが、はじめは緊急的にパフォーマンスートレーニングの試みと並行させながらも、知識社会に関与する能力は全ての教師と子どもに培うことが可能である。（必然的と見なされている）リテラシーと数学におけるパフォーマンスートレーニングと並行し、少なくとも互いが焦点化するカリキュラム改革の領域において、創造性と批判的思考に関心を向けることが重要である。この主張は、創造性が従属に対する完全な犠牲にならないことを保証するものではなく、学校の改善努力に焦点化するものである。

パフォーマンスートレーニングと専門職の学び合うコミュニティとのバランスは、学校それぞれで定めることができる。そのバランスは月の周期のように、ときが経ち学校がより洗練された組織になれば変えられて、そのため最終的には、パフォーマンスートレーニングの管理体制はほとんど必要ではなくなり、「成果報酬としての自律性」が学校を覆うようになる。この相補的な成長という考え方は、専門職の学び合うコミュニティとパフォーマンスートレーニングのセクトは単に連続するのではなく平行するものであり、両者は発展のカテゴリーであることを表している。時間を超えて両者が連続することは、学校の前進に沿ってトレーニングの様相が減少し、両構成要素間のバランスが変容することである。しかし、初期のトレーニングの必要性こそがまさに支配的で圧迫的な場合は、教職員に優先事項を与えるのではなく、具体的で省察的なコミュニティづくりの要素が常に必要となる。実際に、省察的なコミュニティが立ち上がれば、パフォーマンスートレーニングの強調はもはやセクトの形態をとる必要がなくなり、常にいくつかの具体に関連する集合

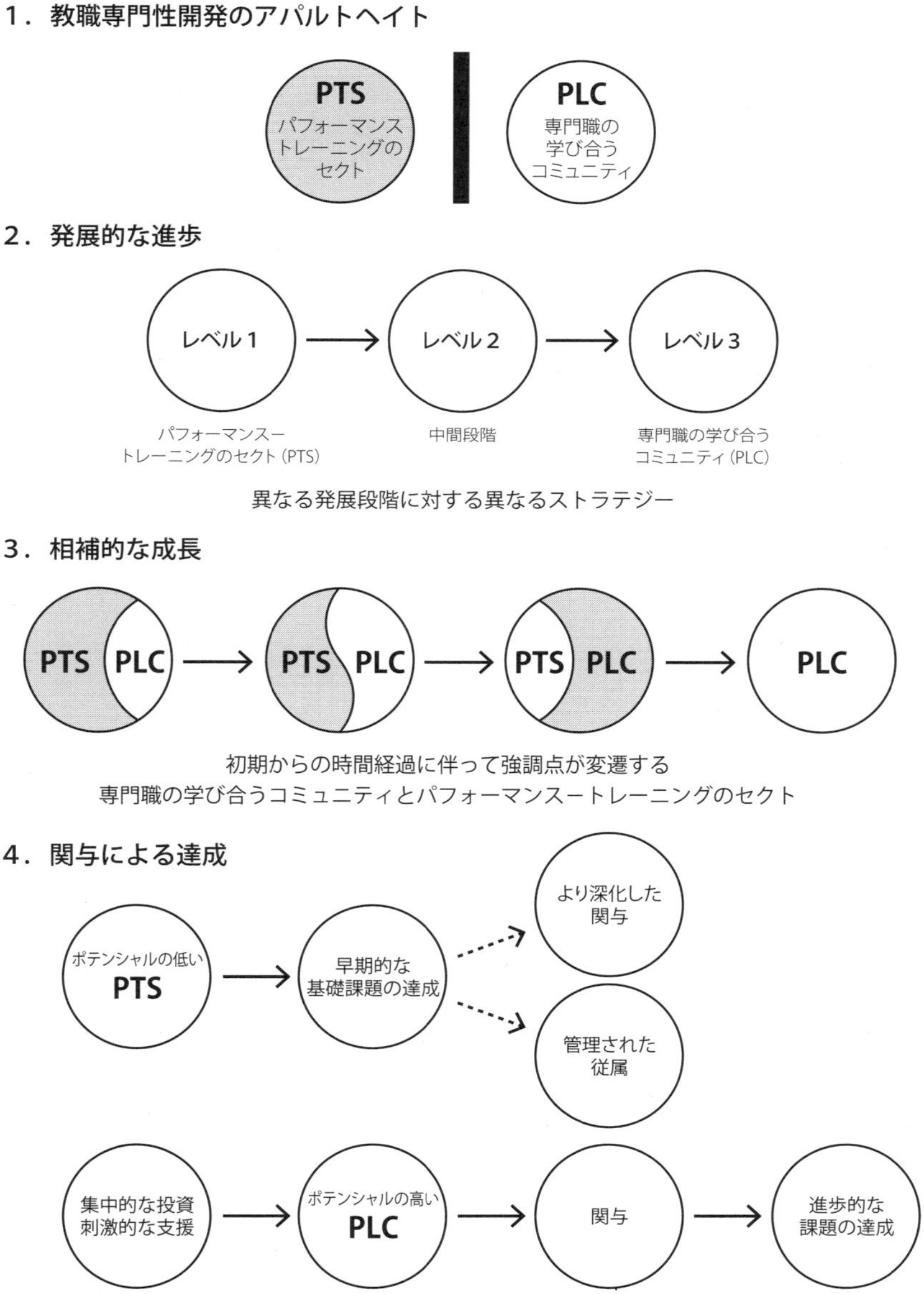

図7-1　多様な発展モデル

的な優先事項の一つになる。

成功した学校が「成果報酬としての自律性」を与えられた学校であるという議論が一般化しつつある。それとは逆に、学校改善において創造性や柔軟性や独創性が最も必要とされるのはトップ校ではなく底辺校である。底辺校はいつも失敗ゾーンかその周辺に位置し、そこでは情け容赦ない介入や絶望的な学校再編、そして校長交代の繰り返しが起き、持続的な変革が不可能となっている。その一方で、目標を誤った不必要なマイクロマネジメントの手法に固執せず、教職の特徴を捉えた本質的なインセンティブの提示でもって、高い能力をもった校長や教師たちを厳しいコミュニティにある学校に惹きつける事例も存在する。子どもたちにとって挑戦的で有意義で、文化と結びつく学びに向けて教育者が専心し関与することは、ここで追求価値のある証明された成功の方向性である。[22] ただし、義務的制約や仕事上の契約に基づくストラテジーが最初に実行可能な領域では、学校の発展と教師たちの成長にかかわる問題点が未だに存在している。しかし、教育者を監査や監視といった情け容赦ない管理体制に従属させる代わりに、例えば都市部の困難な地域にも教師たちを惹きつける柔軟性、興奮、支援、報酬を提供できるとどうだろう。教育者の専心と関与に基づくストラテジーが素早く主導権をもちやすくなる。学校改善において、トップ校と同じく底辺校にも改善の機会が必要になることはますます明白である。

知識社会の学校と教師のための多様な発展シナリオは、前ページの図7－1のように表すことが可能である。

結論

価値とヴィジョン

あらゆるものに隙間がある。
その隙間は光が射すための道である。

——レナード・コーエン『祝歌（Anthem）』"Stranger Music" 1992

本書の目的は、教師たちが今まさに働いている知識社会を描き、世界に関する性質と構造の外形を示すことであった。私はここまで、子どもたちが自己および他者の繁栄を持続するために、教師たちは、知識経済での成功に寄与する力強い機会を提供しなければならないし、あらゆる人種や社会的背景や先天的能力をもった子どもたちが利用できる公平で包摂的な機会を保証しなければならない、と主張してきた。未来の繁栄は私たち自身の独創性にかかっている。その独創性とは、発明、創造性、問題解決、協働性、柔軟性といった知識経済の中心的態度にかかわる集合的な知性をつなぎ発展させる能力であり、ネットワークを紡ぐ能力であり、変化に対応する能力であり、生涯学び続けることへの専心と関与である。それでも悲劇的なことに、市場原理主義や魂を欠いた標準化の進行によって私たちはこの目標に辿り着けないかもしれない。

私はまた、知識経済のコストに注意を払うよう主張してきた。そのコストとは、断片化され過度に熱狂した世界によって弱体化したコミュニティが食いつぶされ、人々の絆が失われ、不安が拡大し、公的な生活が損害を被ることである。最後に生き残っている公的機関の一つとしての公教育、そして教師たちは、知識経済によって脅かされる市民性について、それに基づくかかわりと感性を維持し強化しなければならない。さらに、知識経済で暮らす人間の尊大さについても扱わなければならない。それは、知識経済に備えるためでもあり、知識経済を乗り越えていくための実践を行うことである。コミュニティを打ち立て、社会関係資本を発展させ、地球市民としての自覚を培うよう、改革のプランに価値を加えていくことである。

そこで、教職を道徳的で先見の明のある専門職に再構築し、教師たちは仕事の一部として世界の構造を知り、世界をケアしていく必要がある。また、社会において指導的立場にある知識人のように、教師の地位と尊厳を回復する必要がある。それは、教師たちを、他人がつくった計画を単に遂行する技術者や道具とすることではない。さらに、教師たちは、子どもの世界へとかかわるのと同じくらい大人の世界で活動する必要がある。

教師は学びの伝達者ではなく学びの開発者である。教授技術や標準カリキュラムのみを重視する人々や、道徳的で社会的な時間という大切な問題の中に教師を定位しようとしない人々は、教師の仕事や専門職性に対してすこぶる限定的な見方を促進してしまう。その限定的な見方によって、教師は洗練された知識社会で居場所をなくしてしまう。

教師たちはまた、女性運動や市民権運動がなぜ闘っているのかを知っておく必要がある。教師にとって違いを生み出すことは、新たな個人を援助することだけではなく、世界の変革を支援することである。『時を超えた変革』の中で私とイヴァ・グッドソンは、1960年代と1970年代初頭の人口爆発の最中に教職に就いた多くの教師たちがいかにしてその偉大な社会的使命を実践の中で育てあげてきたのかを見てきた。教師たちはその使命に動機づけられ勇気づけられていた。第4章で示したように、教えることに対する近年の幻滅の多くは、公教育システムとその偏狭な目的感覚の中に教師たちがヴィジョンを喪失した結果というよりは、少なくとも高齢化と疲弊の結果である。高齢化し疲弊した教師たちは目的を奪われ、士気をくじかれている。

私たちは偉大なヴィジョンを必要とする時代に生きており、現在の私たちの繁栄と安全は以下の能力にかかっている。すなわち、ドラマティックな社会変化を理解し関与できる子どもたちと教師たちを育てる能力であり、人間の尊大さを発展させる能力である。これらは、今日の知識社会を表現する能力なのである。私がボストン・カレッジで勤める委員会は、トーマス・モア・ブレナンにちなんで名づけられている。彼は2001年9月11日、妻と生まれくる子どもを残して、世界貿易センターの104階でテロの犠牲となった。トーマス・モア・ブレナンの母親であり献身的な教育者である彼女が定義したように、この委員会の使命は「公立学校における社会正義を促進し、理論と実践をつなぐこと」である。

近年、私たちは公立学校における社会正義を公然と進めるのにいささか隠し立てをするようになってきている。私たちは人種や社会階級の代わりに「多様性」について語り合い、排除という不正義を学力差という専門用語に置き換えている。貧困についての政治的で道徳的な侵害は改善においても技術的な議論に席を譲り、教育者は道徳的な目的をもつことの大切さを訴えるが、決まり文句以外には何をすべきなのかを言わない。私たちのボキャブラリーの希薄さは、ひとえに勇気の足りなさと無神経さを露にしている。

貧富の差は拡大している。しかし、政治や教職や教師教育の領域では、社会的独創性と道徳的誠実さの必要性が大きく扱われたことがない。今こそ、私たちがいくつかのスタンダードをつくり出し、ヴィジョンを再定義し、価値を再び主張するときである。

新しい世代が多く教職に就き、今後30年間にわたる教育専門職を彼ら／彼女らが形成していくだろう。私たちはこの新しい世代からより広いヴィジョンを奪う立場にはないし、教師教育者や政府高官が協力してヴィジョンを創造するのを妨げる立場にもない。私たちが知識社会と人類の繁栄に寄与するためには、教職の社会的使命を回復し、教職を創造的で情熱的な専門職としてもう一度、創造しなおす必要がある。

改善と困窮

標準化された教育改革の中では、多くの教師たちが社会的使命の境界線上で、知識社会に備える教えと、知識社会を乗り越えていく教えを実践することはほとんど不可能だということをこれまで見てきた。バレット校（第3章）のような豊かな学校や魅力あふれた学校は既にスタンダードに達しているので、標準化を推し進めることは不適切である。ブルーマウンテン校（第5章）のような知識社会の学校では、教師たちが創造した新たな試みが学校運営プランとして採用されている。しかし、ある学校で標準化したフォーマットは別の学校でリサイクルすると機能しなくなる。つまり、都市部にある職業学校や不利な学校では、子どもたちが標準テストを通過する機会は不要であり、魂を欠いた標準化は彼らにとって不必要で不愉快なものでもあることにすぐに気づくべきである。急速に変化する世界の職業状況の中で、職業教育は青年期を損なう場になってきている。

中産階級の生徒と学校のニーズにのみ応じる改革によって、全ての子どもたちの包摂を主張する標準化は、不利益を蒙る子どもたちが学ぶ機会を否定し、下流階級やマイノリティの子どもたちに「公的な失敗」という不名誉な烙印を押している。このように、標準化は現実世界に多大なる排除を生み出している。また、標準化は知識社会に不必要な教育であるばかりか、市場原理主義者が説明してきたような知識経済それ自体の公的コストの直接の帰結でもある。知識経済のニーズを誤って伝えられているにもかかわらず、教師たちはそれに基づき教え続けなければならないのである。

標準化や応急処置的な変化は教えることや学ぶことをレールの外に投げ出しているように思われる。しかし、専門職の学び合うコミュニティの出現により、学校の長期にわたる持続的な改善を支える方法が示されている。その方法は、教育改革の枕木やレールの下に引く砂利として作用する。専門職の学び合うコミュニティは持続的な変化を支えることに加えて、「大きな絵」の中に学校全体を含み、全ての子どもの学びを高めるためにテクノロジーを活用し、システム思考を駆使することで、チーム学習のような知識社会の鍵となる特徴を例示し促進する。知識と学びを効果的に展開するときだけでなく、教え、学び、ケアの中にある社会的で情動的な側面を支え、かかわり合いコミュニティや地球市民としての自覚を強化する手段として、子どもたちと教師たちの社会関係資本を打ち立てるとき、専門職の学び合うコミュニティとしての学校は最も効果的に作用する。専門職の学び合うコミュニティにおいては、成熟した専門職同士が、差異、議論、意見の対立を改善の基礎と見なせるよう、「成熟した規範」を培う必要がある。ブルーマウンテン校はこの「成熟した規範」の存在を顕著に示している知識社会の学校である。

しかし、専門職の学び合うコミュニティを実際に創造することは難しい。専門職の学び合うコミュニティでは、恒常的に利用可能とは限らないリーダーシップの質と教師のレベルを必要とする。この質とレベルは特に、長期にわたる失敗と失望の遺産をもった貧困なコミュニティで実現することが難しい。絶望の淵で、いくつかの貧困地域にあるコミュニティの改革者たちは、コーチングやカリキュラム・コンサルタントやスクールリーダーの参加などの支援といった限定されたカリキュラム領域や指導的ストラテジーの中で、パフォーマンス－トレーニングの厳しい計画を実行することに転じている。これらのストラテジーは、不利な子どもの学びのために違いを生み出す能力の育成を追求する教師たちの信念を変容させ、教師たちに生涯使えそうな指導技術のツールボックスを与えることで、達成すべき結果の中に宣伝的な前進を示している。しかし、そのような宣伝的な前進は、解決しなければならない多くの問題を生み出していった。

このストラテジーがあらゆるシステムをもった学校に適用されるとき、セクト主義のパフォーマンス―トレーニングはマイクロマネジメントと標準化の中でよく知られている諸問題を繰り返す。パフォーマンス―トレーニングは画一的な忠誠と従属を要求し、学校それぞれの多様なニーズに無神経で、カリキュラムの外側に創造性と直感を追いやり、教師の専門的な判断能力を削ぎ落としていく。知識社会を活気づけ、人々が伝えたくなるような教えと学びではなく、パフォーマンス―トレーニングのセクトは効率的な教えや基礎的な学びを植え込もうとしている。パフォーマンス―トレーニングの教えと学びが困難な地域にだけ適用されると、そのストラテジーは教室における学びと教職専門性開発のアパルトヘイト化を永続化してしまう。豊かなコミュニティにある学校とそこで働く教師たちだけが専門職の学び合うコミュニティの中で発展・成長し、貧困なコミュニティにある学校とそこで働く教師たちはパフォーマンス―トレーニングのセクトによって苦しめられる。このように区別された改善ストラテジーが階級を分割する危機を招いている。未発展状態はマイノリティや貧困にあえぐ人々に結びつき再生産され、知識社会を創造する側と知識社会に仕える側に人々を分離してしまう。

それゆえに私は、知識社会における洗練された改善ストラテジーを明らかにすることを目的に定めた。それは、初めから具体的な対話が存在し、パフォーマンス―トレーニングが卑屈なセクトになるのを防ぐために、あらゆる学校でパフォーマンス―トレーニングの要素と専門職の学び合うコミュニティの要素とが互いに手を結ぶストラテジーである。相補的な成長ストラテジーを考察することで、トレーニングの要素と学び合うコミュニティの要素は互いにいつも不可欠であると認識できる。このバランスをどのような割合で機能させるのかは学校のタイプや発展段階に左右される。両者の具体的な対話は後回しにすべきでなく先にすべきである。都市部の学校改革は子どもたちの学力達成と同じくらい、社会にかかわっていく心を培う必要があり、底辺校にはこれらの具体的な能力に子どもたちが関与するための多くの機会と柔軟性を担保する必要がある。

知識社会の文脈の中で、改善ストラテジーに対するこれらの注意点の全てに目を向けるとともに、貧困なコミュニティの学校と教師たちが行う多くの挑戦が改善ストラテジーの不足からではなく困窮の苦しみに耐えることから生じていることを思い出すことも大切である。経済発展や社会正義を成し遂げるために知識社会に暮らす全ての人々を包摂しようと気遣っている国家や、知識経済が人々に引き起こす最悪の結果を避けようと心を砕いている国家は、多大なニーズを必要とする人々のために、社会の違いを超えて経済的および社会的資源を分配し直すことに挑戦しなければならない。私たちはまだ公平で十分に効果的な知識社会に至っていないし、人々の集合的な知性の中にある豊かな資源を引き出せていないし、発展させてもいない。資源が豊かで能力の高い学校、高度な資質を有する教師、大規模な外部サポート、これらの中にも貧困はいまだにはびこっている。

学校改善と社会運動

政治が公的部門や最も貧困な公立学校に対して支援を分配しないときでも、私たちはその道徳性の低さに屈服してはならない。政府、教師、市民の課題は、弱者に機会を保証し、全ての人々の安心と安全を保証し、集合的な知性をつないで人々が協力して生活し働くことのできる社会関係資本や地球市民としての自覚を培うダイナミックで包摂的な社会のコミュニティを保証する、このような社会運動を創造することにある。[23]

教育における現在の社会運動の多くは、さらなる包摂的な結果に対して、もしくは、天賦の才能をもった上流階級の豊かな子どもたちに対して、教科ベースの標準化を推し進めるような広範な公的関心に権威をもっている人々によってつくられている。[24] しかし、１９９０年代末、特別なトレーニングを受けず、十分な資源ももたない母親たちの小グループが世論に衝撃を与えた。オンタリオ州の教育改革が教師、学校、子どもにおよぼす否定的な影響を彼女たちは公の場で暴き、訴え、市場原理主義と標準化の進行を阻んだ。彼女たちは公教育における包摂性の考え方を推進するために立ち上がり、公平さや礼儀正しさや公共の福祉に対する関与といった人間の基本的価値を訴え、政府の政策要求がそれらの価値と反対方向に進んでいると非難した。「教育のための国民」という彼女らのネットワークは現在ではウェブサイトをもち、それはオンタリオ州における公教育の議論に影響をおよぼすまでに至っている。[25] 本書の調査研究でデータ収集してからの短い期間で、オンタリオ州の教育システムに現れつつあるトーンの変化と圧力の緩和は、このグループのめざましい努力によるところが大きい。

教育者にとって最も重要な課題の一つが、上記のような知識社会におけるダイナミックで包摂的な公教育システムの実現を目指す社会運動の発展であり、それを以下の方法で支援することである。

- システムの中で私たちが見失い始めている道徳的な使命と目的を見直す。
- 教育者の活動や考えを保護者やコミュニティに開き、保護者やコミュニティの使命に関与する。
- 他者に課せられた変革にただ反対するのではなく、教育者が自らに変革をもらす当事者になるように教職員組合と協働する。
- 不正義や排除を目撃したときには勇気をもって意見する。

・近隣にある魅力の薄れた学校、顕著な特徴をもたない学校、貧困地域にある学校に広がるケアの結びつきの中で、自分自身の子どもだけでなく他人の子どもに対する専門職として責任を負うことを再認識する。

知識社会に所属する資格は全ての人々にあり、知識社会の最も高度で創造的なレベルに達する機会を全ての子どもに保証する必要がある。人類の繁栄に対して知識社会が損害を与えうるコミュニティの不安定化や衰退を、私たちはみんなで防がなければならない。学校、教師、子どもには、相当量の社会的独創性を保証する必要があり、教育の誠実さを再び活性化させる勇気が必要となる。知識経済に備えるためでも、知識経済を乗り越えるためでもなく、教師たちが社会的で道徳的な挑戦を子どもたちに保証しないような危険な未来を呼び込んではならない。教師たちが知識経済を支え、乗り越えていくために、自らの実践力を最大限高め、魂を欠いた標準化の基礎重視という考え方や教育において肥大し続ける社会的差別に屈しないためには、以下五つの取り組みが必要となる。

・包摂的で独創的で地球市民による知識社会を創造し、自らの経験世界と仕事を変革する情熱的な社会的使命をもった専門職として教職を再生し再構築する。政府や教師教育者はその再生と再構築を支える。
・社会移動や選択に関して特権をもった人々だけに適した分割システムではなく、独創的で包摂的な教育システムや全ての人々に利益をもたらす社会への投資に向けて、世論に衝撃を与える社会運動の発展を支える。
・貧困なコミュニティにあって課題を抱えた学校を命令と従属の文化に閉じ込めるのではなく、教師それぞれ、学校それぞれの違いを認め、多様な発展の道筋を構築する洗練された学校改善ストラテジーを開発する。

・素晴らしい独創性や実験的な試みや柔軟性は、有利な学校やそこで成果を上げる教師たちだけに与えるべきではない。それらは、貧困なコミュニティにある底辺校やそこで学ぶ子どもたちとともに、実践の変化への挑戦に最大限取り組んでいる教師たちやリーダーに対して、強力なインセンティブとして与える。

・教育改革の計画と社会的困窮に対する継続的な非難を再び結びつけ、政治的な勇気と誠実さを示す。

知識社会はもう目の前にある。今こそ、教育にかかわる全ての人々が知識社会の最も高いレベルにアクセスし、関与する権利を得るときである。知識社会で暮らす全ての人々には、独創性、将来への投資、誠実さ、地球市民としての自覚が必要となる。これらがなければ、私たちは想定以上に不安定で最悪な状況の中で立ち尽くすことになるだろう。

付録

表1　カリキュラムの変化に対する教師たちの反応

	強く そう思う (%)	そう思う (%)	そう 思わない (%)	全くそう 思わない (%)	合計 回答数
新しいアカデミック・カリキュラムは自分の生徒たちの学習ニーズに適している	4	45	36	15	259
新しい9学年／10学年用のカリキュラムにより、教室での自身の教授方略は減退する	9	39	41	11	255
新しいカリキュラムにより、異なる文化的背景をもつ生徒たちは学習に従事するのが困難になる	17	35	38	10	240
新しいカリキュラムにより、生徒たちに与える課題の多様性が拡張する	5	45	36	15	262
9学年用の共通カリキュラムに戻りたいと願う	13	28	38	21	208
教えなければならないカリキュラムについて、よく理解している	17	41	29	13	277

表2　評価方法の変化に対する教師たちの反応

	強く そう思う (%)	そう思う (%)	そう 思わない (%)	全くそう 思わない (%)	合計 回答数
新しい評価方法を理解している	10	54	26	10	274
生徒評価に関する新しい方針を支持する	4	29	39	28	255
9学年／10学年用の新しい評価方針は，生徒たちの学びに関するフィードバックを改善している	2	27	42	29	249
SSRが始まってから、幅広い評価方略を用いている	3	41	41	15	259
新しい評価方針を導入してから、評価の過程に生徒たちを関与させている	3	37	48	12	266
新しい評価方針を導入して以来、生徒たちとのコミュニケーションが改善している	2	20	55	23	262
SSRが始まってから、自分の評価活動に自信をもつようになった	2	17	57	24	258

表3　リテラシーテストに対する教師たちの反応

	強くそう思う(%)	そう思う(%)	そう思わない(%)	全くそう思わない(%)	合計回答数
テストに関する新しい方針を支持する	3	20	38	39	266
10学年用の新しいリーディングとライティングのスキルテストは、生徒たちの能力改善を促す	4	17	35	44	249
10学年用の新しいリーディングとライティングのスキルテストは、教師としての自信を強める	0	10	40	50	233
州のテストは自分に重い説明責任を課す	3	21	37	39	278
10学年用の新しいリーディングとライティングのスキルテストと、それに必要な準備は、生徒たちの学ぶ意欲を高めている	2	10	33	55	240
自分の評価方略は、10学年用のリーディングとライティングのスキルテストと一致している	6	63	22	10	195
9学年／10学年用の新しいテストの方針は、教室での教授方略の幅を狭めている	9	37	45	8	238
10学年用の新しいリーディングとライティングのスキルテストに求められる技術を、自分の授業の中にうまく取り入れている	4	48	34	14	208

表4　生徒の多様性に関連するカリキュラムおよびテスト改革に対する教師たちの反応

	強くそう思う(%)	そう思う(%)	そう思わない(%)	全くそう思わない(%)	合計回答数
新しいアカデミック・カリキュラムは自分の生徒たちの学習ニーズに適している	4	45	36	15	259
自分の生徒たちから判断すれば、新しいカリキュラムの期待は現実的だ	3	23	48	27	270
新しい応用カリキュラムは自分の生徒たちの学習ニーズに適している	3	25	41	32	215
自分の受けもつ低学力の生徒たちは、10学年用の新しいリーディングとライティングのスキルテストでうまくできるか特に心配している	41	36	14	9	224
10学年用の新しいリーディングとライティングのスキルテストの結果は、州標準以下の得点の生徒たちの学習ニーズを同定するのに役立っている	2	18	38	42	209

表5　カリキュラム、テスト、評価項目に対するマウンテン・ビュー校の教師たちの反応と他校の教師たちの反応の比較[a]

	強く そう思う (%)	そう思う (%)	そう 思わない (%)	全くそう 思わない (%)	合計 回答数
新しいアカデミック・カリキュラムは自分の生徒たちの学習ニーズに適している	0[4]	0[49]	37[36]	63[11]	30[235]
共通カリキュラムに戻ることを熱望する	13[13]	58[25]	26[40]	3[23]	31[184]
新しい応用カリキュラムは自分の生徒たちの学習ニーズに適している	0[4]	14[26]	49[39]	37[31]	35[186]
テストに関する新しい方針転換を支持する	0[4]	11[21]	34[39]	55[36]	38[236]
10学年用の新しいリーディングとライティングのスキルテストは、教師としての自信を強める	0[1]	0[11]	33[41]	67[47]	33[204]
生徒の評価に関する新しい方針を支持する	0[4]	18[31]	26[42]	55[24]	38[224]
9学年／10学年用の新しい評価方針は、生徒たちの学びに関するフィードバックを改善している	0[3]	10[29]	44[43]	46[25]	39[217]
自分の受けもつ低学力の生徒たちは、10学年用の新しいリーディングとライティングのスキルテストでうまくできるか特に心配している	68[36]	20[40]	5[15]	8[9]	40[192]
10学年用の新しいリーディングとライティングのスキルテストと、それに必要な準備は、生徒たちの学ぶ意欲を高めている	ー[2]	6[10]	11[37]	83[51]	36[211]
新しい成績評価の方針を導入して以来、生徒たちとのコミュニケーションが改善している	3[0]	8[14]	40[48]	50[38]	38[236]
新しい評価方針を導入して以来、生徒たちとのコミュニケーションが改善している	0[2]	9[21]	60[55]	31[22]	35[234]
SSRが始まってから、自分の評価活動に自信をもつようになった	0[3]	8[18]	56[57]	36[23]	36[229]

a：他の5校の割合と合計回答数は括弧内に記す。

表6　成績評価の変化に対する教師たちの反応

	強く そう思う (%)	そう思う (%)	そう 思わない (%)	全くそう 思わない (%)	合計 回答数
"E-Teacher"の導入により採点作業は改善した	3	9	30	58	258
生徒たちの学びを評価する新しい方法(例：新しい成績表) を容易に使いこなすための時間はあった	3	26	31	40	273
新しい成績評価の方針を導入してから、生徒たちとのコミュニケーションが改善している	1	14	46	40	266

表7　同僚間のコミュニケーションや関係性の変化に対する教師たちの認識

	強く そう思う (%)	そう思う (%)	そう 思わない (%)	全くそう 思わない (%)	合計 回答数
教科内での同僚とのコミュニケーションは改善している	1	22	44	33	260
学校の意思決定にあまり関与していない	24	46	22	9	256
教科を超えた同僚とのコミュニケーションが改善している	3	13	45	40	270
生徒たちの学びに関する問題について同僚と協働している	3	30	39	28	269
教室外での活動に従事することが減少した	45	40	10	5	290
新しいカリキュラムの効果的な実施を支援するための専門性開発の機会が十分にある	1	18	32	49	280

表8　改革が自分自身やキャリアに与えた影響についての教師たちの認識

	強く そう思う (%)	そう思う (%)	そう 思わない (%)	全くそう 思わない (%)	合計 回答数
教師として職業へのこだわりは深まっている	3	11	49	36	271
以前から早期退職を考えることがあった	41	32	22	5	239
自分の子どもに教職に就くよう助言する気にならない	45	33	18	5	266
仕事と私生活のバランスが改善した	5	9	32	55	277
管理職への昇進をためらうようになった	45	40	11	4	258
専門職としての自己像は改善した	3	7	36	55	265

表9　調査における全回答

		強くそう思う／そう思う(%)	合計回答数
カリキュラム			
1	新しいアカデミック・カリキュラムは自分の生徒たちにとって適切だ	48.3	259
2	新しい9学年／10学年用のカリキュラムは、教室での授業方略の幅を狭めている	48.2	255
3	新しいカリキュラムの期待は現実的だ	25.2	270
4	新しいカリキュラムは異なる文化的背景をもつ生徒たちを引き受けていない	51.3	240
5	新しいカリキュラムはより、多様な課題を使用するようになった	50.0	262
6	9学年用の共通カリキュラムを熱望する	40.9	208
7	適用されたカリキュラムは自分の生徒たちにふさわしい	27.9	215
8	自分が教えるカリキュラムについて理解している	58.5	277
9	SSRのコミュニティへのサービスは有益なものだ	20.5	171

テストと評価			
10	テストに関する新しい方針を指示する	23.3	266
11	10学年用の新しいリテラシーテストは生徒たちの能力改善に役立つ	21.3	249
12	新しい評価法を理解している	64.2	274
13	10学年用の新しいテストは教師としての自信を向上させる	10.3	233
14	生徒評価に関する新しい方針を支持する	32.9	255
15	9学年／10学年用の新しい評価は生徒たちへのフィードバックを改善する	29.3	249
16	自分が受けもつ低学力の生徒たちは10学年用のテストに不安を抱いている	76.8	224
17	10学年用のテストは学習ニーズを同定するのを助ける	20.1	209
18	"E-Teacher"の導入により採点作業は改善した	12.4	258
19	新しい評価報告カードに慣れた	28.6	273

		強くそう思う／そう思う（%）	合計回答数
20	州のテストにより責任が増した	23.7	278
21	10学年用のテストと準備は生徒の学ぶ意欲を喚起する	11.3	240
22	新しい成績表により生徒とのコミュニケーションが改善した	14.3	266
23	自分の評価方略は10学年用のテストと一致している	68.2	195
24	9学年／10学年用のテスト方針は教え方の幅を減少させた	46.6	238
25	SSRが始まってから、幅広い評価方略を用いている	44.0	259
26	新しい評価を用いて、生徒たちを評価活動にかかわらせている	40.6	266
27	新しい評価を用いることで、生徒たちとのコミュニケーションが改善した	21.8	262
28	10学年用のテストに必要なスキルを授業に取り込んでいる	52.4	208
29	SSRの評価活動に自信がある	19.0	258

コミュニケーションと関係性			
30	SSRにより、同じ学科の同僚とのコミュニケーションと関係性が改善した	22.7	260
31	SSRにより、親への説明は改善された	20.2	272
32	教師への助言プログラムにより生徒たちとの関係は改善した	6.9	275
33	年間教育計画により、生徒が計画立案を支援する自分自身の能力が改善した	17.4	264
34	SSRの影響で、学校の意思決定にあまり関与しなくなった	69.5	256
35	SSRにより、学科を越えた同僚とのコミュニケーションが改善した	15.2	270
36	SSRにより、同僚と協働するようになった	32.7	269
37	SSRにより、教室外での他者とのかかわりが減った	84.5	290
38	SSRにより、生徒たちは学校において以前より大きな影響力をもつようになった	11.9	243
39	職務を遂行するために保護者とうまくやっている	9.4	265
40	保護者とあまり接点がない	42.6	258
41	学校の経営陣とかかわって行う仕事は改善した	20.5	229

		強くそう思う／そう思う（%）	合計回答数
自己と仕事			
42	SSRにより、教師としての職業に対する関与は深まっている	14.8	271
43	SSRにより、早期退職を模索するようになった	73.2	239
44	SSRにより、子どもに教職に就くようアドバイスすることが少なくなった	77.4	266
45	SSRにより、仕事とプライベートのバランスが改善した	13.4	277
46	SSRにより、管理職への昇進を探るのをためらうようになった	85.3	258
47	SSRにより、専門職としての自己像は改善した	9.8	265

教育資源			
48	新しい財源配分法により、教科書購入資金を多く得ることができるようになった	19.3	218
49	新しいカリキュラムの中で、専門性開発の機会が十分得られている	18.9	280
50	新しい財源配分法により、教材のためにより多くの資金を得られるようになった	4.1	242
51	新しい財源配分法により、カウンセリング支援のスタッフを利用できなくなった	73.5	238
52	生徒たちのニーズを満たすために学校は十分な財源をもっている	6.2	242
53	仕事上で時間の制約を経験したことがある	91.1	281
54	新しい財源配分法により、アカデミック支援のスタッフを利用しづらくなった	86.5	252
55	オンタリオ州教育連盟は教師の専門職としての地位を高めている	10.1	258

19 Levin, H., "Accelerated schools: A decade of evolution," in A. Hargreaves, A. Lieberman, F. Fullan & D. Hopkins (eds.), *International Handbook of Educational Change* (pp.807-830), Dordrecht, The Netherlands, Kluwer Academic Publishers, 1998.

20 例えば，Riley, K., *Schooling the Citizens of Tomorrow*, Paper presented at the International Conference for School Effectiveness and Improvement, Copenhagen, Denmark, January 4, 2002.でこれらの点が議論されている。

21 Comer, J. P., Haynes, N. M., Joyner, E. T. & Ben-Avie, M., *Rallying the Whole Village: The Comer Process for Reforming Education*, New York, Teachers' College Press, 1996.

22 この点について示唆を与える唯一の例として，Portelli, J. & Solomon, R. P. (eds.) *The Erosion of Democracy in Education: From Critique to Possibilities*, Calgary, Alberta, Detselig Enterprise, 2001.で描かれた，貧困なコミュニティにある学校で生徒同士のかかわり合いを通して学力向上を成し遂げた事例がある。

23 社会運動と教育改革の結びつきについては以下の文献で詳細に論じている。

Hargreaves, A., "Professional and parents: A social movement for educational change," in N. Bascia & A. Hargreaves (eds.), *The Sharp Edge of Educational Change*, London, Routledge/Falmer Press, 2000.

Hargreaves, A., "Beyond anxiety and nostalgia: Building a social movement for educational change," *Phi Delta Kappan* 82 (5), 2000, 373-383.

24 この点についての明確な事例の一つが以下で示されている。

Nespor, J., *Tangled Up in School: Politics, Space, Bodies and Signs in the Educational Process*, Hillsdale, NJ, Lawrence Erlbaum Associates, 1997.

Oakes, J., Quarts, K. H., Ryan, S. & Lipton, M., *Becoming Good American Schools: The Struggle for Civic Virtue in Education Reform*, San Francisco, Jossey-Bass, 2000.

25 http://www.peopleforeducation.ca

4 Datnow, A., Hubbard, L. & Mehan, H., *Extending Educational Reform: From One School to Many*, London, Fakmer/Routledge Press, 2002.

5 Department for Education and Skills, *Achieving Success*, London, Her Majesty's Stationery Office (HMSO), 2001.

6 イギリスのリテラシー達成度の比較結果は経済協力開発機構，*Knowledge and Skills for Life: First Results from the Program for International Student Assessment*, Paris, OECD, 2001.を引用。

7 学校の失敗の他種に関連する「クルージングする学校」の定義は，Stoll, L. & Fink, D., *Changing Our Schools: Linking School Effectiveness and School Improvement*, Buckingham, Open University Press, 1996.によって定義されている。

8 Gee, J. P., "Literacy, schools and kinds of people in the new capitalism," in T. McCarty (ed.), *Language, Literacy and Power in Schooling*, Albany, State University of New York Press, in press.

Cummins J., "Deconstructing the literacy crisis: Scripts, imagination, power and identity," in B. Cope & M. Kalantzis (eds.), *Learning for the Future* (proceedings of the Learning Conference, Spetze, Greece), 2001.

9 Bauman, Z., *Globalization: The Human Consequences*, Oxford, Basil Blackwell, 1998.

10 Hopkins, *op. cit.*, note 1, p.162.

11 Ibid., p.175.

12 Fullan, M. & Earl, L., "Large-scale reform", *Journal of Educational Change* 3 (1), 2002, 1-5. の国家リテラシー・ストラテジーの評価を参照。

13 Hargreaves, A., "Development and desire: A postmodern perspective," in T. Guskey & M. Huberman (eds.), *Professional Development in Education: New Paradigms and Practices*, New York, Teachers' College Press, 1994.で，私はこの論述のかなりの部分を発展させている。

14 アメリカ合衆国の４つの州で失敗している学校を分類し改善する方法を再考するのをアマンダ・ダトナウと私が支援する中で，この現象を理解してきた。この支援プロジェクトは，ワシントンD.C.にあるアパラチア教育実験所によって創設され始められた。

15 学校の効果に対する幅広い批評や問題のある政治的強調については，Slee, R., Weiner, G. & Tomlinson, S. (eds.), *School Effectiveness for Whom?*, London, Routledge/Falmer Press, 1998.を参照。

16 分散型リーダーシップについては，Spillane, J. P., Halverson, R. & Diamond, J. B., "Investigating school leadership practice: A distributed perspective," *Educational Researcher* 30 (3), 2001, 23-28.を参照。

17 Freire, P., *Pedagogy of the Oppressed*, Harmondsworth, Penguin, 1982.

18 Feuerstein, R., *Instrumental Enrichment: An Intervention Program for Cognitive Modifiability*, Baltimore, University Park Press, 1980.

して，カルトはパフォーマンスの管理体制として適用するには限りがある。

49 宗教セクトの残りの３点の特徴は以下の通りである。第１に，俗人組織であること（実際には組織の発展に対して有用ではないが一般的な特徴として）。第２に，メンバーになるための基準は自発的であること（パフォーマンス-トレーニングの管理体制による大規模改革のほとんどは，強制的にメンバーにされている。中には,「サクセス・フォー・オール」のように自発性を原則とする改革もあるが）。第３に，世俗社会や国家に対して抵抗する集団であること（いくつかのパフォーマンス-トレーニングの管理体制は国家から始められ，それらは確立された専門職の見識に挑戦することを主張している。ここに，専門職が国家からの挑戦を受けているということができる。その逆ではない）。

50 Wilson, B., *Sects and Society*, London, Heineman, 1961; Wilson, B., *Religion in Sociological Perspective*, New York, Oxford University Press, 1982.（後者文献の邦訳に，ブライアン・ウィルソン（著）中野毅・栗原淑江（訳）『宗教の社会学―東洋と西洋を比較して』法政大学出版局　2002。関連する邦文献として，池田昭「改訳にあたって　セクト研究をめぐる諸問題」，B. ウィルソン（著）池田昭（訳）『宗教セクト』恒星社厚生閣1991 p. 228）

51 Wilson (1982), *op. cit.*, note 50, p. 91.

52 Ibid.

53 Ibid., p. 92

54 Ibid.

55 Wilson (1961), *op. cit.*, note 50, p. 4

56 Wilson (1982), *op. cit.*, note 50, p. 95.

57 Wilson (1961), *op. cit.*, note 50.

58 Ibid., p. 4

59 Ibid.

60 Ibid.

61 Greene, G., *Monsignor Quixote*, London, Bodley Head, 1982.（グレアム・グリーン（著）宇野利泰（訳）『キホーテ神父』早川書房1983）

62 Handy, C. B., *The Hungry Spirit: Beyond Capitalism: A Quest for Purpose in the Modern World*, New York, Broaday Books, 1998.（チャールズ・ハンディ（著）埴岡健一（訳）『もっといい会社，もっといい人生―新しい資本主義社会のかたち』河出書房新社 1998）

第７章

1 Hopkins, D., *School Improvement for Real*, London, Routledge/Falmer Press, 2001.

2 McLaughlin, M. & Talbert, J., *Professional Communities and the Work of High School Teaching*, Chicago, University of Chicago Press, 2001.

3 Hopkins, *op. cit.* note 1.

37 この改革の大規模な方略，原理，政策環境について記述した研究として，Barber, M., "High expectations and standards for all, no matter what: Creating a world class education service in England," in M. Fielding (ed.), *Taking Education Really Seriously: Four Years' Hard Labor*, New York: Routedge/Falmer Press, 2001. がある。この方略については，私の同僚であるマイケル・フランとローナ・アールが教育改革国際センター（International Center for Educational Change）において評価研究を行った。暫定的な評価として，Fullan, M. & Earl, L., "Large scale reform," *Journal of Educational Change* 3 (1), 2002. がある。

38 Wideman, R., *How Secondary School Teachers Change Their Classroom Practices*, unpublished Ed. D. diss., University of Toronto, 1991. を参照。

39 Fullan & Earl, *op. cit.*, note 37. を参照。

40 特に，アメリカのサクセス・フォー・オールや他の改革の影響についてのアマンダ・ダトナウによる評価研究である。Datnow, A. & Castellano, M., *An "Inside Look" at Success for All: A Qualitative Study of Implementation and Teaching and Learning* (45), Baltimore, Center for Research on the Education of Students Placed at Risk, Johns Hopkins University, 2000. を参照。

41 Ibid.

42 Galton, M., "'Dumbing down' on classroom standards: The perils of a technician's approach to pedagogy," *Journal of Educational Change* 1 (2), 2000, 199-204.

43 Fink, E. & Resnick, L. B., "Developing principals as instructional leaders," *Phi Delta Kappan,* 2001, 598-606.

44 Stein, M. K., Hubbard, L. & Mehan, H., "Reform ideas that travel far afield: The two cultures of reform in New York City's District #2 and San Diego," Paper presented at the American Educational Research Association annual conference, San Francisco, 2001.

45 Joyce, B. & Showers, B., *Student Achievement through Staff Development*, New York, Longman Press, 1988.

46 Massey, D. & Chamberlain, C., *Perspective, Evangelism and Reflection in Teacher Education*, Paper presented to the International Study Association of Teacher Thinking, University of Nottingham, England, September, 1988. を参照（本論文は，Christopher Day, Maureen Pope and Pam Denicolo (eds.), Insights into teachers' thinking and practice, London, Falmer Press, 1990, pp. 133-154. に所収）。

47 教祖の影響については，Storr, A., *Feet of Clay: A Study of Gurus*, London, HarperCollins, 1997. を参照。

48 しかし，セクトはカルトとは異なる。オックスフォード・コンサイス英語辞典においてカルトは「特定の人物像や対象物に直接向けられる宗教信仰のシステム」と定義されている。ただし，カルトは小規模で局地化し，リーダーシップにおいて高度な擬人化があり，信仰のシステムにおいてはいささか漠然としている（いくつかのニュー・エイジの宗教運動のように）。その意味において，要求される信仰の要素は別と

Mathematical and Scientific Literacy, Paris, OECD, 2000.

19 Hargreaves, D., "The occupational culture of teaching," in P. Woods (ed.), *Teacher Strategies*, London, Croom Helm, 1982.

20 Oakes, J., Quartz, K. H., Ryan, S. & Lipton, M., *Becoming Good American Schools : The Struggle for Civic Virtue in Education Reform*, San Francisco, Jossey-Bass, 2000.

21 この議論をより十分に展開したものとして，Hargreaves, A., *Ditinction and Disgust: The Emotional Politics of School Failure*, unpublished manuscript, Ontario Institute for Studies in Education, University of Toronto, 2002. がある。

22 McLaughlin, M. & Talbert, J., *Professional Communities and the Work of High School Teaching*, Chicago, University of Chicago Press, 2001.

23 Fullan, M., *Leading in a Culture of Change*, San Francisco, Jossey-Bass/Wiley, 2001.

24 McLaughlin & Talbert, *op. cit.*, note 22, p. 129.

25 Ibid., p. 135.

26 Department for Education and Skills, *op. cit.*, note 4.

27 Ibid.

28 Fullan, *op. cit.*, note 23.

29 教職専門性開発の地域展開の事例について以前に検討したものとして，Hargreaves, A. & Evans, R. (eds.), *Beyond Educational Reform*, Buckingham, Open University Press, 1997. がある。

30 象と小さな虫の哲学については，Handy, C., *The Elephant and the Flea: Looking Backwards to the Future*, London, Hutchinson, 2001. から引用している。

31 Day, C., *Developing Teachers: The Challenges of Lifelong Learning?*, London, Falmer Press, 1988. を参照。

32 Sergiovanni, T., *The Lifeworld of Leadership: Creating Culture, Community, and Personal Meaning in Our Schools*, San Francisco, Jossey-Bass, 2000.

33 Hill, P. W. & Crévola, C., "The role of standards in educational reform for the 21st century," in D. Marsh (ed.), *Preparing Our Schools for the 21st Century*, Alexandria, VA, Association for Supervision and Curriculum Development, 1999. ピーター・ヒルの仕事は，カナダのカルガリー学区でのより高度な改革システムへと進展している。そこでは，パフォーマンス-トレーニングの重要性を標榜することが，専門職の学び合うコミュニティの原理に完全に一体化されている。

34 Slavin, R., Madden, N., Dolan, L. & Wasik, D., *Every Child, Every School: Success for All*, Thousand Oaks, CA, Corwin Press, 1996.

35 この改革を評価する研究として，Elmore, R. F. & Burney, D., *Investing in Teacher Learning: Staff Development and Instructional Improvement in Community School District #2*, New York, National Commission on Teaching and America's Future and the Consortium for Policy Research in Education, 1997. がある。

36 この改革については，Fullan, *op. cit.*, note 23. で広く検討されている。

ースト・アライアンスとは，アメリカで最も影響力のあるいくつかの教育組織の連合体である。私たちはそこで，学区による教職専門性開発の方略に関する長期的な効果の研究を行った。他の例として，Fullan, M., *Leading in a Culture of Change*, San Francisco, Joseey-Bass/Wiley, 2001. がある。

6 Department for Education and Skills, *op. cit.*, note 4.

7 例えば，オーストラリアのヴィクトリア州では，教職専門職の改革に向けて報酬を与え，敬意を払うことを重視している。

8 「ボストン・パブリック」はアメリカで人気のドラマシリーズである。「ティーチャーズ」はイギリスで放映されている。

9 Organization for Economic Cooperation and Development (OECD), *Schooling for Tomorrow: What Schools for the Future?*, Paris, OECD, 2001.

10 現代の新しい教育改革の本質についてより詳細に論じた研究として，Hargreaves, A., Earl, L., Moore, S. & Manning, S., *Learning to Change: Teaching beyond Subject and Standards*, San Francisco, Jossey-Bass, 2000. がある。教師文化についてのより広範に扱った研究として，Hargreaves, A., *Changing Teachers, Changing Times: Teachers' Work and Culture in the Postmodern Age*, London, Cassell and New York, Teachers College Press, 1994. がある。本論にかかわる詳細な参考文献もまたここに記されている。

11 管見の限り，学校再構築のストラテジーの代案として学校再文化化のストラテジーと概念を最初に論じたのは私である。この議論の最初の公刊物として，Hargreaves, A., "Restructuring, restructuring: Postmodernity and the prospects for educational change," *Journal of Educational Policy* 9 (1), 1994, 47-65. があり，それ以前には，a paper presented to the Second International Conference on Teacher Development, Vancouver, British Columbia, February 1991. がある。

12 もちろん他の重要な理由として，政府から契約人（請負業者）への経費や便益などの委譲による費用削減がある。

13 この類型についての詳細な議論は，ジェフ・ウィッティと同僚が教育における擬似市場と名づけた次の研究に拠る。Whitty, G., Power, S. & Halpin, D., *Devolution and Choice in Education: The School, State, the Market*, Buckingham, Open University Press, 1998.

14 Lindblad, S. & Popkewitz, T., *Education, Governance and Social Integration and Exclusion: Studies in the Powers of Reason and Reasons of Power* (Uppsala Reports in Education), Uppsala, Sweden, Department of Education, Uppsala University, 2001.

15 擬似市場の概念については以下を参照。Whitty, Power & Halpin, *op. cit.*, note 13.

16 Bauman, Z., *Globalization: The Human Consequences*, Oxford, Basil Blackwell, 1998.（ジグムンド・バウマン（著），澤田眞治・中井愛子（訳）『グローバリゼーション―人間への影響』法政大学出版局　2010年）

17 同書，p. 93

18 OECD, *Measuring Student Knowledge and Skills: The PISA 2000 Assessment of Reading,*

Smith & Keith, *op. cit.*, note 18.

Hargreaves & Fink, *op. cit.*, note 17, pp.30-34.

32 Fink, *op. cit.*, note 2.

33 Smith, A., *The Theory of Moral Sentiments* (12th ed.), Glasgow, R. Chapman, 1809.

34 Noddings, N., *The Challenge to Care in Schools*, New York, Teachers College Press, 1992.

35 しかし，教師たちが９週間の学年度から得られる利益もある。通常は，セメスター制度の下で教師たちは４セメスターで１日４コマの授業を受け，その間の50分で昼食をとる。ゆえに，新しい法律によって教師たちの年間にわたる学級外活動の合計時間数は減った。ただし，９週間の学年度に当てる期間と比較するとその改善は極わずかなものだった。

36 教授法のガイダンスに相当する４つの時間帯は２つに減らされていた。１つの時間帯はそのままだったが，もう１つの時間帯は教師の余剰時間を細分化することでつくられていた。オンタリオ州における生徒の修養や関係性や学力に対するカリキュラム外活動の減少の否定的な影響は，以下の文献で見ることができる。

Earl, L., Freeman, S., Lasky, S., Sutherland, S. & Torrance, N., *Policy, Politics, Pedagogy and People: Early Perceptions and Challenges of Large-Scale Reform in Ontario Secondary Schools*, Toronto, Ontario Secondary School Teachers' Federation, 2002.

37 学校の採用方針は教職員構成のバランスに損害を与えていた。その方針では，５年から10年の教職歴の教職員の３分の１だけを正規採用することになっていた。経験に乏しい教師たちが地域の要求に見合わないと断言されたとき，例外を扱うのと同様の理由で，この方針を用いる過程で学校は不成功に陥っていった。

38 これらの認識は何人かの教職員からの反響によるものでもあったと校長は語っていた。

39 Ball, S. & Bowe, R., "Subject departments and the implementation of the national curriculum," *Journal of Curriculum Studies*, 24, 1992, 97-116.

第６章

1 Waller, W., *The Sociology of Teaching*, New York, Russell & Russell, 1932.

2 Townsend, J., "It's bad—trust me, I teach there," *Sunday Times*, December 2, 2001, p. 10; Dillon, J. & Berliner, W., "Amy didn't help: Estelle thinks she can," *Focus, Independent on Sunday*, February 10, 2002. p. 22.

3 Hargreaves, S., & Fullan, M., "Mentoring in the new millennium," *Theory Into Practice* 39 (1), 2000, 50-56

4 Department for Education and Skills, *Achieving Success*, London, Her Majesty's Stationery Office (HMSO), 2001.

5 スティーブ・アンダーソンとショーン・モアと私は，ラーニング・ファースト・アライアンスの支援を受けた研究を通じてこのことを学んでいる。ラーニング・ファ

20 Argyris, C. & Schön, D. A., *Organization Learning: A Theory of Action Perspective*, Reading, MA, Addison-Wesley, 1978.

21 Garms, W. I., Guthrie, J. W. & Pierce, L. C., *School Finance: The Economics and Politics of Public Education*, Englewood Cliffs, NJ, Prentice-Hall, 1978.

22 Wenger, *op. cit.*, note 3.

23 Bryk, A., Camburn, E. & Louis, K. S., "Professional community in Chicago elementary schools: Facilitating factors and organizational consequences," *Educational Administration Quarterly*, 35 (special issue), 1999, 751-781.

24 Loma, J. de, Colleagues and Friends, unpublished Ph. D. diss., University of the Azores, 1997.
Hargreaves, *op. cit.*, note 8.
Hargreaves, A., "Fielding errors?" Deeping the debate about teacher collaboration and collegiality: Response to Fielding," *Australian Educational Researcher*, 26 (2), 1999, 45-53.

25 Hord, S. M., *Evaluating Educational Innovation*, London and New York, Croom Helm, 1987.
Fielding, M., "Radical collegiality: Affirming teaching as an inclusive professional practice," *Australian Educational Researcher*, 26 (2), 1999, 1-33.

26 Hargreaves, A., "Culture of teaching and educational change," in B. J. Biddle, T. Good & I. Goodson (eds.), *International Handbook of Teachers and Teaching* (pp. 1327-1350), Dordrecht, The Netherlands, Kluwer Academic Publishers, 1997.
Mulford, *op. cit.*, note 2.

27 Fenwick, T., "Questioning the concept of the learning organization," in C. Paechter, M. Preedy, D. Scott & J. Soler (eds.), *Knowledge, Power and Learning* (pp.74-88), London, Paul Chapman Publishing, 2001.

28 教えることと変化することに関する知的作業と情動作業については，Hargreaves, A., Earl, L., Moore, S. & Manning, S., *Learning to Change: Teaching beyond Subjects and Standards*, San Francisco, Jossey-Bass/Wiley, 2001. を参照。

29 Hargreaves, D., "The new professionalism: The synthesis of professional and institutional development," *Teaching and Teacher Education*, 10 (4), 1994, 423-438.
Fielding, *op. cit.*, note 25.
Little, J. W., "Colleagues of choice, colleagues of circumstances: Response to M. Fielding," *Australian Educational Researcher*, 26 (2), 1999, 35-44.
Hargreaves, A., "The emotional practice of teaching," *Teaching and Teacher Education*, 14 (8), 1998, 835-854.
Hargreaves (1999), *op. cit.*, note 24.

30 Lima, J. de, "Forgetting about friendship: Using conflict in teacher communities as a level for school change," *Journal of Educational Change*, 2 (3), 2001.
Hargreaves, A., "The emotional geographies of teachers' relations with colleagues," *International Journal of Educational Research*, 35, 2001, 503-527.

31 Sarason, *op. cit.*, note 18.

6 Newmann, F. & Wehlage, *op. cit.*, note 5.

7 Stoll, L., Earl, L., & Fink, D., *It's about Learning: It's about Time*, London, Routledge/Falmer Press, 2002.

8 Talbert, J., "Boundaries of teachers' professional communities in U. S. high schools: Power and precariousness of the subject department," in L. Siskin & J. W. Little (eds.), *The Subjects in Question: Department Organization in the High School* (pp. 68-94), New York, Teachers College Press, 1995.

Hargreaves, A., *Changing Teachers, Changing Times: Teachers' Work and Culture in the Postmodern Age*, London, Cassel and New York, Teachers College Press, 1994.

Siskin, L., *Realms of Knowledge*, New York, Falmer Press, 1994.

9 Fullan, *op. cit.*, note 1.

10 Tyack, D. & Tobin, W., "The grammar of schooling: Why has it been so hard to change?" *American Educational Research Journal*, 31 (3), 1994, 453-480.

11 Deming, W. E., *Out of the Crisis*, Cambridge, MA, MIT Press, 1988.

12 Senge, *op. cit.*, note 1.

13 Wheatley, M., *Leadership and the New Science: Discovering Order in a Chaotic World*, San Francisco, Berrett-Koehler Publishers, 1999.

14 Spillane, J. P., Halverson, R. & Diamond, J. B., "Investigating school leadership practice: A distributed perspective," *Educational Researcher*, 30 (3), 2001, 23-38.

Crowther, F., Kaagan, S., Hahn, L. & Ferguson, M., *Developing Teacher Leaders: How Teacher Leadership Enhances School Success*, Thousand Oaks, CA, Corwin Press, 2002.

15 Carver, J., *Boards That Make a Difference: A New Design for Leadership in Nonprofit and Public Organizations*, San Francisco, Jossey-Bass, 1990.

16 Wheatley, *op. cit.*, note 13.

17 Fink, D., *Good School/Real School: The Life Cycle of an Innovative School*, New York, Teachers College Press, 2000.

Hargreaves, A. & Fink, D., "Three dimensions of educational reform," *Educational Leadership*, 57 (7), 2000, 30-34.

Macmillan, R., "Teachers' negotiation of change," in N. Bascia & A. Hargreaves (eds.), *The Sharp Edge of Educational Change: Teaching, Leading and the Realities of Reform*, London and Philadelphia, Routledge/Falmer Press, 2000.

18 これは，イノベーションを生み出す学校の初期段階に見られる特徴である。例えば，以下の文献を参照。

Smith, L. & Keith, P., *Anatomy of Educational Innovation: An Organizational Analysis of an Elementary School*, New York, Wiley, 1971.

Sarason, S., *The Creation of Settings and the Future Societies*, San Francisco, Jossey-Bass, 1972.

19 Fullan, M., *Leading in a Culture of Change*, San Francisco, Jossey-Bass/Wiley, 2001.

1993.
31 教職における背信の性格やその含意についての議論は，Heagreaves, A. "Teaching and betrayal," *Teachers and Teaching: Theory and Practice*, 8(3), 2002, 393-407を参照のこと。
32 この分野の要約については，第３章の引用文献およびnotes１と２を参照のこと。

第5章

1 ピーター・センゲ（著）, 枝廣淳子・小田理一郎・中小路佳代子（訳）『学習する組織 ―システム思考で未来を創造する―』, 英治出版　2011.（Senge, P., *The Fifth Discipline: The Art and Practice of Learning Organization*, New York, Doubleday, 1990.）
Senge, P., Cambron-McCabe, N., Lucas, T., Smith, B., Dutton, J. & Kleiner, A., *Schools That Learn: A Fifth Discipline Fieldbook for Educators, Parents, and Everyone Who Cares about Education*, New York, Doubleday/Currency, 2000.
Leithwood, K. & Louis, K. S. (eds.), *Organizational Learning in Schools*, Lisse, The Netherlands, Swets and Zeitlinger, 1998.
Fullan, M., *Change Forces: Probing the Depths of Educational Reform*, London, Falmer Press, 1993.
Retallick, J., Cocklin, B. & Coombe, K. (eds.), *Learning Communities in Education: Issues, Strategies and Context*, New York, Routledge Press, 1999.
2 Mulford, W., "Organizational learning and educational change," in A. Hargreaves, A. Lieberman, M. Fullan & D. Hopkins (eds.), *International Handbook of Educational Change*, Dordrecht, The Netherlands, Kluwer Academic Publishers, 1998.
3 Wenger, E., *Community of Practice*, Cambridge, Cambridge University Press, 1998.（内容として類似する著作として，エティエンヌ・ウェンガー，リチャード・マクダーモット，ウィリアム・M・スナイダー（著）野村恭彦・野中郁次郎・櫻井祐子（訳）『コミュニティ・オブ・プラクティス ―ナレッジ社会の新たな知識形態の実践―』　翔泳社　2002）
4 Cochran-Smith, M. & Lytle, S., "Teacher learning communities," *Review of Research in Education*, 24, 1999, 24-32.
Louis, K. S. & Kruse, S. D., *Professionalism and Community: Perspectives on Reforming Urban Schools*, Thousand Oaks, CA, Corwin Press, 1995.
MacLaughlin, M. & Talbert, J. *Professional Communities and the Work of High School Teaching*, Chicago, University of Chicago Press, 2001.
5 Newmann, F. & Wehlage, G. *Successful School Restructuring*, Madison, WI, Center on Organization and Restructuring of Schools, 1995.
Newmann, F., King, B. & Youngs, P., *Professional Development That Addresses School Capacity*, Paper presented at the American Educational Research Association annual conference, New Orleans, 2000.

17 この文献については第５章と第６章で詳細に論じている。とりわけ以下を参照のこと。Newmann, F. & Wehlage, G., *Successful School Restructuring*, Madison, WI, Center on Organization and Restructuring of Schools, 1995; Rosenholtz, S. *Teachers' Workplace*, New York, Longman, 1989.

18 Hargreaves, D., "The occupational culture of teaching," in P. Woods (ed.), *Teacher Strategies*, London, Croom Helm, 1982; Rosenholtz, *op. cit.*, note 17.

19 これらの進歩は以下の文献で記述されている。Fullan, M. & Hargreaves, A. *What's Worth Fighting For? Working Together for Your School*, Toronto, Elementary Teachers Federation of Ontario; New York, Teachers College Press; Buckingham, Open University Press, 1996; Fullan, M. *Change Forces: The Sequel*, London and Philadelphia, Falmer/Routledge Press, 1999; Leithwood, K., jantzi, D. & Steinbach, R., *Changing Leadership for Changing Times*, Buckingham, Open University Press, 1999; Stoll, L. & Fink, D., *Changing Our Schools: Linking School Effectiveness and School Improvement*, Buckingham, Open University Press, 1996.

20 Hargreaves, D., "The new professionalism: The synthesis of professional and institutional development," *Teaching and Teacher Education* 10(4), 1994, 423-438.

21 特に以下を参照のこと。Helsby, G., *Changing Teachers' Work: The Reform of Secondary Schoolong*, Milton Keynes, Open University press, 1999; Woods, P., Jeffrey, B., Troman, G. & Boyle, M., *Restructuring Schools, Reconstructing Teachers*, Buckingham, Open University Press, 1997.

22 学校教育における「卵の殻」構造については，Lortie, D.C., *Schoolteacher: A Sociological Study*, Chicago, University of Chicago Press, 1975を参照のこと。

23 他の項目は時間（ほぼ全員），実施の問題（回答数48），専門性開発の機会の不十分さあるいは不適切さ（回答数48），意欲や道徳の問題（回答数45），改革の政治的理由についての不信感（回答数43）であった。

24 Capra, F., *The Web of Life: A New Synthesis of Mind and Matter*, London, HarperCollins, 1997.

25 Oatley, K., *Best laid Schemes: The Psychology of Emotions*, Cambridge, Cambridge University Press, 1991.

26 Hargreaves, Earl, Moore & Manningによる前掲書中のnote 16を参照のこと。この点に気づかせてくれたスーザン・ラスキーによる教育改革国際センターの研究に感謝する。

27 Scheff, T.J., *Bloody Revenge: Emotions, Nationalism and War*, Boulder, CO, Westview Press, 1994.

28 Troman, G. & Woods, P., "Careers under stress: Teacher adaptations at a time of intensive reform," *Journal of Educational Change* 1(3), 2000, 253-275.

29 Sikes, P., Measor, L. & Woods, P., *Teacher Careers: Crises and Continuities*, London, Falmer Press, 1985.

30 Huberman, M., *The Lives of Teacher*, London, Cassell and New York, Teachers College Press,

241-269.

5 以前の政府のもとで，立法プログラムはもち出され（流出され）ていた。

6 Hargreaves, A., Shaw, P., Fink, D., Giles, C. & Moore, S., *Secondary School Reform: The Experiences and Interpretations of Teachers and Administrators in Six Ontario Secondary Schools* (final report), Toronto, Ontario Ministry of Education and Training/OISE-UT/Peel Board of Education, 2002.

7 調査の全結果は付表に掲載。結果に伴う構成内容については本章の文章内に記す。

8 調査は州全体におよぶ無作為抽出によるものではないため，統計的な検定によって全教師集団へとその結果を一般化することはできない。その代わりに，調査は部分的には，学校独自で政府の改革を実施するにあたり必要な支援を同定するために，６校のスタッフと管理職との協働により行われた。各学校における少人数グループでのスタッフ会議とその反応を通して予備調査を行い，その結果数回の修正を行った。この調査は無作為抽出によるものではないが，対象とした６校は大きな学区に立脚する学校の実質的な代表例を構成している。対話や省察，そして学校の管理職間での支援を行う重要な毎月の会議を含め，改革に対応する際にプロジェクトチームからの支援や援助によって学校が利益を受けることで，州内の他の学校や学区からは，改革に対して非共感的な反応がより強く出されていただろう。私たちが長期にわたって関係を築いてきた６校でのデータ収集におけるもう１つの強みは，1998年に完了した一連の詳細な事例研究を含め，各学校において強く文脈に根づいたデータを収集できたことである。

9 結果の詳細は付表の表１を参照のこと。

10 ただし，重要なのは，新しいカリキュラムに好意的な回答の半数以上は外部からの改革に対し，典型的により好意的だと思われる中間管理職によるものであるということだ。

11 Fullan, M. & Stiegelbauer, S., *The New Meaning of Educational Change*, New York, Teachers College Press, 1991; Miles, M.B. & Huberman, A. M., *Innovation up Close: How School Improvement Works*, New York, Plenum Press, 1984; Anderson, S. & Stiegelbauer, S., “Institutionalization and renewal in a restructured secondary school”, *School Organization* 14(3), 1994, 279-293.

12 しばらくの間，マイケル・フランが政府の実行顧問委員会の共同議長だった。

13 表9にある時間に関する質問に対する回答を参照のこと。

14 Hargreaves, A., *Changing Teachers, Changing Times: Teachers’ Work Culture in the Postmodern Age*, London, Cassell and New York, Teachers College Press, 1994.

15 Louis, K.S. & Miles, M.B. *Improving the Urban High School: The What and How*, New York, teachers College Press, 1990.

16 改革に関する知的で情動的な仕事については，Hargreaves, A., Earl, L., Moore, S. & Manning, S., *Learning to Change: Teaching beyond Subjects and Standards*, San Francisco, Jossey-Bass/Wiley, 2001を参照のこと。

24 Noddings, N. (2001) Care and coercion in school reform, *Journal of Educational Change*, 2(1): 35-43. 以下も参照のこと。Boyd, W.L.(2000) The 'R's of school reform' and the politics of reforming or placing public schools, *Journal of Educational Change*, 1(3): 225-52. これらの議論には最終章で立ち戻る。

25 Hochschild, A.R. (1983) *The Managed Heart: The Commercialization of Human Feeling*. Berkeley, CA: University of California Press.

26 教職における情動労働の役割に関するより広範な議論はBlackmore, J. (1996) Doing 'emotional labour' in the education market place: stories from the field of women in management, *Discourse: Studies in the Cultural Politics of Education*, 17(3): 337-49; and Hargreaves et al., *op. cit.*, note 14を参照のこと。

27 要約についてはWhitty et al., *op. cit.*, note 3およびHargreaves et al., *op. cit.*, note14を参照。

28 Hargreaves, A. and Goodson, I. (2002) *Change Over Time: A Report of Educational Change Over 30 Years in Eight US and Canadian Secondary Schools*, final report to the Spencer Foundation. Chicago, Ill: Spencer Foundation.

29 Henig, J.R. (1994) *Rethinking School Choice: Limits of the Market Metaphor*. Princeton, NJ: Princeton University Press.

30 Noddings, N., *op. cit.*, note 24, pp.35-43

31 この教師は1996年に復帰し，最近のテストではなく初期の能力テストや資金需要について語っていた。

32 Siskin, L. S. (2001) Outside the core: tested and untested subjects in high-stakes accountability systems. Paper Presented at the American Educational Research Association, Seattle,WA.

33 Falk, J. and Drayton, B. (2001) High stakes testing and the inquiry based classroom: complementary or colliding visions of reform. Paper presented at the American Educational Research Association, Seattle, WA.

第4章

1 教育システムに関して，高官がどのようにこれらの政策展開やその含意について多く議論してきたのかは，Lafleur, C.の*The Time of Our Lives: Learning form the Time Experiences of Teachers and Administrators during a Period of Educational Reform*（未公刊の博士論文，トロント大学教育学大学院, 2001）の3-4頁を参照のこと。

2 Berliner, D. & Biddle, B. T *The Manufactured Crisis: Myth, Fraud and the Attack on America's Public Schools*, Reading, MA, Addison-Wesley, 1995.

3 Gidney, R.D. *From Hope to Harris: The Reshaping of Ontario's Schools*, Toronto, University of Toronto Press, 1999.

4 Lawton, S. & Bedard, G. The struggle for power and control: Shifting policy-making models and the Harris agenda for education in Ontario, *Canadian Public Administration* 43(3), 2000,

ラテジーについては，以下で論じられている。P. Brown and H. Lauder (eds) *Capitalism and Social Progress*. Basingstoke: Palgrave.

5 これらの主張は第６章において展開される。

6 Wolmar, C.(2001) *Broken Rails: How Privatization Wrecked Britain's Railways*. London: Aurum Press. 本節における残りの題材はWolmarの書籍に負うところが大きい。

7 Wolmar, C., *op. cit.*, note 6, pp.158-9.

8 Goodson, I. (2001) The Personality of change. Paper presented at the Spencer Foundation funded invitational conference in Social Geographies of Educational Change, Barcelona, Spain, March.を参照。

9 グレイト・ウェスタン鉄道の運行と安全の責任者であるアリソン・フォスターの言葉。Wolmar, C., *op. cit.*, note 6, p.144より重引。

10 Goodson, *op. cit.*, note 8。

11 様々な国からの根拠の最善の要約は，Whitty et al., *op. cit.*, note3に見られる。

12 Castells, M. (1998) *End of Millennium*. Oxford: Blackwell.

13 Darling-Hammond, L. (1997) *Doing What Matters Most: Investing in Quality Teaching*. New York: National Commission on Teaching and America's Future.

14 私は以下の文献において教育の変化の「新たな正統性」に関してより詳細な議論を展開した。Hargreaves, A., Earl, L., Moore, S. and Manning, S. (2001) *Learning to Change: Teaching beyond Subjects and Standards*. San Francisco: Jossey-Bass/Wiley.

15 これらに関して最も有名なのは以下である。Slavin, R.E.(1996) *Every Child, Every School: Success for All*. Newbury Park, CA: Corwin Press. 英国の大規模な国家リテラシープロジェクトはこのシステムを部分的に活用している。

16 Elmore, D. and Burney, D.(1997) *Investing in Teacher Learning: Staff Development and Instructional Improvement in Community School District No.2*, New York City. New York: National Commission on Teaching and America's Future; Hill, P.W. and Crevola, C. (1999) The role of standards in educational reform for the 21st century, in D. Marsh(ed.) *Preparing our Schools for the 21st Century*. Alexandria, VA: Association for Supervision and Curriculum Development.

17 Fullan, M. (2001) *Learning in a Culture of Change*. San Francisco: Jossey-Bass/ Wiley.

18 Ibid.

19 カラオケカリキュラムのアイデアはHargreaves et al., *op. cit.*, note14で言及した。

20 Department for Education and Skills (2001) *Achieving Success*. London: HMSO.

21 そのフレーズは以下の文献で見られる。Berman, P. and McLaughlin, M. (1977) *Federal Programs Supporting Educational Change: Factors Affecting Implementation and Continuation*, Vol. VII. Santa Monica, CA: Rand Corporation.

22 Fullan, M. (2000) The return of large-scale reform, *Journal of Educational Change*,1(1): 5-28.

23 McNeil, L. (2000) *Contradictions of School Reform: Educational Costs of Standardization*. New York: Routledge.

104 イングランドにおける最近の教育改革については，次の文献にまとまっている。Department for Education and Skills, *Achieving Success*, London, Her Majesty's Stationery Office (HMSO), 2001.

105 Riley, K. & Rustique-Forrester, E., *Working with Disaffected Students: Why Students Lose Interest in School and What We Can Do About It*, London, Sage, 2002.

106 Vibert, A. B., Portelli, J. P., Shields, C. & Larocque, L., "Critical practicein elementary schools: Voice, community, and a curriculum of life," *Journal of Educational Change* 3(2), 2002, 93-116.

107 Hargreaves, A., Earl, L., Moore, S. & Manning, S., *Learning to Change: Teaching beyond Subjects and Standards*, San Francisco, Jossey-Bass/Wiley, 2001.

108 Hargreaves, A., Beatty, B., Lasky, S., Schmidt, M. & James-Wilson, S., *The Emotions of Teaching*, San Francisco, Jossey-Bass, 未刊行。

109 Camun, A., *The First Man*, Harmondsworth, Penguin Books, 1994.

110 Levin, B., "Putting students at the centre in education reform," *Journal of Educational Change* 1(2), 2000, 155-172.

111 Hochschild, A., "Global care chains and emotional surplus value," in W. Hutton & A. Giddens (eds.), *On the Edge: Living with Global Capitalism* (pp.130-146), London, Jonathan Cape, 2000.

112 Fuller, F., "Concerns of teachers: A developmental characterization," *American Educational Research Journal* 6, 1969, 207-226.

113 Saltzberger-Wittenberg, I., Henry, G. & Osborne, E., *The Emotional Experience of Learning and Teaching*, London, Routledge & Kegan Paul, 1983.

114 Helsby, G., *Changing Teachers' Work: The Reform of Secondary Schooling*, Milton Keynes, Open University Press, 1999.

115 Denzin, N., *On understanding Emotion*, San Francisco, Jossey-Bass, 1984.

116 教師への信頼に関する最良の論述の１つは次の論文である。Troman, G., "Teacher's stress in the low trust society," *British Journal of Sociology of Education* 21(3), 2000, 331-353.

第3章

1 Halsey, A.H. (2001) Foreword, in P. Brown and H. Lauder (eds) *Capitalism and Social Progress*. Basingstoke: Palgrave, p. xii.

2 Ignatieff, M. (2000) *The Rights Revolution*. Toronto: Anansi Press, p.90.

3 教育における疑似市場については以下を参照のこと。Whitty, G., Power, S. and Halpin, D. (1998) *Devolution and Choice in Education: The School, State, The Market*. Buckingham: Open University Press.

4 市場原理主義に至るものを含めて，知識経済において採用されうる様々な経済スト

83 Coleman, J. & Hoffer, T., *Public and Private schools: The Impact of Communities*, New York, Basic Books, 1987.

84 Fleisch, B., *Managing Educational Change: The State and School Reform in the New South Africa*, Johannesburg, Heinemann Publishers, 2002.

85 South Africa Department of Education, *Draft Rural National Curriculum Statement for Grades K-9 (Schools)*, Pretoria, Department of Education, 2001.

86 Ibid., p. 7.

87 Ministerio da Educacào, "PRODEP III: Objectivos estratégicos" (on-line), 2002.

88 Delors, J., *Learning: The Tresure Within*, Geneva, UNESCO, 1996.（天城勲監訳『学習：秘められた宝（ユネスコ「21世紀教育国際委員会」報告書）』ぎょうせい　1997年）

89 Ibid., p. 29.（邦訳14頁）

90 Ibid., p. 20.（邦訳14頁）

91 Tedesco, J. C., *The New Educational Pact: Education, Competitiveness and Citizenship in Modern Society*, Paris, International Bureau of Education, UNESCO, 1997.

92 Smith, A., *An Inquiry into the Nature and Causes of the Wealth of Nations*, London, W. Strahan & T. Cadell, 1796.（水田洋監訳，杉山忠平訳『国富論〈１～４〉』岩波書店 2000~2001年）

93 Smith, A., *The Theory of Moral Sentiments* (12th ed.), Glasgow, R. Chapman, 1809, p. 321.（水田洋訳『道徳感情論〈上・下〉』岩波書店　2003年）

94 Handy, C., *The Elephant and the Flea*, London, Hutchinson, 2001, pp. 148-149.

95 Fielding, M. (ed.), *Taking Education Really Seriously: Four Years' Hard Labor*, New York, Routledge/Falmer Press, 2001.

96 Barber, M., "High expectations and standards for all, no matter what: Creating a world class education service in England," in Fielding, *op. cit.*, note 95.

97 Fielding, *op. cit.*, note 95, 9.

98 Oakes, J., Quarts, K. H., Ryan, S. & Lipton, M., *Becoming Good American Schools: The Struggle for Civic Virtue in Education Reform*, San Francisco, Jossey-Bass, 2000.

99 Task Force on the Education of Young Adolescents, *Turning Points: preparing American Youth for the 21st Century*, New York, Carnegie Council on Adolescent Development, 1989.

100 Talbert, J., "Professionalism and politics in high school teaching reform," *Journal of Educational Change* 3(3), 2002. も参照。

101 Sergiovanni, T., *The Lifeworld of Leadership: Creating Culture, Community, and Personal Meaning in Our Schools*, San Francisco, Jossey-Bass, 2000, p. 18.

102 Darwin, C., *The Expression of the Emotions in Man and Animals,* 1872, Chicago, University of Chicago Press, 1965.（浜中浜太郎訳『人及び動物の表情について』岩波書店　1991年）

103 これに関する詳細なデータと議論については，次の文献を参照。Hargreaves, A., Earl, L. & Ryan, J., *Schooling for Change: Reinventing Education for Early Adolescents*, Philadelphia, Falmer Press, 1996.

57 Ignatieff, M., *The Rights Revolution*, Tronto, Anansi Press, 2000, p.90.（金田耕一訳『ライツ・レヴォリューション －権利社会をどう生きるか－』風行社　2008年　129頁）

58 Sennett, *op. cit.*, note 55, p. 84.（邦訳iii～iv頁）

59 Sennett, R. & Cobb, J., *The Hidden Injuries of Class*, New York, Alfred A. Knof, 1973. 初期の版では，エンリコはリカと呼ばれている。

60 Sennett, *op. cit.*, note 55, p. 21.（邦訳12頁）

61 Ibid.（邦訳13頁）

62 Ibid., p. 25.（邦訳18~19頁）

63 Ibid., p. 28.（邦訳20頁）

64 Lasch, C., *The Culture of Narcissism: American Life in an Age of Diminishing Expectations*, New York, W. W. Norton, 1979.（石川弘義訳『ナルシシズムの時代』ナツメ社　1981年）

65 Ignatieff, *op. cit.*, note 57, p. 91.（邦訳129頁）

66 Ibid.

67 Harvet, D., *The Condition of Postmodernity*, Oxford, Blackwell, 1989.（吉原直樹訳『ポストモダニティの条件（シリーズ社会学の思想３）』青木書店　1999年）

68 Mestrovic, *op. cit.*, note 13; Fineman, S. (ed.), *Emotion in Organizations* (2nd ed.), London, Sage Publications, 2000.

69 Reich, *op. cit.*, note 48.

70 Leinberger, P. & Tucker, B., *The New Individualists: The Generation after the Organization Man*, New York, HarperCollins, 1991.

71 Brown & Lauder, *op. cit.*, note 18.

72 Putnam, R. D., *Bowling Alone: The Collapse and Revival of American Community*, New York, Simon & Schuster, 2000.（柴内康文訳『孤独なボウリング －米国コミュニティの崩壊と再生－』柏書房　2006年）

73 Sennett, *op. cit.*, note 55, p. 110.（邦訳p.153）

74 Ibid., p. 106.（邦訳147頁）

75 Ibid., p. 108.（邦訳150頁）

76 Ibid., p. 112.（邦訳157頁）

77 Fineman, S., "Commodifying the emotionally intelligent," in Fineman, *op. cit.*, note 68. この分野におけるゴールマンの研究については，第１章で取り上げている。

78 この点については，Hargreaves, A. & Fullan, M., *What's Worth Fighting for out There?*, Tronto, Elementary Teachers Federation of Ontario; New York, Teachers College Press; Buckingham, Open University Press, 1998.

79 Fukuyama, *op. cit.*, note 22, p. 16.（邦訳38頁。ただし邦訳を一部改訂した）

80 Coleman, J., "Social capital in the creation of human capital," *American Journal of Sociology* 94 (supplement), 1988, 595-620.

81 Fukuyama, *op. cit.*, note 22, p. 16.

82 Ibid., p. 18.

照。Ignatieff, M., *Blood and Belonging*〔: Journeys into the New Nationalism〕, London, Chatto & Windus, 1993.（幸田敦子訳『民族はなぜ殺し合うのか－新ナショナリズム６つの旅－』河出書房新社　1996年）も参照。

38　Barber, *op. cit.*, note 14, p. 9.（邦訳21頁）

39　Ibid., p. 209.（邦訳225頁）

40　Giddens, A., *The Consequences of Modernity*, Stanford, CA, Stanford University Press, 1990.（松尾精文・小幡正敏訳『近代とはいかなる時代か？ －モダニティの帰結－』而立書房　1993年）

41　Castells, *op. cit.*, note 35, p. 354.

42　Ibid., p. 355;　傍点は著者〔ハーグリーブス〕による。

43　Giddens, A., *Runaway World: How Globalization Is Reshaping Our Lives*, London, Profile Books, 2000, pp. 4-5.（佐和隆光訳『暴走する世界 －グローバリゼーションは何をどう変えるのか－』ダイヤモンド社　2001年　8頁）

44　Ritzer, G., *The McDonaldization Thesis: Explorations and Extensions*, Thousand Oaks, CA, Sage Publications, 1998.（正岡寛司監訳『マクドナルド化の世界 －そのテーマは何か？－』早稲田大学出版部　2001年）

45　Soros (2002), *op. cit.*, note 32, p. 165.

46　Steele, J., "Last of the old style liberals," *Guardian Saturday Review*, 2002, pp. 6-7.

47　日刊紙*The Independent*, 2001年10月2日の記事より。

48　Reich, R., *The Future of Success*, New York, Alfred A. Knopf, 2001, p.8.（清家篤訳『勝者の代償 －ニューエコノミーの深淵と未来－』東洋経済新報社　2002年　6頁）

49　Ibid.（邦訳11頁）

50　Ibid., p. 6.（邦訳9頁）

51　Blackmore, J., "A critique of neoliberal market policies in education," *Journal of Educational Change* 1(4), 2000, 381-387.

52　Giddens, *op. cit.*, note 40; Beck, U., *Risk Society: Towards a New Modernity* (trans. M. Ritter), London, Sage, 1992.（東廉・伊藤美登里訳『危険社会 －新しい近代への道－』法政大学出版局　1998年）

53　Hochschild, A., *The Timebind*, New York, Metropolitan Books, 1997.

54　OECD, *Knowledge and Skills for Life: First Result from the Program for International Student Assessment*, Paris, OECD, 2001.（国立教育政策研究所編『生きるための知識と技能 －OECD生徒の学習到達度調査(PISA)2000年調査国際結果報告書－』ぎょうせい　2002年）

55　Sennett, R., *The Corrosion of Caracter*, New York and London, W. W. Norton, 1998, p.10.（斎藤秀正訳『それでも新資本主義についていくか―アメリカ型経営と個人の衝突』ダイヤモンド社　1999年，iii頁。斎藤秀正は「人格」を「人間性」，「情動」を「感情」と訳しているが本書の訳では「人格」「情動」を採用した）

56　Oatley, K. & Jenkins, J., *Understanding Emotions*, Cambridge, MA, Blackwell, 1996.

田廉訳『新訳君主論（改版）』中央公論社　2002年　141-142頁）

20 これらの節は，ワールド・トレード・センター・ビルとアメリカ国防総省本庁舎が破壊されて２週間しかたたないときに書いたものであり，情報については，信憑性のある多くの新聞から得た。

21 Elliott, L. & Atkinson, D., *The Age of Insecurity*, London and New York, Verso, 1999.

22 Fukuyama, F., *Trust: The Social Virtues and the Creation of Prosperity*, London, Hamish Hamilton, 1995（加藤寛訳『「信」無くば立たず』三笠書房　1996年）; Giddens, A., *Modernity and Self-Identity*, Cambridge, Polity Press, 1990（秋吉美都・安藤太郎・筒井淳也訳『モダニティと自己アイデンティティ—後期近代における自己と社会』ハーベスト社　2005年）; Kramer, R. M. & Tyler, T. R., *Trust in Organizations: Frontiers of Theory and Research*, London, Sage, 1996; Reina, D. S. & Reina, M. L., *Trust and Betrayal in the Workplace*, San Francisco, Berrett-Koehler Publishers, 1999.

23 Vali, J., "Insecure times," in J. Vail, J. Wheelock & M. Hill (eds.), *Insecure Times: Living in Insecurity in Contemporary Society*, New York, Routledge, 1999, pp.3-4.

24 Bauman, Z., *Globalization: The Human Consequences*, Oxford, Basil Blackwell,1998.（澤田眞治・中井愛子訳『グローバリゼーション—人間への影響』法政大学出版局　2010年）

25 Ibid., p. 116.（邦訳163頁。ただし邦訳を一部改訂した。

26 Elliott & Atkinson, *op. cit.*, note 21.

27 Barber, *op. cit.*, note 14.

28 Ibid., pp. 6-7.（邦訳20頁）

29 Ibid., p. 6.（邦訳18-20頁）

30 Ibid., p. 4.（邦訳14頁）

31 Ibid., p. 136.（邦訳200頁）

32 Soros, G., *George Soros on Globalization*, New York, Perseus Books, 2002.

33 Galbraith, J., *The Affluent Society*, Boston, Houghton Miffin, 1984（鈴木哲太郎訳『ゆたかな社会 決定版』岩波書店　2006年）; Handy, C. B., *The Hungry Spirit: Beyond Capitalism: A Quest for Purpose in the Modern World*, New York, Broaday Books, 1998.（埴岡健一訳『もっといい会社，もっといい人生 －新しい資本主義社会のかたち－』河出書房新社　1998年）

34 Barber, *op. cit.*, note 14; Castells, *op. cit.*, note 11.

35 Castells, M., *End of Millennium*, Oxford, Blackwell, 1998.

36 Michel, A., "Schools for an emerging new world," in Organization for Economic Cooperation and Development (OECD), *Schooling for Tomorrow: What Schools for the future?* (pp. 217-230, quoted from p.219), Paris, OECD, 2001.（下村智子訳「新たに出現する世界における学校」二宮皓監訳『明日の学校教育のシナリオ』協同出版　2004年　247-267頁　引用は250頁）

37 Hargreaves, A., *Changing Teachers, Changing Times: Teachers' Work and Culture in the Postmodern Age*, London, Cassell and New York, Teachers College Press, 1994, chap. 4.を参

7 Postman, N., *Technopoly: The Surrender of Culture to Technology*, New York, Alfred A. Knopf, 1992.

8 Stoll, C., *Silicon Snakeoil*, New York, Doubleday, 1995, p.58.（倉骨彰訳『インターネットは空っぽの洞窟』草思社　1997年）

9 Guide Association, *Girls and Citizenship*, London, Guide Association, 2001.

10 マウス，キーボード，スクリーンを頻繁に使用しているために起こる，繰り返すストレスや視覚障害を含む。

11 Castells, M., *The Rise of the Network Society*, Oxford, Blackwell, 1996.

12 Postman, N., *Amusing Ourselves to Death: Public Discourse in the Age of Show Business*, New York, Penguin Books, 1985.

13 Mestrovic, S. G., *Postemotional Society*, London, Sage, 1997. スペインやポルトガルなど，ヨーロッパ地中海沿岸の幾つかの国々は，この傾向に対抗し続けている。そこでは，多くの葉書は印刷された文字はなく真っ白である。それが示しているのは，人々は，企業に書いてもらわなくても十分うまく自らの情動を表現することができるということである。

14 Barber, B. R., *Jihad vs. McWorld*, New York, Times Books, 1995.（鈴木主税訳『ジハード対マックワールド －市民社会の夢は終わったのか－』三田出版会　1997年）

15 Berman, M. *All That Is Solid Melts into Air: The Experience of Modernity*, New York, Viking Penguin Books, 1988. このタイトルは，カール・マルクス（Karl Marx）とフリードリッヒ・エンゲルス（Fredrich Engels）からの引用である。〔「固定した，さびついたすべての関係は，それにともなう古くてとうとい，いろいろの観念や意見とともに解消する。……いっさいの身分的なものや常在的なものは，煙のように消え，いっさいの神聖なものはけがされ，人々は，ついには自分の生活上の地位，自分たち相互の関係を，冷ややかな目で見ることを強いられる。」マルクス，K・エンゲルス，F著　大内兵衛・向坂逸郎訳『共産党宣言』岩波書店　1971年　43-44頁〕

16 例えば，Reich, R. *The Work of Nations: Preparing Ourselves for 21st Century Capitalism*, New York, Alfred A. Knopf, 1991（中谷巌訳『ザ・ワーク・オブ・ネーションズ－21世紀資本主義のイメージ－』ダイヤモンド社　1991年）; Leadbeater, C., *The Weightless Society: Living in the New Economy Bubble*, New York and London, Texere, 2000; Drucker, P., *Post-capitalist Society*, New York, HarperCollins, 1993.（上田惇生・佐々木実智男・田代正美訳『ポスト資本主義社会 －21世紀の組織と人間はどう変わるか－』ダイヤモンド社　1993年）

17 Hargreaves, A., "Contrastive theoric and extremist talk: Teachers, hegemony and the educationist context," in L. Barton & S. Walker (eds.), *Schools, Teachers and Teaching*, New York and Philadelphia, Felmer Press, 1981.

18 Brown, P. & Lauder, H., *Capitalism and Social Progress: The Future of Society in a Global Economy*, Basingstoke, Hampshire, and New York, Palgrave, 2001.

19 Machiavelli, N., *The Prince* (trans. G. Bull), London, Penguin Books, 1999 (1532), p.88.（池

Falmer Press, 2002.

83 Hargreaves & Fullan, *op. cit.*, note 76. 社会における信頼の経験の変化を最初に議論したのはギデンズの次の文献である。Giddens, A., Modernity and Self-Identity, Cambridge, Polity Press, 1990. これまでの社会における信頼の伝統的形態の崩壊について議論を広げたければ，Fukuyama, F., Trust: *The Social Virtues and the Creation of Prosperity* (3rd ed.), New York, Free Press, 2000. また，Hargreaves, A., "Teaching and betrayal," *Teachers and Teaching, Theory and Practice*, in press. を参照。

84 Sachs, J., *The Activist Teaching Profession*, Buckingham, Open University Press, 2003.

85 Hargreaves, D., "The new professionalism: The synthesis of professional and institutional development," *Teaching and Teacher Education* 10(4), 1994, 423-438; Fielding, M., "Radical collegiality: Affirming teaching as an inclusive professional practice," *Australian Educational Researcher* 26(2), 1999, 1-33.

86 Hargreaves, A., "The emotional geographies of teachers' relations with colleagues," *International Journal of Educational Research* 35(5), 2001, 503-527.

87 Toole, J., *Framing the Role of Trust in School Reform: Case Studies of Service Learning*, Paper presented at the American Educational Research Association, New Orleans, April 2000.

88 Hargreaves, D., "The production, mediation and use of professional knowledge among teachers and doctors: A comparative analysis," in OECD, *op. cit.*, note 48.

89 学習する組織に関する先行研究は以下のとおりである。Senge, P., *The Fifth Discipline: The Art and Practice of the Learning Organization*, New York, Doubleday, 1990; and Senge, P., Cambron-McCabe, N., Lucas, T., Smith, B., Dutton, J. & Kleiner, A., *Schools That Learn: A Fifth Discipline Fieldbook for Educators, Parents, and Everyone Who Cares about Education*, New York, Doubleday/Currency, 2000.

90 次の文献を参照。Barthes, R., *Improving Schools from Within: Teachers, Parents and Principals Can Make a Difference*, San Francisco, Jossey-Bass, 1990; Crowther, F., Kaagan, S., Hann, L. & Ferguson, M., *Developing Teacher Leaders: How Teacher Leadership Enhances School Success*, Thousand Oaks, CA, Corwin Press, 2002.

第2章

1 南海泡沫事件については，MacKay, C., *Extraordinary Popular Delusions and the Madness of Crowds*, London, Crown Publishers, 1841. 引用は３章より。

2 Swift, J., "The bubble," in H. Williams (ed.), *The Poems of Jonathan Swift* (vol.1), London, Oxford University Press, 1937, p.251.

3 Woodruff, W., *The Road To Nab End*, London, Abacus, 2002, pp.30-31.

4 MacKay, C., *op. cit.*, note 1, Chap. 4.

5 Lowe, G., "Computer literacy" *Canadian Social Trends* 19, 13-14.

6 Statistics Canada. Available on-line at: <http://www.statcan.ca/cgi-bin/comments>

61 Ibid.

62 Ibid.

63 Ibid., p. 1.

64 Carnoy & Castells, *op. cit.*, note 30, p. 9.

65 この議論や関連する根拠の発展として，Hargreaves, A., Earl, L., Moore, S. & Manning, S., *Learning to Change: Teaching Beyond Subjects and Standards*, San Francisco, Jossey-Bass/Wiley, 2001. を参照。

66 McLaughlin, M. & Talbert, J., *Professional Communities and the Work of High School Teaching*, Chicago, University of Chicago Press, 2001.

67 Lieberman, A. & Wood, D., "From network learning to classroom teaching," *Journal of Educational Change* 3(3-4), 2002.

68 Day, C., *Developing Teachers: The Challenges of Lifelong Learning*, London, Falmer Press, 1998.

69 Hargreaves, D., "Revisiting educational research: Past Lessons and future prospects," in M. Fielding (ed.), *Taking Education Really Seriously: Four Years' Hard Labor*, London, Routledge/Falmer Press, 2001.

70 West, M., "Reforming teachers' pay," in Fielding, *op. cit.*, note 69.

71 Hoban, G., *Teacher Learning for Educational Change: A Systems Thinking Approach*, Buckingham, Open University Press, in press.

72 McLaughlin & Talbert, *op. cit.*, note 66.

73 Newmann, F., & Wehlage, G., *Successful School Restructuring*, Madison, WI, Center on Organization and Restructuring of Schools, 1995.

74 OECD, *op. cit.*, note 48, p. 15.

75 Epstein, J., "Perspectives and previews on research and policy for school, family and community partnerships," in A. Booth & J. Dunn (eds.), *Family-School Links: How Do They Affect Educational Outcomes?* (pp. 204-246), Hillsdale, NJ, Lawrence Erlbaum Associates, 1996.

76 これらのストラテジーはより詳しく次の文献に書かれている。Hargreaves, A. & Fullan, M., *What's Worth Fighting for Out There?*, Toronto, Elementary Teachers Federation of Ontario; New York, Teachers College Press; and Buckingham, Open University Press, 1998.

77 Goleman, D., *Emotional Intelligence*, New York, Bantam Books, 1995; Goleman, D., *Working with Emotional Intelligence*, New York, Bantam Books, 1998.

78 Day, *op. cit.*, note 68.

79 Hargreaves & Fullan, *op. cit.*, note 76.

80 Brown & Lauder, *op. cit.*, note 55, p. 8.

81 Ibid., 10.

82 Fullan, *op. cit.*, note 50; Fullan, M., *Change Forces: The Sequel*, London, Falmer/Routledge Press, 1999; Stoll, L., Earl L. & Fink, D., *It's about Learning: It's about Time*, London,

37 Ibid., p. 49.

38 Ibid., p. 41.

39 Ibid., p. 58.

40 Senge, P., *The Fifth Discipline: The Art and Practice of the Learning Organization*, New York, Doubleday, 1990; Nonaka, I. & Takeuchi, H., *The Knowledge-Creating Company: How Japanese Companies Create the Dynamics of Innovation*, New York, Oxford University Press, 1995: Leonard-Barton, D., *Wellsprings of Knowledge: Building and Sustaining Sources of Innovation*, Boston, Harvard Business School Press, 1995; Leadbeater, C., *The Weightless Society: Living in the New Economy Bubble*, New York and London, Texere, 2000.

41 Reich, *op. cit.*, note 36, p. 64.

42 Castells, *op. cit.*, note 24.

43 この情報は，Santa Fe Instituteのウェブサイトで参照できる。

44 Castells, *op. cit.*, note 24.

45 Carnoy & Castells, *op. cit.*, note 30, p. 33.

46 教育の文脈で知識労働者の考えについて議論した最初の人物がSchelchtyである。Schlechty, P., *Schools for the Twenty-First Century: Leadership Imperatives for Educational Reform*, San Francisco, Jossy-Bass, 1990.

47 Drucker, P., "The age of social transformation," *Atlantic Monthly* 27, 1994, 53-80.

48 OECD, *Knowledge Management in the Learning Society*, Paris, OECD, 2000, p. 29.

49 OECD, *Schooling for Tomorrow: What Schools for the Future?*, Paris, OECD, 2001, p. 29.

50 Fullan, M., *Change Forces: Probing the Depths of Educational Reform*, London, Falmer Press, 1993, p. 80.

51 Castells, *op. cit.*, note 24, p. 345.

52 Giddens, A., *The Third Way*, Cambridge, Polity Press, 1998.

53 Caldwell, B. & Spinks, J., *Leading the Self-Managing School*, London, Falmer Press, 1992.

54 Gopinathan, S. & Sharpe, S., "The teacher is the key: Professionalism and the strategic state," in E. Thomas (ed.), *Teacher Education: Dilemmas and Prospects, World Yearbook of Education*, London, Kogan Page, 2002.

55 Brown, P. & Lauder, H., *Capitalism and Social Progress: The Future of Society in a Global Economy*, Basingstoke, Hampshire, and New York, Palgrave, 2001.

56 Hargreaves, *op. cit.*, note 22.

57 Homer-Dixon, T., *The Ingenuity Gap: Can We Solve the Problems of the Future?*, Toronto, Alfred A. Knopf, 2000.

58 例として，Harvey, D., *The Condition of Postmodernity*, Oxford, Blackwell, 1989. がある。ポスト近代において社会の複雑化が進む中のこれらの著作や，学校教育への示唆については，Hargreaves, *op. cit.*, note 22. により詳しく書かれている。

59 Shank, D., *Data Smog: Surviving the Information Glut*, New York, Harper-Collins, 1997.

60 Homer-Dixon, *op. cit.*, note 57, p. 21.

Research and Practice (pp. 1-13), Cambridge, Cambridge University Press, 1999.

20 Fujita, H. & Wang, S.-Y. (eds.), *Teacher Professionalism and the Culture of Teaching in Japan: The Challenge and Irony of Educational Reform and Social Change*, Tokyo, Tokyo University Press, 1997.

21 Jeffrey, B. & Woods, P., "Feeling deprofessionalized: The social construction of emotions during an OFSTED inspection," *Cambridge Journal of Education* 126(3), 1996, 235-343; Nias, J., "Changing times, changing identities: grieving for a lost self," in R. G. Burgess (ed.), *Educational Research and Evaluation: For Policy and Practice*, London, Falmer Press, 1991; Hargreaves, A. & Goodson, I., "Teachers' professional lives: Aspirations and actualities," in I. Goodson & A. Hargreaves (eds.), *Teachers' professional Lives*, New York, Falmer Press, 1996.

22 Hargreaves, A., *Changing Teachers, Changing Times: Teachers' Work and Culture in the Postmodern Age*, London, Cassell and New York, Teachers College Press, 1994; Helsby, G., Changing Teachers' Work and Culture, Buckingham, Open University Press, 1998.

23 Shimahara, K., "Japanese lessons for educational reform," in A. Hargreaves & R. Evans (eds.), *Beyond Educational Reform*, Buckingham, Open University Press, 1997.

24 これらの傾向は多くの先行研究で広く述べられているが，その根拠について最も緻密な記述が見られるのは，Castells. M., *The Rise of the Network Society*, Oxford, Blackwell, 1996. である。

25 Wylie, C., *Self-Managing Schools in New Zealand: The Fifth Year*, Wellington, New Zealand Council for Educational Research, 1994; Whitty, G., Power, S. & Halpin, D., *Devolution and Choice in Education: The School, State, the Market*, Buckingham, Open University Press, 1998.

26 これに関する描写・記述は，Castells, M., *End of Millennium*, Oxford, Blackwell, 1998. にある。

27 Bell, D., *The Coming of Post-industrial Society*, New York, Basic Books, 1976.

28 Ibid., p. 212.

29 Ibid., p. 242.

30 Handy, C., *The Empty Raincoat: Making Sense of the Future*, London, Hutchison Press, 1994; Carnoy, M. & Castells, M., "Sustainable flexibility: A prospective study on work, family and society in the information age," *OECD Working Papers*, 5(29), 1997, OECD, Paris.

31 Drucker, P., *Post-capitalist Society*, New York, Harper Collins, 1993, p. 8.

32 Castells, *op. cit.*, note 24; Castells, M., *The Power of Identity*, Oxford, Blackwell, 1997; Castells, *op. cit.*, note 26.

33 Castells, *op. cit.*, note 24, pp. 16-17.

34 Rankin, I., *The Falls*, London. Orion Books, 2001, p. 372.

35 Rifkin, J., *The Age of Access: The New Culture of Hypercapitalism Where All Life Is a Paid-For Experience*, New York, J. P. Tarcher/Putnam Books, 2000.

36 Reich, R., *The Future of Success*, New York, Alfred Knopf, 2001.

4 Fullan, M. & Stiegelbauer, S., *The New Meaning of Educational Change*. New York, Teachers College Press, 1991.

5 Tyack, D. & Tobin, W., The Grammar of Schooling and Why It Has Been So Hard to Change, *American Educational Research Journal* 31(3), 1994, 453-480.

6 Torres, R. M., *What Works in Education: Facing the New Century*, Buenos Aires, Argentina, International Youth Foundation, 2001; Bray, M., Educational Planning in Small Countries (research report), Paris, United Nations Educational, Scientific, and Cultural Organization (UNESCO), 1992.

7 Willinsky, J., *Learning to Divide the World: Education at Empire's End*, Minneapolis, University of Minnesota Press, 1998.

8 Hargreaves, *op. cit.*, note 3.

9 Hargreaves, A., The Significance of Classroom Coping Strategies, in L. Barton& R. Meighan (eds.), *Sociological Interpretations of Schooling and Classrooms: A Reappraisal*, Driffield, Nafferton Books, 1978; Woods, P., "Teaching for survival," in P. Woods & M. Hammersley (eds.), *School Experience*, London, Croom Helm, 1977.

10 Jencks, C., et al., *Inequality: A Reassessment of the Effect of Family and School in America*, New York, Basic Books, 1972.

11 Bernstein, B., Class, *Codes and Control* (vol. 3), London, Routledge & Kegan Paul, 1976.

12 Popkewitz, T., "Educational reform and its millennial quality; The 1980s," *Journal of Curriculum Studies* 18(3), 1986, 267-283.

13 National Commission on Excellence in Education, *A Nation at Risk: A Report to the Nation and the Secretary of Education*, Washington, DC, U.S. Department of Education, 1983.

14 Developments in the United Kingdom during this period are described more fully in Hargreaves, A. and Reynolds, D. (eds.), *Educational policy: Controversies and Critiques*, New York and Philadelphia, Falmer Press, 1989.

15 See Hargreaves, A., *Curriculum and Assessment Reform*, Milton Keynes, Open University Press, 1989; Goodson, I. F., Anstead, C. & Morgan, J. M., *Subject Knowledge: Readings for the Study of School Subjects*, London, Falmer Press/Routlege, 1998.

16 Stoll, L. & Myers, K., *No Quick Fixes: Perspectives on Schools in Difficulty*, London, Falmer Press, 1998.

17 Barlow, M. & Robertson, H. J., *Class Warfare: The Assault on Canada's Schools*, Toronto, Key Porter Books, 1994.

18 Organization for Economic Cooperation and Development (OECD), *Quality of Teaching*, Paris, OECD, 1994.

19 Dinham, S. & Scott, C., *The Teacher 2000 Project: A Study of Teacher Motivation and Health*, Perth, University of Western Sydney, Nepean, 1997; Huberman, M. & Vandernberghe, R., "Introduction: Burnout and the teaching profession," in R. Vandernberghe & A. M. Huberman (eds.), *Understanding and Preventing Teacher Burnout: A Sourcebook of International*

注　釈

序論

1 Smith, A., *The Theory of Moral Sentiments* (12th ed.; first published in 1759), Glasgow, R. Chapman, 1809.（邦訳：アダム・スミス著　高哲男訳『道徳感情論』講談社　2013年）

2 Soros, G., *George Soros on Globalization*. New York, Perseus Books. 2002.

日本語版に寄せて

1 文部科学省「新学習指導要領・生きる力，第１章総則，第１教育課程編成の一般方針」より抜粋。http://www.mext.go.jp/a_menu/shotou/new-cs/youryou/chu/sou.htm 2013年8月4日

2 OECD東京センターが公表している「図表でみる教育2013」を参照のこと。http://www.oecdtokyo2.org/pdf/theme_pdf/education/20130625eag2013_cntntjpn_j.pdf 2013年8月4日。

3 教師の情動研究は1990年代以降に世界各国で急速に発展している。この動向は，教師の実践的知識や思考様式といった認知面とともに，学校や教室の中で生じる教師の情動や感情経験といった情動面が教師の経験世界と教職専門性を検討し理解する上で極めて重要な鍵となるためである。教師の情動的実践に関して詳しくは以下の文献を参照のこと。

Hargreaves, A., "The emotional practice of teaching." *Teaching and Teacher Education*, 14, 1998, 835-854.

Hargreaves, A., "Mixed emotions: Teachers' perceptions of their interactions with students." *Teaching and Teacher Education*, 16, 2000, 811-826.

Kimura, Y., "Expressing emotions in teaching: Inducement, suppression, and disclosure as caring profession," *Educational Studies in Japan: International Yearbook*, 5, 2010, 63-78.

第１章

1 Halsey, A. J., Floud, J. & Anderson, C. A., *Education, Economy and Society*, London, Collier-Macmilan, 1961.

2 Hobsbawn, E., *Age of Extremes: The Short Twentieth Century, 1914-1991*, London, Abacus, 1995.（河合秀和（訳）『20世紀の時代－極端な時代－』＜上巻・下巻＞ 三省堂 1996年）

3 Hargreaves, A., "Four Ages of Professionalism and Professional Learning," *Teachers and Teaching: Theory and Practice* 6(2), 2000, 151-182.

た

な

は

ま

ら

索　引

監訳者あとがき

アンディ・ハーグリーブス教授は、教師や教師文化、教育改革と学校改革の関係を問う教育学研究者、教育社会学者である。彼ほど世界的に多くの教師に愛され、その著書や論文が広く読まれている研究者はいないといっても過言ではないだろう。それは、教師という職業の専門性と公共の使命、教師の生活とメンタリティ、同僚との関係と学校組織の構造の複雑さを単純化することなく包括的に捉え、学校と教育制度改革の関係を教師の立場にたって考え、これからの未来に向かって行くべき変革の途とその原理や構造を示しているからである。

教育社会学者として、学校組織と教師の専門性、教師文化研究において具体的な事例や実証をふまえつつ、核となる概念を示す研究が氏の特徴である。変動する社会において持続可能な教育の方向とはいかにありうるのかというビジョンを、教師に勇気を与え示し続けてきている稀有な研究者である。

そのハーグリーブス教授の著作の中でも、本書は、序に紹介されているように刊行翌年に米国教育学会ならびに米国図書館学会賞を受賞し、すでに6か国語に訳され、数多くの国の教育研究者や教師たちに読まれてきている代表作である。その著書が、若手研究者の方々の手で日本語に訳出され、世に出されることを大変うれしく思っている。木村優さん、篠原岳司さんがリーダーシップを発揮され、大変丁寧に何度も相互に訳文を読みあい練り上げ、訪米してハーグリーブス教授にも直接面談して理解を深めて作られた訳書である。
本書が出た2003年に、東京大学大学院の筆者の演習において、本書を院生たちと共に講読し、筆者が担当している放送大学テキストの中でもその一部を紹介させていただいた。その時点では翻訳書を出すというアイデアは、私には全くなかった。しかし、当時大学院でその演習を受講されておられた木村優さんが、大学で教師教育の仕事を始められることで訳出の必要性を感じられ、これからの日本の教師教育学を支えていかれる多様な分野の若手研究者の皆さんと共に訳出の計画を立てられ、チームとなって翻訳の労を取られた。その輪の末席に当方も加えていただけたことを大変有難く思っている。

本書は、ハーグリーブス教授の研究の歩みの3つの特徴が編みこまれた代表作であると私は考えている。第一の魅力は、専門職である教師への信頼と期待に裏付けられた、内側からの教育改革を唱える視座である。改革ではなく、変化（change, renewal）を大事にする視点ともいえる。最初に英国の初等教育の教壇に立った経験をもっておられることもそこには関係しているだろう。そして20代、30代に形成された視座がその後の研究者人生においても一貫しており、本書にもその視座が出ている。ハーグリーブス教授は27歳、1978年に編者として *"Middle Schools; Origins, Ideology,and Practice"* を執筆している。英国における中等教育、コンプリヘンシブスクールの改革の伝統と変遷を歴史的に検討する著作である。その中で、教育改革を主張する政策下で学校教育システムはいかにあったらよいかという問いを挙げ、平等な公教育へと向かうべき社会民主主義のイデオロギーが、学校外部からの言説によって暗黙裡にゆがめられていった歴史、その結果として個人主義に向かう学校の中で、教師の自律性が貶められ専門家の知が断片化されていった状況を指摘し、イデオロギーが語られるときにそれは誰のイデオロギーが最も問われなければならないのかと警鐘を鳴らしている。

そして、31歳、1982年に執筆された単著 *"The Challenge for the comprehensive school; culture, curriculum, and community"* の序文において、彼の立場が明瞭に表出されていると私自身は考えている。「教育研究の分野における学者の仕事には、二つの主な聴衆がいる。その第一は、教育を受ける学生、教員養成教育を受ける若手教師とさらに上級コースを受ける、よりベテラン教師。第二には、専門分野の研究同僚や仲間の研究者である。しかしそれだけではなく、第三の聴衆がいる。それは、「真（real）の教師たち」、学生でも学者でもなく、学校や教師のカンファレンスで話すよう招いてくれる「学校の中の教師たち」であると私は考えるようになってきている。この三者の中で、第三の聴衆が、教育研究者に対して最も批判的であり、私は何年もの間彼らから学んできた」（ⅳ頁）との書き出しで始まっている。この第三の聴衆に宛てて、教育の変化過程とその文脈を問い直す視座が、ハーグリーブス教授の教育政策と教師をつなぐ一貫した視座である。だから、多くの教師が彼を敬愛しているのだと考える。

また、第二の魅力は、教師の専門性と教職生活を描出する独自の概念装置の提出である。ハーグリーブス教授は、本書と並んで、私が個人的に彼の代表作と考えている単著 *"Changing teachers, Changing times: teachers' work and culture in the postmodern age"* を、1994年、43歳の時に出版している。そこに描き出されているのは、学校の中での教師の仕事であり教師文化である。それらを「変化」「時間と仕事」「文化」の3つの鍵概念を提出することで論じている。政策や行政という装置が、教育の変化において、教師たち自身が自ら変化させたいとする欲求を無視していることを指摘し、教師の仕事の尊厳や職人としての技の重要性を指摘している。

そしてこれまで誰一人十分には検討してこなかった、教師にとっての仕事における「時間」のもつ意味や、教師の仕事における「情動」の重要性に具体的に目を向けて書かれている。そして学校組織における「協働的な教師文化」と、「バルカナイゼーション（小国分離型）」や「画策された同僚性（トップダウン型のプロジェクト組織）」の組織文化の相違を指摘している。教師の生きる生活世界を新たな射程から描き出した点に、教師研究に携わる多くの研究者が魅せられた。ポスト近代の教師や教師文化として提示された概念が、本書ではさらに具体的に、知識基盤社会のあり方として具体的な実例と共に発展して書き込まれているとみることができる。

第三の魅力は、本書執筆後の50代から60代にかけて、ハーグリーブス教授は、専門家としての教師の協働の文化を生み出す変化を、持続可能な学校組織のリーダーシップのあり方として問うている。２００５年には *"Sustainable leadership"* の本でそれらを展開し、またさらに国際的な国の政策比較事例研究として、国の政策と教職の専門性開発、コミュニティの関与の関連を統合する動向を２００９年に *"The fourth way"*、２０１２年に *"The Global Fourth Way"* で述べ、同年にはプロフェッショナルキャピタル（専門家資本）という概念を提出して教師を中心とした専門家共同体としての学校変革のあり方を論じている。だから教師、研究者だけではなく、世界各国の学校経営にかかわる人々や、教育政策担当者も彼の研究を読んでいるのである。２０１２年に筆者がシンガポールに行った時に発刊1か月後にもかかわらず、現地の多くの校長や教師がすでにハーグリーブス教授のプロフェッショナルキャピタルの概念を口にし、教育省の人もシンガポールが取り上げられたこともあってすでに読んでいたのが印象的であった。本書にはその源のアイデアが書き込まれている。

第一の英国の学校制度とカリキュラムの歴史研究、第二の学校の内側の教師の仕事と教師文化のアクチュアルな実証的解明研究、そして第三の学校の持続可能なリーダーシップからさらには国、そして国をこえてこれからのグローバルな世界での教育政策と教員の専門性の向上のためのコミュニティ形成へという展開がある。この第一、第二の流れを踏まえ、第三への展開の萌芽がすべて書き込まれ、著者の研究の結節点になるのが、本書であると私は捉えている。変化の主体を、専門家としての使命感と誇りに支えられた教師や管理職、教育政策担当者の人間としての意志とビジョンに常に求める教育学である。50代初めの最も精力的に研究をされた時期に集大成として書かれている本書は、彼の研究者の歩みそのものが込められているといっても過言ではないだろう。

日本も、知識基盤社会のグローバル化の中で、教師の在り方、学校組織の在り方、そして自治体や国の教員政策が問われている。筆者が参加させていただいている文部科学省中央教育審議会教員養成部会でも、この数年のうちに、教師の養成・採用・研修というキャリアの中での、これからの教師の専門性発達のありようの大きな地図が創られていく予定である。このような時代状況の中で、本書が日本語で誰でも手に取れるような形で出版されることの意味は大きい。新自由主義の流れ、標準化を求め硬直化していく流れではなく、また教師の自律性を唱えながらも、つかの間の小さな変化にとどまることなく、子どもたち一人ひとりの深い学びを保障する教育の質保障のために、今私たち自身がそれぞれに何をしたらよいのかを本著から考えていただけるなら、監訳者の一人として幸いである。

ハーグリーブス教授は、１９９３年から教師の専門性と教師文化に関する国際比較研究（ＰＡＣＴ：Professional Actions and Culture of Teaching）を、世界8か国、イギリス、アメリカ、カナダ、日本、ノルウェー、スウェーデン、イスラエル、オーストラリアで行なわれた。その時の、日本の研究代表者が東京大学大学院教育学研究科名誉教授の藤田英典先生（現　共栄大学教育学部長）である。ハーグリーブス教授の初めての日本語著作を出版するのに本書の帯作成をご快諾いただくことができたことは、望外の喜びである。短期間での執筆を引き受けてくださった藤田先生に、心から謝意を申し上げたい。

本著作は、日本の社会文化とは異なる文脈で書かれているため、読者にとっては時に難解な内容も含まれているかもしれない。それでも、日本語としてわかりやすい翻訳となっているのは、訳者それぞれと監訳者の木村さん、篠原さんのお二方の尽力によるところである。そしてもし誤訳があれば、それは最終的に任を負うべき私の見落としの責任である。企画時点で原著刊行10年以上をすでに過ぎていた著作であるにもかかわらず、私どもの提案を信頼し、その訳書刊行を引き受け、丁寧に校正等の労を惜しまず根気よく励ましてくださった金子書房編集部の加藤浩平様には厚く謝意を申し上げたい。

本書が、日本の教師と子どもたちの幸せな学校での暮らしのための一助になり、読者の皆様との対話の契機になることを心より祈念したい。

秋田　喜代美

監訳者あとがき

本書は、グローバル経済の拡大に伴う急激な社会変動と国家による教師教育改革の急激な進展の中で、改革の対象とされるわが国の学校と教師の今日的な困難に寄り添い、教師の専門職としての自律的で協働的な学びの意義を説くものである。本書を世に送り出すことにより、今日の世界的な問題状況に対する適応と抵抗の意味が吟味され、学校と教師による挑戦的改革を励まし、そこで掲げるべき理念と道筋が探究されていくことを大いに期待する。

わが国の教師が歴史的に積み重ねてきた自律的で協働的な学びの営みは、専門職としての教師文化の創造と発展、そしてその世代継承の過程であった。また多くが認めるところだろうが、わが国の教師たちのこの文化的な営みこそが、戦前戦後から現代に至る激しい社会変動と政治的動揺に左右されず、日本国憲法二六条に保障する国民の「教育を受ける権利」を安定的かつ質的に保障する要であった。わが国はＯＥＣＤ加盟諸国の中で教育への公費投入の対ＧＤＰ比が最低水準にあり、40人標準という世界的に見て大規模な学級標準を維持していることから、公教育への財政投入や条件整備が決して優れている国とは言いきれない。それにもかかわらず、知・徳・体の教育を十全に保障し、世界的に見ても子どもたちの学力は高く、民主社会の形成と維持発展に教育が多大なる貢献をしている。それは、授業研究（レッスン・スタディ）、集団づくり、生活指導などの歴史的蓄積が物語る、わが国の教師の専門職としての高度な文化的営みの賜物に他ならない。

ところが、専門職として学び合うわが国の教師文化が、今まさに危機に立たされている。子どもの発達課題と社会的な教育要求が複雑化・多様化する中で現代の学校と教師はそれらを一身に背負い込む状況にある。また、新自由主義教育改革に伴う教師の仕事への成果管理が標準化を伴いながら進行している。それは、わが国の教師たちを限定的な評価の眼差しにさらし、ますます多忙へと追い込むものとなっている。また、教師に対する標準化の波は、子どもや保護者との直接的なかかわりを減退させ、教師同士の組織的協働を弱める状況をもたらしつつある。近年では経験豊富な中堅ベテラン教師の精神疾患の発症やバーンアウトは後を絶たず、組織的支えが脆弱な中で専門職としての成長を待たず離職する若手教師も少なくない。さらに制度にも課題は多い。困難を抱える学校と教師を支えるべき教育行政は、教育学とは縁遠い無邪気な政治的恣意性に支配され、地方教育委員会は正当な教育専門技術によって学校と教師を支えるに充分な資源（ヒト・モノ・カネ）の縮小を余儀なくされている。学校現場の悲鳴に耳を傾け、専門的な指導助言によって学校と教師の頼りとされるべき指導主事も、今日その仕事の大部分が事務仕事に浸食され、学校に赴けば上位政府の政策を伝達する役目ばかりを負わされている。このように、わが国の公教育の要であった高度な教師の専門性は、今日の教師文化の維持発展、そして継承の危機の中で大きく損なわれようとしている。またその危機は、教職という営みが高度な専門性を必要としない効率的で定型的な業務へと社会的認識を変質させる恐れすら孕んでいる。

本書の原著となるアンディ・ハーグリーブス教授の代表的著作『*Teaching in the Knowledge Society*』の翻訳企画がもち上がったのは、私が福井大学教職大学院に勤務していた２０１０年度の終わり頃であった。この年、わが国では、政府の中央教育審議会で教職の高度化に向けた専門家協議が本格化し、中教審特別部会では、教員の養成・採用・研修の一体的改革の必要性が示されようとしていた。それは、教職キャリアを通じ専門職として学び続ける教師像の確立と、その実現に向けたわが国の教師教育の抜本的な改革を要請する重要な契機になるものであった。私は、教職の高度化を意図する今日の教師教育改革の理念に一定の評価をする一人であるが、一方で世界的に拡大する新自由主義教育改革と急激な社会変動の渦中では、数多くの困難と立ち向かい、その元凶をも乗り越えていく自由で主体的な学びこそがこの文脈において問われるべきと考えていた。それは換言すれば、「学び続ける」教師像が誰かに「学ばされ続ける」とはならず、今日の学校と教師がその困難の元凶に自ら抗うための、子どもの事実から出発する自律的で協働的な学びの保障が求められるという意味である。そのためにも、条件整備が不十分でありながら過労死ラインもいとわず奮闘するわが国の教師たちを、私たちは公的な制度を問い直すことによって支えていくことが求められる。また、世界に誇るわが国の伝統的な教師文化の発展継承の質を問い直し、グローバル資本主義によって公共部門が浸食され、市場原理主義に毒されつつある現代社会の新たな問題をどうにか克服しなければならない。その道を探究することは間違いなく過酷であるが、ハーグリーブス教授が本書で展開された主張は、教職の危機に直面するわが国の現状に即しても、明日から改革に取り組もうとする私たちに希望の光を照らすものとなる。そのような強い期待を込めて、わが国の教師たち、教職を志す学生たち、また教育問題に関心を有する保護者や市民の方々に本書を送り出す所存である。

本書の出版に向けて、私は２０１１年秋に福井大学の木村優先生とともにボストンに降り立ち、ハーグリーブス教授と面会をした。私たちは、ボストン・カレッジ教育学部リンチスクールにある教授の研究室にお招きいただき、原著の日本語での出版をご快諾いただくとともに、知識社会における学校と教師が抱える今日的な使命、課題、そして可能性について議論させていただいた。特に、本書でも第2章および第3章で触れられる「情動」にかかわり、ハーグリーブス教授は、「日本も同様だが、欧米の教職スタンダードには教師の情動が反映されているとは言い難い。研究レベルでも政策レベルでも、未だに教職を合理性（rational）という基準のみで捉えており、この点は教師の専門的生活の複雑性、複合性という視座からみれば問題である」、「今後、教師の情動、ケア、関係性という視点を含めて教職専門性を議論していかなければならない。それは知識社会が進行し拡張する現代の課題だ」（木村優・訳）と述べられていた。教師の「教えること」への認知的側面のみに注目するのではなく、実践や活動の中で生起する情動を多分に含み込んだ関係的側面を対象化する研究は、わが国でも数が限られているのは確かである。しかしながら、本書でも問題視される教育の標準化の進行は、専門職の学び合うコミュニティを拡張させ持続的に発展させることを困難にさせるものである。ハーグリーブス教授が注目する北米の学校の多くも、今日の世界的な情勢の中で試練の時を迎えているようだ。わが国の今日の教育政策を見ていても、国家の主導による教育の目的・目標および教育内容の標準化は進行しており、それらの指標は学校評価、教員評価への活用に留まることはない。既に一部の自治体では、その結果によって学校の存続や教師の処遇を決めるところまで標準化が押し寄せており、このような波は、学校と教師の仕事そのものを「標準化」させる圧力となり、教職の専門性そのものを他に容易に代替が利く軽微なものへと押し下げてしまうのである。私たちはハーグリーブス教授との議論を受けて、教師の情動、そしてその実践の中の関係的側面に注目し、実践を組織、制度、政策、社会文化的文脈との関係から捉えていく研究への着手と、そのための方法論の開発と吟味が、今日の教育学研究者の急務の仕事であるように思えてならなかった。本書の出版がわが国の学校と教師の実践の支えになるだけではなく、教育学研究のさらなる発展に向けて一石を投じるものになることを期待する。

本書の各章の翻訳には新進気鋭の若手研究者のお力をお借りすることができた。金沢大学の本所恵先生、三重大学の織田泰幸先生、新潟大学の一柳智紀先生、福井大学の杉山晋平先生、東京大学の鈴木悠太先生には、私たちの急な依頼にもかかわらず迅速かつ丁寧な翻訳をいただけた。本書の刊行が予定より遅れたことを監訳者として心よりお詫びするとともに、ご多忙の中で誠実に対応くださったそのご好意に改めて感謝を申し上げたい。

また、本書のもう一人の監訳者である東京大学の秋田喜代美先生にも心より感謝を申し上げたい。秋田先生には、出版から10年経っても未だ色あせることない原著の現代的意義を共有いただき、教育学および教師教育学の観点から本書にあとがきをご寄稿くださった。経験の浅い監訳者の二人（木村、篠原）にとって、日頃からの先生のご指導と温かな励ましは、数々の困難に見舞われる中での精神的な支えでもあった。本書の監訳にご協力いただけたことに、重ねて感謝の意をお伝えしたく思う。

なお、秋田先生にもご助言を賜りながらの本書の監訳は、決して簡単なものではなかった。正確な訳出はもちろんのこと、可能な限り平易な日本語文となるように心がけ、そのために監訳者の間で何度も議論を重ねることとなった。また専門用語についても既出の翻訳書や他の学術文献を可能な限り参照し、定訳を損ねることがないよう注意を払った。また必要に応じて訳注を追加し、読者の理解に配慮を示せるようにも心がけた。それでもなお、訳語の妥当性や意訳部分に関して、本書の訳出には議論の余地を残す箇所があると思われる。今後、読者の方々からご指摘を賜り、学校改革および教師教育に関する学術的な用語・表現についても考察を重ねていく所存である。

最後になるが、出版事情が厳しい今日において、本書の企画にご賛同ご支援をいただいた金子書房編集部の加藤浩平氏に、監訳者を代表して心よりお礼を申し上げたい。私たちの翻訳および監訳の作業は何度も壁にぶつかることとなったが、遅々として仕事が進まない状況においても、加藤氏は我々を慮り、常に温かく見守ってくださった。また、何度も打ち合わせをさせていただく中で、編集方針に関して専門的で詳細な提案をいつもいただくことができた。作業の遅れからご迷惑をかけることも多々であったが、その真摯で柔らかなお人柄に私たちは大いに励まされたことを決して忘れることはない。本書を、加藤氏との学び合いとケアの関係性の中で編まれた共同作品として世に送り出せることを喜ばしく思う。この場を借りて、心より感謝を申し上げたい。

２０１４年　秋　　琵琶湖の畔のカフェにて

篠原　岳司

監訳者あとがき

アンディ・ハーグリーブス教授はこれまで20以上の著作を世に送り出しており、そのほとんどは各国で翻訳出版され、本書もすでに原著である英語からポルトガル語、スペイン語、ノルウェー語、中国語へと翻訳されている。ハーグリーブス教授の教育、そして学校と教師に対する真摯なかかわりと緻密な調査研究から導き出された数々の知見は、教師文化の性質、教師の同僚性の形態、教育改革が学校と教師に及ぼす影響、教師の情動的実践の特質、教育における持続可能なリーダーシップの在り方、教師の専門職資本の実態、そして知識社会の学校と教師の方向定位など多岐にわたり、これらは世界各国の教育研究を推進する大きな原動力となっている。もちろん、教授が導き出した諸知見は日本の教育研究にも多大なる影響を及ぼしている。

本書はハーグリーブス教授の著作の中で初めての邦訳出版となる。日本において知識社会が顔を覗かせつつある現在、学校と教師たちは知識社会の本格的な到来に備えるために、知識社会が生み出しうる諸課題を乗り越えるために、同僚と、保護者と、地域と、そして子どもたち共に新たな実践と専門職の学び合うコミュニティの創造に挑戦している。その一方で、パフォーマンストレーニングのセクト主義が「成果」を苛烈に求め、教師たちの時間を奪い、学校を地域コミュニティから孤立させている。私たち監訳者は、本書の様々な論題が「今、この時」の日本の教育研究、教育政策、そして教育実践の方向定位とイノベーションに資する重要な示唆を包摂していると考え、邦訳出版に向けたプロジェクトを進めてきた。

翻訳及び監訳に際しては、本書が示す学術的知見の提示だけに偏向しないよう、専門用語の邦訳や文章表現を教育の実践的な文脈に即すように配慮した。また、概念説明や文化的な背景知識が必要な箇所には可能な限り訳注を挿入するよう配慮した。これらの配慮は、教育研究者はもとより、教育政策立案に従事する方々、そして日々、教育の最前線で子どもたちを真摯に温かく育てておられる学校の先生方が本書を手に取っていただき、これからの教育と明日からの実践をデザインするためのヒントにしていただきたいという監訳者一同の願いに基づくものである。

実を言えば、秋田先生と篠原先生に加えて私がこのあとがきを執筆する予定はなかった。しかし、私も監訳者の一人として、監訳作業のいくつかで指針とした事柄を日本の読者のみなさまにお伝えする必要があると共に、先述したように本書はハーグリーブス教授の著作の初めての邦訳出版であることから、教授がどのような教育研究を推進されてこられたのかをみなさまに紹介する必要があると強く感じていた。また、私は自らの教師の情動研究を通じてハーグリーブス教授の２０００年の論文 ***"Mixed emotions: Teachers' perceptions of their interactions with students"*** に出会い、２０１１年秋に初めてボストンでお目にかかってから、間接的にも直接的にも教授にお世話になってきた。

そして、つい先日、２０１４年９月中旬に再度ボストンを訪問して、ハーグリーブス教授と親密な研究交流を行ったことで、「私もあとがきを執筆しよう」という想いと決意が湧き上がった。ハーグリーブス教授への感謝の意も込めて、蛇足であるが、そして短くもあるが、このあとがきを載せていただくことにした。

金子書房編集部の加藤浩平さんにはこの原稿も含めて難しいお願いを何度もさせていただいたが、そのたびに快く対応いただいた。この場を借りて感謝を申し上げたい。

木村　優

著者について

アンディ・ハーグリーブス教授は現在，ボストン・カレッジに勤めており同カレッジの教育学部においてトーマス・モア・ブレナン委員会の委員長を務めている。この委員会は，公立学校における社会正義を促進し，教員養成・教師教育の理論と実践をつなぐことを使命としている。

教授は20冊を超える書籍を執筆，編集しており，1995年に出版された『Changing Teachers, Changing Times』は全米教員養成大学協会（AACTE）の最優秀出版賞を受賞した。2000年には，カナダの教育研究に対する教授の多大な貢献が認められ，カナダ教育連盟（CEA）からフィットワース賞を受賞した。2003年に出版された本書『知識社会の学校と教師』もアメリカ教育学会（AERA）ディビジョンB：カリキュラム研究領域およびアメリカ図書館協会（ALA）で2004年にそれぞれ最優秀出版賞を受賞している。

その他，教授の数多くの出版本や発表論文が北アメリカやヨーロッパ等で賞を受賞している。また，教授はInternational Handbook for Educational Change（1998）の共同編集者であり，Journal of Educational Changeの編集委員長も務めている。

※本書の第３章はMichael Baker and Martha Foote，第４章はShawn Moore and Dean Fink，第５章はCorrie Gilesとの共同執筆である。

監訳者紹介

木村　優（きむら・ゆう）

福井大学大学院連合教職開発研究科准教授。東京大学大学院教育学研究科博士課程修了，博士(教育学)。福井大学大学院教育学研究科機関研究員を経て，現職。専門は，教育方法学，教育心理学。おもな著書に『情動的実践としての教師の専門性』（風間書房，2015），『対話が生まれる教室』(共著，教育開発研究所，2014)『シティズンシップの授業』(共著，東洋館出版，2014)。

篠原岳司（しのはら・たけし）

北海道大学大学院教育学研究院准教授。北海道大学大学院教育学研究科博士後期課程修了，博士（教育学)。福井大学大学院教育学研究科機関研究員，滋賀県立大学人間文化学部准教授を経て，現職。専門は，教育行政学，教育経営学。おもな著書に『教育行政学　子ども・若者の未来を拓く』(共著，八千代出版，2014)，『アメリカ教育改革の最前線』(共著，学術出版会，2012)，『学校改善マネジメント』(共著，ミネルヴァ書房，2012)。

秋田喜代美（あきた・きよみ）

東京大学大学院教育学研究科長，教育学部長，教授。東京大学大学院教育学研究科博士課程単位取得退学，博士（教育学)。東京大学教育学部助手，立教大学文学部助教授，東京大学大学院助教授を経て，現職。専門は，教育心理学。授業研究，保育学。おもな著書・監訳書に『教育のワールドクラス：２１世紀の学校システムをつくる』(共監訳, 明石書店, 2019)『色から始まる探究学習』（共編著，明石書店，2019)『これからの質的研究法：15の事例に見る学校教育実践』(共編著, 東京図書, 2018)『学校教育と学習の心理学』(共著，岩波書店，2015) など多数。

訳者紹介（訳順）

木村　優（きむら・ゆう）

福井大学大学院連合教職開発研究科准教授……………………………序論，第５章，第７章

篠原岳司（しのはら・たけし）

北海道大学大学院教育学研究院准教授……………………日本語版に寄せての序文，第１章

本所　恵（ほんじょ・めぐみ）

金沢大学人間社会研究域学校教育系准教授……………………………………………第２章

織田泰幸（おだ・やすゆき）

三重大学教育学研究科教職実践高度化専攻（教職大学院）准教授……………………第３章

一柳智紀（いちやなぎ・とものり）

新潟大学大学院教育実践学研究科准教授………………………………………………第４章

杉山晋平（すぎやま・しんぺい）

天理大学人間学部准教授…………………………………………………………………第５章

鈴木悠太（すずき・ゆうた）

東京工業大学リベラルアーツ研究教育院准教授………………………………………第６章

知識社会の学校と教師
――不安定な時代における教育

2015年 2月 23日　初版第1刷発行　〔検印省略〕
2019年11月 16日　初版第4刷発行

著　者　アンディ・ハーグリーブス
監訳者　木村　優
篠原　岳司
秋田　喜代美
発行者　金子　紀子
発行所　株式会社　金子書房
〒112-0012　東京都文京区大塚3-3-7
TEL 03(3941)0111／FAX 03(3941)0163
ホームページ　http://www.kanekoshobo.co.jp
振替　00180-9-103376
印刷　藤原印刷株式会社　　製本　一色製本株式会社

ISBN978-4-7608-2838-8　C3037